北京劳动保障职业学院国家骨干校建设资助项目

总主编 王建民

新编21世纪高等职业教育精品教材 · 智慧健康养老服务与管理系列

老年人权益保障实务

第二版

主编◎郑春贤

中国人民大学出版社
· 北京 ·

图书在版编目（CIP）数据

老年人权益保障实务 / 郑春贤主编．-- 2 版．-- 北京：中国人民大学出版社，2024.8

新编 21 世纪高等职业教育精品教材．智慧健康养老服务与管理系列

ISBN 978-7-300-32428-9

Ⅰ.①老… Ⅱ.①郑… Ⅲ.①老年人权益保障法-中国-高等职业教育-教材 Ⅳ.①D922.7

中国国家版本馆 CIP 数据核字（2024）第 016377 号

北京劳动保障职业学院国家骨干校建设资助项目

总主编　王建民

新编 21 世纪高等职业教育精品教材・智慧健康养老服务与管理系列

老年人权益保障实务（第二版）

主编　郑春贤

Laonianren Quanyi Baozhang Shiwu

出版发行	中国人民大学出版社		
社　　址	北京中关村大街 31 号	**邮政编码**	100080
电　　话	010－62511242（总编室）		010－62511770（质管部）
	010－82501766（邮购部）		010－62514148（门市部）
	010－62515195（发行公司）		010－62515275（盗版举报）
网　　址	http://www.crup.com.cn		
经　　销	新华书店		
印　　刷	北京市鑫霸印务有限公司	**版　　次**	2015 年 10 月第 1 版
开　　本	787 mm×1092 mm　1/16		2024 年 8 月第 2 版
印　　张	17.25	**印　　次**	2024 年 8 月第 1 次印刷
字　　数	387 000	**定　　价**	48.00 元

总 序

我国人口老龄化形势日趋严峻，老年服务人才严重短缺，为了加快老年服务人才培养步伐，北京劳动保障职业学院联合兄弟院校、行业企业专家，于 2014 年共同启动编写了国内首套“老年服务与管理”专业系列教材。

第一，本套教材的推出是促进专业发展的“及时雨”。随着我国老龄化社会的快速到来，老年服务业开始成为“夕阳事业中的朝阳产业”，老年服务人才已经成为老年服务企业竞相争抢的对象。面对老年服务人才短缺的现状，不少具有战略眼光的职业院校纷纷开设老年服务类专业。然而，教材的短缺已经成为制约专业教学发展的重要瓶颈之一。在当时推出本套教材，正可谓“好雨知时节”“久旱逢甘霖”，某种程度上可以说填补了国内空白，很好地满足了老年服务类专业教学的迫切需要，发挥了其应有的作用。

第二，本套教材是真正以能力为导向的项目化教材。项目化教材是“坚持能力为重”的最好体现。职业教育改革的实践证明，能力不是教师“讲”出来的，不是学生“听”出来的，能力是靠学生自己动手、动脑“练”出来的，而项目和任务是训练能力的最好载体。本套教材打破了传统的“知识体系”，确立了现代职业的“能力体系”；改变了惯常的“章、节”编写体例，创建了以项目和任务贯穿始终的新体例。每一个项目和任务都是根据具体的工作情境设计出来的，是一套真正意义上坚持能力导向的项目化教材。使用本套教材的学生，定会成为学习的真正主体，在教师的引导下，靠项目和任务的驱动去学习知识、创新方法，在完成一系列项目和任务的过程中提高分析问题和解决问题的能力。

第三，本套教材是学校、企业、行业多方合作的结晶。在本套教材的编写团队中，既有企业实践一线的业务骨干和管理者，又有养老行业的知名专家。企业专家贡献他们的实践经验，为教材提供真实的案例；行业专家发挥他们的战略思维优势，为教材开发指明方向。教材中涉及的学习项目和典型工作任务都是专业教师和行业、企业专家一起从实际工作中提取出来的，切合实际，便于教与学。

第四，本套教材是北京劳动保障职业学院国家骨干校建设结出的硕果。北京劳动保障职业学院 2011 年被评为国家骨干高职建设院校，其中项目化课程改革是骨干校建设的一项重要内容。经过多年努力，学院不仅在办学硬件方面提升了一个档次，而且在专业建设方面也打磨出了一批精品专业。其中“老年服务与管理”专业成为学院的品牌专业，在北京市乃至全国高职院校中都享有一定的知名度。该专业的所有核心课程都完成了项目化课程改革，并随之产生了相应的项目化校本教材。有观念的改变和课程改革经验的积累，才能编出优秀的教材，从这个意义上讲，本套教材是学院国家骨干校建设结出的硕果。

本套教材共16本，涵盖了“老年服务与管理”专业所有专业基础课和专业核心课，这是一项浩大的工程。自2015年陆续出版以来，系列教材在推动专业教育教学改革、更新知识体系、提高人才培养质量等方面取得了较好成效，得到了广泛认可。2021年，教育部发布《职业教育专业目录（2021年）》，“老年服务与管理”专业更名为“智慧健康养老服务与管理”，我们同时正式启动了系列教材的修订再版工作。愿这套教材能够为全国有志于为老年事业服务和奉献的同行们提供教学和培训参考，为促进中国养老事业健康发展贡献自己绵薄的力量！

智慧健康养老服务与管理系列教材编委会

第二版前言

《老年人权益保障实务》第一版自 2015 年 10 月出版以来，因内容适用、方便教学、注重能力培养等特点，受到广大高职高专院校师生们的一致好评。

为了贯彻落实党的二十大精神，也为了适应我国近几年来法律法规的修订、养老政策的健全，促进教学内容的更新完善，满足国家对老龄工作专业人才的迫切需要，特对本教材做了修订。修订后的教材保持了第一版的风格，同时又具有以下几个新的特点：

1. 内容更新，与时俱进。再版教材反映了《中华人民共和国民法典》等新的法律法规的规定，力求呈现最新的教学研究成果，同时根据高职高专学生毕业后就业岗位群的实际需要来编排教材内容，满足学生毕业与就业的“零过渡”。

2. 注重实务，突出案例。教材依据从业岗位所需知识、能力来选择内容，着重理论的应用，细化关键职业能力和课程实训。通过鲜活的案例实现书本知识和实际业务之间的有效对接，以期完成高职高专以培养高技能应用型人才的根本任务，践行以就业为导向的办学宗旨。

3. 资源丰富，方便教学。教材再版时，提供教学资源库，包括单元练习、模拟试卷、教学课件等，方便教师“教”和学生“学”。

4. 形式新颖，结构科学。再版教材采用师生互动、灵活多变的编写形式，穿插多样的栏目模块，同时对内容也做了更为合理的调整，帮助学生获得更好的学习效果。

限于作者水平，加之时间仓促，书中难免存在疏漏和不妥之处，恳请读者批评指正，以便之后更好地改进和提高。

目　录

项目一

老年人权益保障综述

学习目标

知识目标

1. 了解我国老年人权益保障的立法概况
2. 掌握《中华人民共和国老年人权益保障法》的基本内容
3. 掌握老年人合法权益的内容

能力目标

1. 能够把握我国养老服务与老年人权益保障宏观政策
2. 能够初步依据相关法律维护老年人的合法权益

素养目标

1. 培养法治思维和依法办事的能力
2. 树立养老服务中为老年人维权的意识

老年人群体的权益保障问题，不仅是一个家庭问题，更是一个社会问题，这关系到国计民生、发展稳定的大局。近年来，党和国家积极推进老龄事业，老年人权益保障水平不断提升。党的二十大报告明确提出："实施积极应对人口老龄化国家战略，发展养老事业和养老产业，优化孤寡老人服务，推动实现全体老年人享有基本养老服务。"本项目是基础理论部分，从阐述《中华人民共和国老年人权益保障法》的立法宗旨出发，明确老年人权益保障立法的架构，分析《中华人民共和国老年人权益保障法》所保障的权益内容。

法律是由国家制定或认可，体现国家意志，由国家强制力保障实施的行为规范的总称。简单地说，法律是由立法机关制定、国家政权保障执行的行为规则。广义的老年人权益保障的法律是指由国家制定或认可的各项法律、法规、条例、规章、制度等，是维护老年人权益必须认真遵守和严格执行的依据。从目前的老年人权益保障体系来看，我国已经初步建立了维护老年人合法权益的法律保障体系。

任务一

我国老年人权益保障立法情况

情境导入

王老伯今年59岁了，充满了对退休后生活的憧憬，喝茶、看书、游山玩水。但眼看着自己也要进入老年人的行列，身体一天比一天差，而收入要大幅降低。王老伯心想：老年人作为"老弱病残"弱势群体中的一员，国家法律和政策应该有些特殊的规定来保障自己的权益。王老伯和老伴来到你所在的老年人法律服务中心向你咨询。

任务描述

请你针对王老伯提出的问题，详细介绍我国老年人权益保障立法情况，并出具一份书面资料给他。

相关知识

养老服务人员要依法做好老年人维权工作，首要的是知悉我国现有哪些保障老年人合法权益的法律、法规。

我国自古以来就有敬老尊老的传统美德，随着社会的发展，我国人口老龄化问题越来越明显，我国政府也高度重视人口老龄化问题的解决。近年来，国家制定了大量关于保护老年人的法律、法规以及各类政策，全国大部分省份都出台了《老年人权益保障条例》或者对《中华人民共和国老年人权益保障法》的实施办法等地方性法规，部分省份出台了《老年人优待办法》等政策性规定。我国已经初步建立起维护老年人合法权益的法律保障体系。

一、老年人权益法律保障的必要性和现实性

老年人是社会的重要组成部分，老年人的权益保障越来越成为全社会不得不面对的热点和难点。这其中，除了社会学、人类学方面的研究成果能够提供有益的帮助外，法律制度的建设也是非常重要的方面。

（一）老年人是社会的重要组成部分，尊老敬老蕴涵着人类社会代际更替的情感与规律

“老年”绝不等于无用、颓废、浪费，恰恰相反，老年人身上所体现的关于人生和社会的智慧、经验的积累与沉淀等，是个人、家庭和社会非常宝贵的财富。尊敬、爱护老年人是人类社会自身发展必须遵从的规律。人类历史的发展证明，社会越发展，老年人在社会生活中的参与程度就越高。部族时代，残酷的生存竞争使得年老的成员被丢弃甚至被杀戮以减轻负担。然而，随着社会生产力的提高，各种技艺日益复杂，社会关系也日益增多，人们经久沉淀的阅历开始显示价值。古罗马的有关民事立法、中国古代的《唐律疏议》中都有关于老年人权益的一些规定。古罗马时代的元老院虽然仅仅是咨询性机构，但却是国家政治建设中最具实力的组织之一；我国封建社会皇权之下也常设年老资深的大臣佐政；在民间，古今中外更是有许多杰出的匠师在进入老年之后创作出了传世佳作。及至今日，老年人在教育、医疗、技术等领域也具有无可替代的作用，他们深厚的经验积累对很多实践问题的解决具有重要意义。除此之外，老年人在家庭关系的维护中也有独特的作用。世界卫生组织的研究表明，那些在有年长者的家庭中成长且关系和睦的人，其性格、心理更稳定并且更倾向于平和，成年之后，其在人际交往中也往往表现出较高的情商。

（二）道德教化不足以给老年人提供全面、充分、有力的保护

传统上认为对老年人的尊重与保护主要依靠道德的教化，我国的传统文化中也确实有深厚的“孝悌之道”的积累。然而，随着技术变革的速度和社会生活的节奏越来越快，我们似乎进入了一个过度推崇年轻化的时代：就业年龄的限制、升职空间的限制、与社会的日益隔离等常

常将老年人推至社会的边缘，在某些极端的案例中甚至出现了传统敬老、爱老价值观被彻底抛弃的情形。诚然，很多人也认同，按照正常的生命轨迹，每个人都会“老之将至”，每个人从内心也都不希望自己“垂垂老矣”的时候境遇与年轻时相比落差过大。但是，企业会有非常实际的营利方面的考虑，具体的地方政府工作部门也会有非常现实的青年劳动力就业问题的担忧，每一个家庭个体更是面临着收入保障、子女抚养、年长者生病看护等更加实际的问题，“心有余而力不足”的情形非常普遍。显然，这种状况并非单纯的道德力量可以解决的。而且，随着社会更加开放，文明程度进一步提高，政府提供的社会保障会更加全面和完善。因此，老年人除了传统上产生较多纠纷的与子女之间的人身、财产关系外，还会与社会组织、政府工作部门产生各种各样的关系，道德规范更加无法有效调整这些关系，不得不寻求于法律途径。

（三）法律制度关于老年人权益的构造与保护，能够促进代际和谐，促进公平正义的传播，有益于社会的文明进步

有观点认为，强调老年人权益的保护，给予老年人更多的物质、精神照顾，必然会对社会的快速发展造成一定的阻碍；毕竟青年群体尚有就业机会不足、职业教育欠缺等问题亟待解决。实际上，老年人权益的保护与社会发展并不矛盾，上述观点错误地将代际发展视为对立而不可调和的。首先，老年是每个社会成员正常情况下必然要经历的人生阶段，不尊老、不敬老，老年人的切身利益得不到有效保护，势必会进一步加剧转型社会中急功近利的思想和做法，引发诸多社会问题。很难想象明日成为老年人的今日年轻人在预见到为社会贡献了青春之后老之将至的“悲惨境遇”时，还会对工作、对社会的发展报以积极的态度。其次，老年人仍能发挥巨大的社会建设作用，提高老年群体的社会参与度，保障其权益，能够使各行业的发展在经验借鉴中前进。忽视老年人在某种意义上等于忽略社会发展的历史，前人们早就告诫过，“历史在照亮昔日的同时也照亮了今天，而在照亮了今天之际又照亮了未来”，没有哪种发展可以完全脱离过去。再次，重视老年人各项权益的保护，通过相关措施也能够在一定程度上解决青年人的就业、职业教育等问题。代际发展关系处理好，能够促进人类自身发展的良性循环。老年人特别是其中的年轻一些的老年人往往具有丰富的人生和职业经验，若能通过适当方式使他们参与就业、创业，也能为年轻人创造更多的就业机会，而且，一般而言，老年人的创业相对会较为稳健。另外，在稳定的养老制度保障下，老年人的各种需求对青年人而言也具有广阔的创业空间。即便是基于传统东方社会中的家庭模式，老年人在权益得到有效保障下，能够为大家庭中的年轻人提供力所能及的帮助，使得年轻人能够无后顾之忧地投入社会生产，对家庭关系的和谐、社会秩序的稳定都具有重要意义。

通过法律明确老年人的各种权益并提供保护，也就是通过国家强制力的方式保障“人”的尊严：通过财产法、养老保障法等保障老年人社会生存的基本物质条件；通过选举、公共文化事业、教育、公共医疗卫生等方面的法律创设老年人社会参与的基本制度条件，配合其他法规、规章的实施，使社会生产和福利享受在纵向上的公平得以实现，体现以人为本。

（四）转型社会的“老龄化”，更加迫切需要法律的调整

目前我国社会的“老龄化”问题十分突出：根据国家统计局发布的最新统计数据显示，截至2023年年底，我国60岁及以上人口为2.97亿人，占全国人口的21.1%，其中65岁及以上人口为2.17亿人，占全国人口的15.4%，进入中度老龄化阶段。预计2035年左右，60岁及以上老年人口将突破4亿，在总人口中的占比将超过30%，进入重度老龄化阶段。

新中国成立后，我国已先后制定多部有关保护老年人的法律法规，但总体来看，应对老龄化、保护老年人权益的法律法规无论是从数量上还是完善程度上，都滞后于人口老龄化发展的速度，无法充分适应人口老龄化的需要，对于农村地区人口老龄化问题的针对性更是不强。随着乡村振兴战略的不断实施，我国大部分农村地区经济发展水平与人民生活水平大幅提升，完成了部分产业与发展转型，而现行大部分法律颁布的时间较早，无法适应目前的发展状态，缺乏进步性与前瞻性，立法主体应在准确调研和掌握我国农村地区最新发展现状与趋势的基础上，制定、完善并出台与时俱进的规章制度和相对健全的农村养老保障体系。在治理地区性人口老龄化问题时，各地政府应加大公共财政支持力度，扩大公共服务覆盖范围，统筹城乡养老服务设施建设，进一步提高农村居民最低生活保障、农村居民新型养老保险、农村新型合作医疗保障水平。近几年的中央一号文件和有关政策，对于完善农村养老和社会保障制度采取了不少措施，取得了显著成效；但仍有部分农村老年人存在看病难、就医难等问题，因此政府应继续提高新型农村合作医疗补助标准，积极推进异地结算，不断探索改进农村社会养老保险制度与其他养老保险制度衔接整合的政策措施。

二、我国老年人权益保障的立法现状

党的十八大以来，在以习近平同志为核心的党中央坚强领导下，我国养老服务快速发展。在顶层设计、基础建设、功能发挥和服务成效上均取得重大进展。与此同时，我国养老服务法律政策制度框架不断完善。10余年来，党中央、国务院印发养老服务政策文件10余件，民政部门会同有关部门制定出台制度90余件、国家和行业标准50余件。养老服务政策制度体系的“四梁八柱”基本成型。

在我国法律体系中，狭义的老年人权益保障法是指单行法《中华人民共和国老年人权益保障法》，广义的老年人权益法律保障体系不仅包括《中华人民共和国老年人权益保障法》，还包括《中华人民共和国宪法》《中华人民共和国民法典》《中华人民共和国社会保险法》等其中关于老年人权益保障的有关规定。

（一）宪法

宪法作为一个国家的根本法，在我国的法律体系中具有最高的地位，具有最高的法律效力。因此，宪法中有关老年人权益保障的条款是整个老年人权益保障法律体系的根基，是其他

老年人权益保障法律法规制定的依据，必须非常明确。《中华人民共和国宪法》第 45 条第 1 款规定："中华人民共和国公民在年老、疾病或者丧失劳动能力的情况下，有从国家和社会获得物质帮助的权利。国家发展为公民享受这些权利所需要的社会保险、社会救济和医疗卫生事业。"《中华人民共和国宪法》第 49 条第 3 款和第 4 款规定："父母有抚养教育未成年子女的义务，成年子女有赡养扶助父母的义务。禁止破坏婚姻自由，禁止虐待老人、妇女和儿童。"这些条文中对于老年人应该享有的从国家社会获得物质帮助的权利以及国家应该为此所承担发展一系列相关公共事业的义务进行了明确规定，对其他老年人权益保障法律法规的制定以及实践中的老年人工作具有重要的指导意义。

（二）《中华人民共和国老年人权益保障法》及其地方性法规和规章

《中华人民共和国老年人权益保障法》是老年人权益保障的综合性的总法规，它依据宪法的原则而制定，其法律效力仅次于宪法。1996 年 8 月 29 日，第 8 届全国人民代表大会常务委员会第 21 次会议正式通过并颁布了《中华人民共和国老年人权益保障法》，并自 1996 年 10 月 1 日起开始实施。这部法律由 6 个章节组成，共 50 条，除了总则、法律责任和附则外，还规定了家庭赡养与扶养、社会保障、参与社会发展等内容。

作为第一部老年人权益保障方面的基本法，《中华人民共和国老年人权益保障法》当之无愧地成为保障老年人权益法律体系的主体，是其他老年人权益保障项目立法的依据和规范，也是构建我国老年人权益保障法律体系的牵头法。在其出台后，各地相继出台了一系列与《中华人民共和国老年人权益保障法》相配套的地方性法规、规章和政策，制定了关于"老年人优待"的政策性规定。

2009 年 8 月 27 日，第 11 届全国人民代表大会常务委员会第 10 次会议通过的《全国人民代表大会常务委员会关于修改部分法律的决定》，对《中华人民共和国老年人权益保障法》进行了第一次修正，修改了第 46 条和第 48 条。

2012 年 12 月 28 日，第 11 届全国人民代表大会常务委员会第 30 次会议对《中华人民共和国老年人权益保障法》进行了修订。修订后的《中华人民共和国老年人权益保障法》分为总则、家庭赡养与扶养、社会保障、社会服务、社会优待、宜居环境、参与社会发展、法律责任、附则，共 9 章 85 条，于 2013 年 7 月 1 日起开始施行。

2015 年 4 月 24 日，第 12 届全国人民代表大会常务委员会第 14 次会议通过的《全国人民代表大会常务委员会关于修改〈中华人民共和国电力法〉等六部法律的规定》，对《中华人民共和国老年人权益保障法》进行了第二次修正，修改了第 40 条和第 44 条。

2018 年 12 月 29 日，第 13 届全国人民代表大会常务委员会第 7 次会议通过的《全国人民代表大会常务委员会关于修改〈中华人民共和国劳动法〉等七部法律的决定》，对《中华人民共和国老年人权益保障法》进行了第三次修正，修改了第 43 条、第 44 条和第 45 条，删去第 78 条。

（三）其他法律相关规定

《中华人民共和国民法典》、刑法以及劳动法等重要的法律规范中，都对老年人合法权益作出了相应的规定。

《中华人民共和国民法典》第 26 条第 2 款规定："成年子女对父母负有赡养、扶助和保护的义务。"第 1041 条规定："婚姻家庭受国家保护。实行婚姻自由、一夫一妻、男女平等的婚姻制度。保护妇女、未成年人、老年人、残疾人的合法权益。"第 1067 条第 2 款规定："成年子女不履行赡养义务的，缺乏劳动能力或者生活困难的父母，有要求成年子女给付赡养费的权利。"第 1127 条第 1 款规定："遗产按照下列顺序继承：（一）第一顺序：配偶、子女、父母；（二）第二顺序：兄弟姐妹、祖父母、外祖父母。"

《中华人民共和国刑法》第 260 条第 1 款和第 2 款规定："虐待家庭成员，情节恶劣的，处二年以下有期徒刑、拘役或者管制。犯前款罪，致使被害人重伤、死亡的，处二年以上七年以下有期徒刑。"第 261 条规定："对于年老、年幼、患病或者其他没有独立生活能力的人，负有扶养义务而拒绝扶养，情节恶劣的，处五年以下有期徒刑、拘役或者管制。"

《中华人民共和国劳动法》第 70 条规定："国家发展社会保险事业，建立社会保险制度，设立社会保险基金，使劳动者在年老、患病、工伤、失业、生育等情况下获得帮助和补偿。"第 73 条第 1 款规定："劳动者在下列情形下，依法享受社会保险待遇：（一）退休；（二）患病、负伤；（三）因工伤残或者患职业病；（四）失业；（五）生育。"

《中华人民共和国社会保险法》第 18 条规定："国家建立基本养老金正常调整机制。根据职工平均工资增长、物价上涨情况，适时提高基本养老保险待遇水平。"

（四）国务院行政法规、法规性文件和部委规章

国务院行政法规、法规性文件和部委规章主要围绕以下几个方面作了规定：离退休、生活待遇、优抚安置、养老保障、医疗保障、社会福利与社会救济、老年设施建设规范和税收、社区服务、社会参与和老年体育以及公证和法律援助等内容。在全国老龄工作委员会办公室所编的《老年人权益保障法法律法规汇编》中，有 190 多个国务院行政法规、法规性文件和部委规章。如中共中央、国务院颁布的《关于加强老龄工作的决定》《关于建立统一的企业职工基本养老保险制度的决定》《关于建立城镇职工基本医疗保险制度的决定》《城市居民最低生活保障条例》《国家积极应对人口老龄化中长期规划》《"十四五"国家老龄事业发展和养老服务体系规划》等，民政部制定的《养老服务标准体系建设指南》《养老机构管理办法》等，这些法规、规章为处于弱势地位的老年人提供了基本的生活和养老保障。

（五）司法解释

最高人民法院先后出台了多个有关老年人权益保障的司法解释，包括《关于审理涉及人民调解协议的民事案件的若干规定》（2002 年）、《关于如何处理农村五保对象遗产问题的批复》（2000 年）、《关于认真学习宣传贯彻执行老年人权益保障法的通知》（1996 年）、《关于人民法院对集体企业退休职工为追索退休金而提起的诉讼应否受理问题的复函》（1993 年）、《关于被继承人死亡后没有法定继承人，分享遗产人能否分得全部遗产的复函》（1992 年）、《关于已分家独立生活的被赡养人致人损害时不能由赡养人承担民事责任问题的批复》（1990 年）、《关于

保险金能否作为被保险人遗产的批复》（1988 年）、《关于产权人生前已处分的房屋死后不应认定为遗产的批复》（1987 年）以及《关于父母的房屋遗产由兄弟姐妹中一人领取了房屋产权证并视为己有产生纠纷应如何处理的批复》（1987 年）等。这些司法解释都是围绕着现实中经常发生的疑难问题所做的明确批复，主要包括遗产分配与继承、退休金追索等。

2022 年 3 月 29 日，最高人民法院发布了《关于为实施积极应对人口老龄化国家战略提供司法服务和保障的意见》，从全面建设社会主义现代化国家的高度，提出加强党对老龄工作的全面领导，坚持以人民为中心，实施积极应对人口老龄化国家战略。从促进老年人社会参与、着力构建老年友好型社会等方面对加强新时代老龄工作提出了具体要求。

可以说，我国已初步形成了以《中华人民共和国老年人权益保障法》及相关地方立法为主体，涉及老年人养老、医疗、救助、优待等多个方面，内容丰富、相对完整的老年人权益保障法规政策体系，为老龄事业的发展和老年人维权工作的开展奠定了较好的法律和政策基础。

在习近平新时代中国特色社会主义思想的指引下，在良好的法律和政策保障下，我国的养老事业和养老产业协调发展，相互促进，一个“老有所养、老有所医、老有所为、老有所学、老有所教、老有所乐”融为一体的新格局必将形成。

同步训练

根据情境导入案例，学生分组搜索查询世界上不同国家（三个以上）保障老年人权益的相关法律规定。教师作出点评并示教。

任务二

《中华人民共和国老年人权益保障法》的基本内容

情境导入

在你对王老伯及其老伴详细介绍了我国有关老年人权益立法情况后，王老伯注意到了国家有一部专门保护老年人的法律——《中华人民共和国老年人权益保障法》，并听说这部法律在 2009 年进行了修正，2012 年进行了较大篇幅的修订，2015 年、2018 年又进行了两次修正，就急于想知道这部法律的主要内容尤其是最新的情况。

任务描述

请你针对王老伯提出的问题，详细介绍《中华人民共和国老年人权益保障法》的基本内容并对其加以解析。

相关知识

养老服务人员要依法做好老年人的维权工作，首先最重要的是知悉我国保障老年人权益的基本法律——《中华人民共和国老年人权益保障法》的基本内容。

《中华人民共和国老年人权益保障法》是我国社会主义法律体系的重要组成部分，是发展老龄事业和全面保障老年人权益的基本法律。贯彻落实好《中华人民共和国老年人权益保障法》，有利于应对人口老龄化，大力发展老龄服务事业和产业；有利于保障和改善民生，推动老年人在全面建成小康社会的进程中实现老有所养；有利于将党和国家发展社会养老服务的方针和政策上升为法律制度，使社会养老服务各项工作纳入法治化轨道。

一、1996 年《中华人民共和国老年人权益保障法》的基本内容

1996 年 8 月 29 日，第 8 届全国人民代表大会常务委员会第 21 次会议通过了《中华人民共和国老年人权益保障法》，自 1996 年 10 月 1 日起施行。作为我国第一部保障老年人权益的专门法律，它的出台可以视为一个里程碑，标志着我国老年人权益保障工作逐渐迈入法治化的轨道。这部法律的内容是对当时中国现实国情以及传统文化的正确反映，更体现了广大老年人群体的利益诉求，是一部保护老年人权益、体现人民意志的基本法律。《中华人民共和国老年人权益保障法》分为总则、家庭赡养与扶养、社会保障、参与社会发展、法律责任、附则 6 章，共 50 条。

（一）制定和实施《中华人民共和国老年人权益保障法》的基本原则

在《中华人民共和国老年人权益保障法》总则一章中，明确规定了立法目的、老年人的年龄界限、保障老年人基本生活和实现五个“老有”、发展老年事业、老年人权益保障工作的协调机构、各行业各部门维护老年人权益的责任、奖励措施、老年人的义务等，特别强调“各级人民政府应当将老年事业纳入国民经济和社会发展计划，逐步增加对老年事业的投入，并鼓励社会各方面投入，使老年事业与经济、社会协调发展”，这一规定为老年事业的发展和保障老年人的权益提供了重要条件，各级人民政府应加大这方面的工作力度。

（二）老年人在家庭生活中的权益及保障

我国老年人绝大多数生活在家庭中，经济来源和生活照料主要靠赡养人和扶养人提供。在

今后较长时期内，大多数老年人主要仍需家庭来赡养和扶养。从这一实际情况出发，同时参考国外“福利国家”的经验教训，《中华人民共和国老年人权益保障法》专设“家庭赡养与扶养”一章，对有关问题作了具体规定，突出了中国现阶段坚持以家庭养老为主的特色。因为赡养人承担着最重要的责任，所以该法规定了赡养人的义务：“赡养人应当履行对老年人经济上供养、生活上照料和精神上慰藉的义务，照顾老年人的特殊需要。”对老年人在家庭生活中的受赡养扶助权、人身权、婚姻自由权、房产和居住权、财产权、继承权等，该法都作了明确规定。考虑到赡养人的配偶对赡养人履行义务所持的态度至关重要，该法规定：“赡养人的配偶应当协助赡养人履行赡养义务。”赡养人的配偶主要是指老年人的儿媳或者女婿，即儿媳应当协助丈夫赡养公婆，女婿应当协助妻子赡养岳父、岳母。我国传统习惯是女性大多到男性家中生活，儿媳是家庭中的重要成员，其对公婆的态度显得尤为重要，不仅关系到对老年人赡养的情况，而且影响到整个家庭生活的气氛，也关系到老年人晚年生活的质量。

（三）老年人在社会生活中的权益与保障

《中华人民共和国老年人权益保障法》总则和第三章分别对老年人在社会生活中应享有的特殊权益作了规定，其中涉及老年人的生活、医疗、居住、婚姻、社区服务、教育、文化生活、环境与福利等诸多方面的权益。规定以上权益内容，有助于促使建立和完善老年人社会保障制度，这是社会主义市场经济体制发展的必然要求。随着工业化、城市化、人口老龄化、家庭小型化的发展，老年人对社会保障特别是社区服务的需求越来越迫切，已成为一个重大的社会问题。发展和完善老年社会保障制度并形成良性运行机制，已是势在必行。《中华人民共和国老年人权益保障法》强调家庭照料与社会保障相结合，指出各级人民政府和社会各方面要逐步增加对老年事业的投入，以增强社会的养老功能。

（四）老年人参与社会发展的权利

我国低龄和健康老年人约占老年人口的70%，他们大都有丰富的知识、技能和经验。随着生活条件的改善、寿命的延长、身体素质的提高，老年人有为社会发展继续发挥作用的主观愿望和客观条件。《中华人民共和国老年人权益保障法》提倡积极养老，规定国家应当为老年人参与社会主义物质文明和精神文明建设创造条件。根据需要和可能，鼓励老年人从事对青少年和儿童的教育、兴办公益事业、维护社会治安、调解民间纠纷等。老年人劳动的合法收入受法律保护。将老年人的作用和价值给予法律上的肯定、为合法权益受到侵害的老年人提供法律援助、排除老年人在诉讼活动中的顾虑和实际困难，不仅体现了国家对老年人的关怀，而且对于调动老年人的积极因素、变消极养老为积极养老具有重大的社会意义。老年人从事新的劳动和工作，原养老金不应扣发或减发，收入达到或超过纳税标准的应当依法纳税。老年人再工作，不能利用原有条件搞不正当竞争，而应合法经营；不能干涉在职干部的工作；要量力而行，注意身体健康。老年人可以从事有偿的工作，也可以从事无偿的工作。

（五）老年人权益救济

为切实保障老年人的合法权益，《中华人民共和国老年人权益保障法》规定，人民法院和有关部门对老年人有关赡养、扶养、住房、财产等方面的控告和申诉都应当依法及时受理，不得推诿、拖延；对赡养人和其他家庭成员侮辱、诽谤、虐待、遗弃老年人，暴力干涉老年人婚姻自由，盗窃、抢夺老年人财物等行为，应当根据情节轻重，追究法律责任。

二、2009 年《中华人民共和国老年人权益保障法》修改的内容

根据 2009 年 8 月 27 日第 11 届全国人民代表大会常务委员会第 10 次会议通过的《全国人民代表大会常务委员会关于修改部分法律的决定》，对《中华人民共和国老年人权益保障法》进行了第一次修正。

此次修正的内容主要是将《中华人民共和国老年人权益保障法》第 46 条、第 48 条中引用的“治安管理处罚条例”修改为“治安管理处罚法”。

三、2012 年《中华人民共和国老年人权益保障法》修改和增加的内容

2012 年 12 月 28 日，第 11 届全国人民代表大会常务委员会第 30 次会议对《中华人民共和国老年人权益保障法》进行了修订，于 2013 年 7 月 1 日起施行。修订后的法律由 6 章 50 条扩展到 9 章 85 条，其中新增的条文有 38 条，可以说是一次全面的修改。修订后的《中华人民共和国老年人权益保障法》，总结了十多年来的实践经验，适应新形势下老年人权益保障工作的新要求，借鉴国内外老龄立法的最新成果，进一步拓展了老年人权益保障范围，完善了老年社会保障的制度安排，明确了老龄事业发展的重点领域，更加全面地体现了维护老年人人格尊严、获得社会保障和社会帮助、参与社会生活和共享社会发展成果的公民权利。其修改和增加的最突出的内容为以下几个方面：

（一）第一章总则增加的内容

2012 年《中华人民共和国老年人权益保障法》规定，每年农历九月初九（重阳节）为老年节。总则主要增加了以下内容：一是集中规定了老年人享有的基本权利，主要是从国家和社会获得物质帮助、享受社会服务和社会优待、参与社会发展和共享发展成果等权利。二是规定积极应对人口老龄化是国家的一项长期战略任务。这一规定明确了应对人口老龄化的战略定位，对于我国在“未富先老”的特殊国情条件下实现经济社会可持续发展具有重要意义。三是从经费保障、规划制定和老龄工作机构职责三个层面进一步明确政府发展老龄事业、做好老年人权益保障工作的职责。四是强化了老龄宣传教育，以进一步增强全社会老龄意识，营造敬老、养

老、助老的良好氛围。五是增加了有关老龄科研和老龄调查统计制度的规定。六是增加了对参与社会发展作出突出贡献的老年人给予表彰奖励的规定，以鼓励老年人继续为国家建设作贡献。七是规定每年农历九月初九（重阳节）为老年节。

（二）首次创设规定老年监护制度

2012 年《中华人民共和国老年人权益保障法》为保障失能、失智老年人的人身财产权益，在深入研究《中华人民共和国民法通则》有关监护的规定并借鉴国外经验的基础上创设了老年监护制度，规定“具备完全民事行为能力的老年人，可以在近亲属或者其他与自己关系密切、愿意承担监护责任的个人、组织中协商确定自己的监护人。监护人在老年人丧失或者部分丧失民事行为能力时，依法承担监护责任。老年人未事先确定监护人的，其丧失或者部分丧失民事行为能力时，依照有关法律的规定确定监护人”。由此，当老年人丧失或者部分丧失民事行为时，监护人须承担监护责任，以免老年人因病等原因，无依无靠。

案例

钟某意定监护一案

钟某与其妻徐某生育一女钟某某，钟某某成年后与李某结婚并生育一子李某某（现系在校研究生）。李某某在其父因病死亡后，一直由其外公外婆即钟某和徐某照管。徐某死亡后，钟某某带着其再婚配偶蒋某和次子蒋小某随钟某共同生活，并居住在钟某单独所有的房屋内。双方在共同生活期间，钟某于 2023 年 11 月病情恶化，遂将其银行卡和社保卡等财物共计 26 000 余元交钟某某保管。后因钟某某嫌弃钟某疾病缠身、生活不能完全自理等产生矛盾，致钟某生活上无人照料，就医看病等方面无法得到保障。2024 年 5 月，钟某以钟某某对其存在虐待行为，且不宜继续与钟某某共同生活为由诉至法院，要求单独生活，并由钟某某按月支付其生活、护理、医疗等费用。

诉讼中，法院根据钟某的意愿，组织钟某与其外孙李某某协商，确定由李某某作为钟某的意定监护人，在钟某丧失或部分丧失民事行为能力时，负责其生活照管、医疗救治、财产管理、维权诉讼和死亡丧葬等各项事务，依法履行监护职责。后法院通过实地走访、析法明理，借助社区和相关亲属的力量，最终促成钟某和钟某某达成赡养协议：钟某在当地养老服务机构生活，所需费用及医疗费用由钟某某负担。

意定监护是监护领域对意思自治原则的贯彻落实，系具有完全民事行为能力的成年人就自己将来的监护事务，按照自身意愿事先所做的安排。根据《中华人民共和国民法典》第 33 条的规定，老年人在意识清楚的时候，可以指定一个自己信任的人或者组织作为自己失能后的监护人，照顾自己的生活，处置自己的财产和行使权利等。一旦出现失能的情况，通过监护协议即可直接确定监护人，提前消弭近亲属之间的争议，及时维护失能老年人的合法权益。本案中，在尊重钟某意愿的情况下，确定其外孙李某某作为其意定监护人，打破了传统的法定监护制度，充分体现了尊重被监护人真实意思表示的原则，彰显了以人为本的立法理念。同时，在该案的处理中，主动融入法律援助力量和社会救助力量，兼顾法理与人情，在依法保障老年人合法权益的同时，妥善化解了家庭矛盾纠纷，展现了法院在处理家事纠纷案件中的“关爱弱势群体”“和为贵”等办案理念与办案智慧。

（三）完善老年人社会保障工作

2012年《中华人民共和国老年人权益保障法》在护理保障方面规定国家逐步开展长期护理保障工作，鼓励、引导商业保险公司开展长期护理保险业务；对生活长期不能自理、经济困难的老年人，地方政府应视情况给予护理补贴。

在养老和医疗保险方面，2012年《中华人民共和国老年人权益保障法》在社会保险法关于基本养老和基本医疗保险规定的基础上，进一步规定要建立多层次的养老和医疗保险体系，逐步提高保障水平。在社会救助方面，2012年《中华人民共和国老年人权益保障法》规定对经济困难的老年人应当给予生活、医疗、居住等多方面的救助和照顾，还对流浪乞讨、遭受遗弃等生活无着的老年人的救助作了专门规定。在社会福利方面，2012年《中华人民共和国老年人权益保障法》规定国家建立和完善老年人福利制度，并吸收地方的实际做法规定了高龄津贴制度。

（四）规范养老服务收费项目和标准

2012年《中华人民共和国老年人权益保障法》增加规定：“各级人民政府应当规范养老服务收费项目和标准，加强监督和管理”；养老机构变更或者终止的，“有关部门应当为养老机构妥善安置老年人提供帮助”。

当时有些养老机构收费比较混乱，有的养老机构在变更或者终止时对入住的老年人没有给予妥善安置。为加强对养老机构的监督和管理、促进养老机构规范健康发展，2012年《中华人民共和国老年人权益保障法》增加了上述规定。

（五）政府应当支持养老事业发展

2012年《中华人民共和国老年人权益保障法》明确了政府支持养老服务事业发展的责任。

2012年《中华人民共和国老年人权益保障法》确立了社会养老服务体系的框架，即“以居家为基础、社区为依托、机构为支撑”，这是我国多年实践经验的总结，并在国民经济和社会发展“十二五”规划纲要、社会养老服务体系建设规划等国家重要文件中确定了下来；总结实践经验，对居家养老服务、社区为老服务作了原则规定；明确了政府支持养老服务事业发展的责任；加强对养老机构的管理，规定了养老机构设立条件、准入许可和变更、终止等制度，明确了相关部门对养老机构的管理职责；加强养老服务队伍建设，主要规定了养老服务人才培养、使用、评价和激励制度；加强养老机构运营中的纠纷处理和风险防范；完善医疗卫生服务。

此外，2012 年《中华人民共和国老年人权益保障法》还对发展老龄产业等作了补充规定。

（六）完善计生家庭老人扶助制度

2012 年《中华人民共和国老年人权益保障法》增加规定：“国家建立和完善计划生育家庭老年人扶助制度。”

为了扶助农村计划生育家庭老年人，2004 年以来我国对农村实施计划生育家庭的老年人每月给予一定奖励，“十二五”期间将这项措施惠及城市实施计划生育家庭的老年人。为此，2012 年《中华人民共和国老年人权益保障法》增加了上述规定。

（七）对外埠老年人实行同等优待

2012 年《中华人民共和国老年人权益保障法》确立了对常住在本行政区域内的外埠老年人实行同等优待的原则，倡导全社会优待老年人。

2012 年《中华人民共和国老年人权益保障法》进一步充实了有关老年优待的内容：规定县级以上政府及其有关部门应当根据情况制定优待老年人的办法，逐步提高优待水平；丰富了原法有关司法救助、法律援助、医疗服务、参观游览、乘坐公共交通等方面对老年人给予优待和照顾的内容；增加了一些新的优待内容，主要是为老年人及时、便利地领取养老金、结算医疗费等方面提供优待，在办理涉及老年人重大人身财产权益事项时提供优待等。

（八）首次增设“宜居环境”一章

2012 年《中华人民共和国老年人权益保障法》首次增设了“宜居环境”一章。该章主要对国家推进老年宜居环境建设作了原则规定，以便为制定相关配套法律法规和政策提供依据：明确国家责任，概括规定了老年宜居环境建设的总体要求；规定了政府加强老年宜居环境建设的主要任务；在具体环境建设上，从城乡规划、涉老工程建设标准、无障碍建设、宜居社区建设等方面作出了具有一定前瞻性的制度安排，重点规定了无障碍环境建设，这主要是考虑到残疾人中有相当一部分是老年人，老年人随着年龄增长所面临的失能或者残疾的风险会逐步提高，无障碍是老年宜居环境的一个基本要求。

此外，2012 年《中华人民共和国老年人权益保障法》还对老年友好型城市以及老年宜居社区建设作了规定。

（九）老年人可依法设立自己的组织

2012 年《中华人民共和国老年人权益保障法》增加了老年人可以依法设立自己的组织并开展活动的内容。

2012 年《中华人民共和国老年人权益保障法》的“参与社会发展”一章还规定，在制定涉及老年人权益的法律法规和政策时，应当听取老年人及其组织的意见。

2012 年《中华人民共和国老年人权益保障法》还对老年人劳动保护以及发展老年教育作了补充规定。

（十）充实完善有关法律责任规定

2012 年《中华人民共和国老年人权益保障法》进一步充实和完善了有关法律责任的规定。

2012 年《中华人民共和国老年人权益保障法》增加了擅自举办养老机构、养老机构及其工作人员侵害老年人权益以及政府行政管理部门失职、渎职的法律责任；增加了违反优待义务的法律责任；增加了违反涉老工程建设标准和不履行无障碍设施维护管理职责的法律责任。此外，根据人民调解法、行政处罚法、治安管理处罚法、刑法等有关法律的规定，2012 年《中华人民共和国老年人权益保障法》对原法中关于家庭成员纠纷处理、干涉老年人婚姻自由以及侮辱、诽谤、虐待、遗弃老年人法律责任的条款作了修改完善。

四、2015 年《中华人民共和国老年人权益保障法》修改和增加的内容

2015 年 4 月 24 日，第 12 届全国人民代表大会常务委员会第 14 次会议通过的《全国人民代表大会常务委员会关于修改〈中华人民共和国电力法〉等六部法律的决定》，对《中华人民共和国老年人权益保障法》进行了第二次修正。

此次修正的内容主要包括两个方面：

（1）将第 40 条第 2 款中的“非营利性养老服务设施用地”修改为“公益性养老服务设施用地”。

（2）将第 44 条第 1 款修改为：“设立公益性养老机构应当向县级以上人民政府民政部门申请行政许可；经许可的，依法办理相应的登记。”

增加了一项规定，作为第 44 条第 2 款：“设立经营性养老机构应当在工商行政管理部门办理登记后，向县级以上人民政府民政部门申请行政许可。”

五、2018 年《中华人民共和国老年人权益保障法》修改和增加的内容

2018 年 12 月 29 日，第 13 届全国人民代表大会常务委员会第 7 次会议通过的《全国人民代表大会常务委员会关于修改〈中华人民共和国劳动法〉等七部法律的决定》，对《中华人民共和国老年人权益保障法》进行了第三次修正。

此次修正的内容主要包括以下五个方面：

（1）删去第 43 条。

（2）将第 44 条改为第 43 条，修改为：“设立公益性养老机构，应当依法办理相应的登记。设立经营性养老机构，应当在市场监督管理部门办理登记。养老机构登记后即可开展服务活

动，并向县级以上人民政府民政部门备案。”

（3）增加一条，作为第 44 条：“地方各级人民政府加强对本行政区域养老机构管理工作的领导，建立养老机构综合监管制度。县级以上人民政府民政部门负责养老机构的指导、监督和管理，其他有关部门依照职责分工对养老机构实施监督。”

（4）增加一条，作为第 45 条：“县级以上人民政府民政部门依法履行监督检查职责，可以采取下列措施：（一）向养老机构和个人了解情况；（二）进入涉嫌违法的养老机构进行现场检查；（三）查阅或者复制有关合同、票据、账簿及其他有关资料；（四）发现养老机构存在可能危及人身健康和生命财产安全风险的，责令限期改正，逾期不改正的，责令停业整顿。县级以上人民政府民政部门调查养老机构涉嫌违法的行为，应当遵守《中华人民共和国行政强制法》和其他有关法律、行政法规的规定。”

（5）删去第 78 条。

同步训练

根据情境导入案例，学生分组对 1996 年《中华人民共和国老年人权益保障法》和 2012 年《中华人民共和国老年人权益保障法》进行比较分析。教师作出点评并示教。

任务三

老年人权益的主要内容

情境导入

听了你对《中华人民共和国老年人权益保障法》的介绍和解析后，王老伯非常兴奋，对国家如此加大力度保障老年人的权益非常感动，但对自己到底享有哪些合法的权益还是不太清楚，希望你能够进一步对其进行阐述。

任务描述

请你针对王老伯的要求，详细介绍我国老年人享有的合法权益并对其加以阐述。

相关知识

养老服务人员要依法做好老年人维权工作，除了知悉我国保障老年人合法权益的法律、法规外，还要具体掌握我国老年人依法享有哪些合法权益。

老年人的合法权益，是指我国老年人依据我国的宪法和法律应当受到保护而不容侵犯的、与“义务”相对的、依法行使的各种权利和享受的利益。在我国，老年人作为社会的一个特殊群体，除了其作为一个公民依法享有的权利和利益外，根据其自身的特点和需要还享有我国法律、法规规定的特殊权益。

一、老年人的政治权利

老年人的政治权利是指老年人享有参加国家管理、参政议政的权利和在政治上表达个人见解及意愿的自由。参加国家政治生活是宪法赋予所有公民的权利，老年人虽已离退休，但仍然是国家的主人，仍然有权参与政治生活、享有政治权利，任何组织和个人都不得限制、干涉老年人依法享有的参加政治活动和社会活动的权利。根据宪法和法律规定，老年人享有的政治权利主要有以下几方面：

（一）选举权和被选举权

法律意义上的选举权，指的是公民享有的选举国家政权机关组成人员的权利。它是公民的基本政治权利之一。在我国，凡年满 18 周岁的中国公民，不分民族、种族、性别、职业、家庭出身、宗教信仰、教育程度、财产状况、居住期限，都有选举权，但依法被剥夺政治权利的人除外。

法律意义上的被选举权，是指公民享有的被选举为国家政权机关组成人员的权利。它也是公民的基本政治权利之一。在我国，凡符合法定年龄的中国公民（国家主席、国家副主席的年龄有特别规定，要求年满 45 周岁），除依法被剥夺政治权利的人外，均有被选举权。

我国的选举权和被选举权是一种广泛的政治权利。也就是说，具有中国国籍、享有政治权利、符合法定年龄，只要具备了这三个基本条件并履行了相应的法律手续，就可以享有选举权和被选举权。

（二）言论、出版、集会、结社、游行、示威的自由

公民的言论、出版、集会、结社、游行、示威属于宪法赋予公民自由表达思想、情绪的政治权利。言论就是口头发表意见；出版就是书面表达思想和观点；集会是指聚集于公共场所发表意见、表达意愿的活动；游行是指在公共道路、露天公共场所列队行进、表达共同意愿的活动；示威是指在露天公共场所或者公共道路上集会、游行、静坐等表达要求、抗议或者支持、声援等活动。

（三）批评权、申诉权、控告权、检举权、建议权和取得赔偿的权利

《中华人民共和国宪法》第 41 条规定，中华人民共和国公民对于任何国家机关和国家工作人员，有提出批评和建议的权利；对于任何国家机关和国家工作人员的违法失职行为，有向有关国家机关提出申诉、控告或者检举的权利，但是不得捏造或者歪曲事实进行诬告陷害。对于公民的申诉、控告或者检举，有关国家机关必须查清事实、负责处理。任何人不得压制和打击报复。由于国家机关和国家工作人员侵犯公民权利而受到损失的人，有依照法律规定取得赔偿的权利。

二、老年人的人身自由权利

人身自由权是每个公民从出生之时起直到死亡为止自始至终享有并受法律保护的一项基本权利。狭义的人身自由主要指公民的身体不受侵犯，广义的人身自由还包括与狭义的人身自由相关联的人格尊严、住宅不受侵犯，以及通信自由和通信秘密等与公民个人生活有关的权利和自由。人身自由权是老年人行使其他一切自由权利和从事各种社会活动的前提。老年人的人身自由权主要有以下内容：

（一）老年人的人身自由不受侵犯

老年人的人身自由权利，是指老年人依法享有的按照自己的意愿支配其人身和行动的权利，是老年人的基本权利之一。任何老年人非经人民检察院批准或者决定，或者由人民法院决定并由公安机关执行，不受逮捕。禁止非法拘禁和以其他方法剥夺或者限制老年人的人身自由，禁止非法搜查老年人的身体。

（二）老年人的人格尊严不受侵犯

老年人的姓名权、肖像权、名誉权、隐私权等人格尊严受法律保护，禁止用任何方法对老年人进行侮辱、诽谤和诬告陷害。

（三）老年人的住宅不受侵犯

禁止非法搜查或者非法侵入老年人的住宅。公民住宅的不可侵犯是公民的一项基本权利，与公民的人身自由、人格尊严等权利一样重要，同样受法律的保护。

（四）老年人的通信自由和通信秘密受法律保护

除因国家安全或者追查刑事犯罪的需要，由公安机关或者检察机关依照法律规定的程序对通信进行检查外，任何组织或者个人不得以任何理由侵犯老年人的通信自由和通信秘密。

（五）老年人有宗教信仰自由

任何国家机关、社会团体和个人不得强制老年人信仰宗教或者不信仰宗教，不得歧视信仰宗教或者不信仰宗教的老年人。

三、老年人的社会经济权利

老年人的社会经济权利是指老年人享有的经济物质利益方面的权利，是老年人实现其他权利的物质保障。老年人享有如下社会经济权利：

（一）劳动和休息的权利

老年人虽已退出工作岗位，但劳动的权利并没有丧失；老年人有继续参加劳动的权利，有继续参与社会发展的权利。国家为老年人参与社会主义物质文明和精神文明建设创造条件。根据社会需要和可能，鼓励老年人在自愿和量力的情况下，对青少年和儿童进行社会主义、爱国主义、集体主义教育及艰苦奋斗等优良传统教育，传授文化和科技知识，提供咨询服务，依法参与科技开发和应用，依法从事经营和生产活动，兴办社会公益事业，参与维护社会治安、协助调解民间纠纷等社会活动。老年人在从事法律允许的各种社会劳动中，享有休息的权利。老年人参加劳动的合法收入受法律保护。

（二）退休老年人的生活保障权

国家依照法律规定实行企业事业组织的职工和国家机关工作人员的退休制度，退休人员的生活受国家和社会的保障。老年人依法享有的养老金和其他待遇应当得到保障，有关组织必须按时足额支付养老金，不得无故拖欠，不得挪用。同时，国家根据经济发展、人民生活水平提高和职工工资增长的情况增加养老金。

（三）物质帮助权

老年人有从国家和社会获得物质帮助的权利，有享受社会发展成果的权利。无劳动能力、无生活来源、无赡养人和扶养人的（或者赡养人和扶养人确无赡养和扶养能力的）老年人，在城市的，由当地人民政府给予救济；在农村的，由农村集体经济组织负担保吃、保穿、保住、保医、保葬的“五保”供养。老年人依法享有的医疗待遇必须得到保障，医疗机构要为老年人就医提供方便。对于老年人患病，本人和赡养人确实无力支付医疗费用的，当地人民政府根据情况可以给予适当帮助并提倡社会救助。

四、老年人受赡养扶助的权利

老年人为社会、家庭贡献了毕生的精力，在他们年老体弱、丧失劳动能力的时候理应受到尊敬和关怀，得到生活上的赡养扶助。老年人享有受赡养扶助的权利，老年人的子女以及其他依法负有赡养义务的人，应当履行对老年人经济上供养、生活上照料和精神上慰藉的义务，照顾老年人的特殊需要。对患病的老年人应当提供医疗费用和护理。赡养人的配偶应当协助赡养人履行赡养义务。赡养人不得以放弃继承权或者其他理由拒绝履行赡养义务。赡养人不履行赡养义务，老年人有要求赡养人给付赡养费的权利。赡养人不得要求老年人承担力不能及的劳动。老年人与配偶有相互扶养的义务。由兄、姐扶养的弟、妹成年后，有负担能力的，对年老、无赡养人的兄、姐有扶养的义务。

五、老年人的财产所有权

财产所有权是民事权利中最重要、最基本的权利之一。老年人作为财产所有人依法对自己的财产享有占有、使用、收益和处分的权利。老年人享有财产所有权，是老年人确立其社会地位的物质保障。老年人有权依法处分个人的财产，子女或者其他亲属不得干涉，不得强行索取老年人的财物。

六、老年人的婚姻自由权利

婚姻自由是指老年人有权按照自己的意愿决定处理婚姻的权利，这是宪法赋予老年人的一项基本权利。老年人有权依照法律规定自主自愿地决定自己的婚姻问题，不受任何人强迫、限制和干涉。老年人的婚姻自由受法律保护。子女或者其他亲属不得干涉老年人离婚、再婚及婚后的生活。赡养人的赡养义务不因老年人的婚姻关系变化而消除。暴力干涉老年人婚姻自由，构成犯罪的，依法追究刑事责任。

七、老年人的住房权

住房是老年人主要的生活环境，直接关系到老年人的身心健康。赡养人应当妥善安排老年人的住房，不得强迫老年人迁居条件低劣的房屋。老年人自有的或者承租的住房，子女或者其他亲属不得侵占，不得擅自改变产权关系或者租赁关系。老年人自有的住房，赡养人有维修的义务。老年人所在组织分配、调整或者出售住房，应当根据实际情况和有关标准照顾老年人的需要。

八、老年人的继承权

老年人享有依照法律规定或者被继承人生前立下的合法有效的遗嘱承受被继承人遗产的权利。老年人的继承权，对于保证老年人的生活水平、保障老年人安度晚年具有重要意义。老年人有依法继承父母、配偶、子女或者其他亲属遗产的权利。

九、老年人的文化教育权利

老年人的文化教育权利包括受教育权，进行科学技术研究、文学艺术创作和其他文化活动的自由。这些权利的实现可以使老年人生活得更丰富、更愉快。老年教育是解决现代社会人口老龄化问题的一个重要对策，是根据老年人的心理和生理特征进行的一种特殊教育。保护老年人继续受教育的权利是实现“老有所学”的保证，不能因为老年人离开工作岗位或不从事某种劳动就取消其受教育的权利。老年大学、各类老年学校是实施老年教育活动的重要场所。国家要发展老年教育，鼓励社会办好各类老年学校。各级政府应当加强对老年教育的领导，统一规划，保障老年人受教育权利的落实。

以上只是老年人合法权益的主要方面，老年人还享有其他权益。老年人作为弱者群体，需要更多的、特别的保护，但在强调合法权益受保护的同时，老年人也要注意履行自己应尽的义务。义务是法律规定的、要求公民必须履行的必不可少的责任，老年人也不能例外。义务具有强制性，是不能放弃的，不履行义务就要受到相应的法律制裁。

为了更好地享受自己的合法权益，老年人应当积极履行以下义务：(1) 维护祖国统一和全国各民族的团结；(2) 遵守宪法和法律，保守国家秘密，爱护公共财物，遵守劳动纪律，遵守公共秩序，尊重社会公德；(3) 维护祖国的安全、荣誉和利益；(4) 依法纳税；(5) 抚养教育未成年的子女；(6) 与配偶相互扶养；(7) 其他法律法规规定的义务。

同步训练

根据情境导入案例，学生分组归纳总结出老年人作为特殊群体享有的特殊权益的基本内容。教师作出点评并示教。

任务四

运用法律维护老年人合法权益

情境导入

听了你对老年人合法权益基本内容的介绍和阐述后，王老伯心里更是乐开了花；他转而一想，法律规定的是好，但毕竟只是写在纸上，在实践中如何保障自己的权益以及自身权益受到侵犯时如何维权仍不清楚，希望你能够告知一二。

任务描述

请你针对王老伯的要求，告知老年人运用法律维护自身合法权益的途径及方法。

相关知识

尊老、敬老、爱老、养老是中华民族长期以来形成的一项传统美德。新中国成立以来特别是党的十一届三中全会以来，随着《中华人民共和国老年人权益保障法》的实施，在我们的现实生活中，尊老、敬老、爱老、养老已逐渐成为一种被广大人民群众所推崇的社会风尚。因此，从总体上看，我国的多数老年人受到了国家、社会和家庭的重视，得到了较好的扶助和赡养。然而，在现实生活中，仍然有一部分人尊老、敬老、爱老、养老观念淡漠，侵犯老年人合法权益的事件时有发生。当前，在我国，人口老龄化已成大势。在这一大势下，如何采取有效措施尤其是以法律为盾牌保障老年人的合法权益、减少乃至杜绝侵犯老年人合法权益事件的出现已显得越来越重要了。

一、老年人权益纠纷的主要类型

1996 年 10 月起施行的《中华人民共和国老年人权益保障法》，充分表明了我国对老年人权益的高度重视，不仅仅是在保障老年人合法权益的法规体系方面，更重要的是在发展老年事业、弘扬中华民族敬老与爱老的传统美德方面起到了积极的促进作用。但是，在社会现实中，还存在不少损害老年人合法权益的不良现象。从我国近几年来的司法实践看，在民事诉讼中，涉及赡养权、扶助权、婚姻自主权、继承权等权利的案件是常发、高发案件。由于老年人对于新的法律法规的接受有一定的过程，比如对最高人民法院民事诉讼证据规则的内容并不熟悉，在一定程度上阻碍了老年人维护自身合法权益的及时性，所以我们有必要对近几年经常出现的几类涉及老年人的案件作一个简要的分析与总结。

根据有关统计数据分析，以下几类案件是涉及老年人合法权益保护纠纷的多发案件，主要表现在子女赡养、财产分割、房屋产权等财产领域及遗弃、虐待等人身权领域：(1) 因遗产继承而侵犯老年人继承权的纠纷。例如，配偶死亡后另一方再婚要依法带走或处理自有财产时，受到子女、亲友或家族阻拦，给老人的财产权利造成直接或间接损失。(2) 以赡养为借口，子女攫取老人财产，或是同住人以赡养、照料老人生活为名，在购买产权、迁入户口、更改户主目的达到后，遗弃、虐待老人。(3) 侵吞老人房屋的产权。如共同居住的子女分配、购买住房后，仍占据老人住房；成年子女冒领本应属于私有房产主的老人的拆迁补偿款。此外，不少房产纠纷还连环引发了赡养纠纷及再婚纠纷。(4) 再婚又离婚所引发的财产问题。由于再婚老人的财产所有权模糊，加之双方原子女的不当干涉，极易发生利益冲突及与再婚老人的遗产纠纷。(5) 独居老人的精神养老问题。众所周知，许多年轻人习惯上把“养老”理解为物质与经济上的供给，对于老人精神方面的需求则考虑甚少，忽视与老人进行情感交流，使老人难以得到心理慰藉。老人时常会感到失落、孤独、焦虑。

二、老年人权益纠纷的特征

引发老年人权益纠纷，既有来自老年人家庭内部的原因，也有来自单位、社会组织或者有关部门执行法律法规及政策不当的原因。在实践中，老年人权益纠纷最主要的是家庭生活纠纷，其次是经济纠纷。老年人的权益纠纷主要体现为以下特点：

（一）以家庭财产纠纷居多

因老年人家庭内部原因而产生的权益纠纷，由于老年人存在与“被告”子女有亲情的心理障碍，使得老年人权益即使受到严重侵害也一般不愿声张，因此在维权上的力度就小得多，客观上也助长了侵权事件的发生。在许多涉老案件中，老年人都是由于法律意识不强、自我保护意识较弱或受传统观念影响，对子女缺乏防范意识。老年人把自己的权益保障全部押在子女的自觉履行上是不明智的。例如，有很多老人借款给子女时很少会要求其出具借款条或其他书面证据，这看起来是对家庭成员的信任，事实上却是在自身的权益保障上打开了豁口。根据我国民事诉讼法“谁主张谁举证”的规定和民事证据规则的“举证时限”等规则要求，在诸多子女直接侵害老年人财产的案件中，绝大多数的老年人因没有证据证明自己的主张而得不到法律的支持，引发老年当事人与法院的矛盾，将家庭内部矛盾引向社会，影响了和谐社会的建设。

（二）老年权益保障工作机制运行不合理

受街道或单位经济条件制约及认识水平的影响，老年人权益保障工作机制不够完善，运行也不尽合理。因城乡差异、单位差异而导致老年人享受社会保障水平的差距增大，形成部分老年人生活相对贫困，从而客观上增加了产生权益纠纷的外部因素。

（三）目前老年人权益纠纷仍以满足基本生活需求为最低目的

不论是人身关系纠纷还是基于人身关系而产生的财产关系纠纷，从民事诉讼的角度来看，涉及老年人的案件，其诉讼标的往往都是满足最基本的生活需求。

三、老年人应做到九个“不要”，有效保障自身权益

由于老年人身体健康和经济收入的下降，人身和财产权益遭受侵害现象屡见不鲜，如家庭关系松散之后，遭受近亲属或监护人的遗弃或虐待；在生活、居住和医疗条件方面缺乏保障；在市场消费、金融投资、房产买卖领域中，容易受诱骗、欺诈和胁迫。为此，老年人需要增强法律意识，在日常生活中要做到以下九个“不要”。

（一）不要过早把自己的房产转到子女名下

有些老人或为得到子女更好的照顾，或是在子女的要求下，过早地把房屋过户给子女。其结果是：有的子女在拿到房产证后便不像原来那样孝敬父母，甚至有的还将老人扫地出门。此时，由于房产已归子女所有，老人再想要回房产就难了。老人对自己的财产，可以通过立遗嘱的方式来处置，以免日后出现不必要的纠纷。

（二）不要在处理房产时不留后路

老人现在“以房养老”的比较多，即通过公证把房子给了保姆、邻居或者亲戚，以此让他们照顾自己，可当这些人房产到手后违约不履行照顾自己的义务时，老人又没有办法要回房子。因此，老人在办理公证时，一定要在公证书上写明在对方不尽照顾义务时有权把房子收回，这样就可以保障自己的合法权益。还有的老人买房子由于贷款难等原因，以子女名义办理贷款，由老人自己还贷。可当老人与子女发生纠纷后，子女说房子是他们的，老人又拿不出证据，只能吃哑巴亏。所以，老人在以子女或他人的名义贷款买房时，一定要在有关契约上写明房子是自己出资买的，拥有永久居住权。老年人不能把自己的权益保障全部押在子女的孝心和自觉性上，亲情是不能代替法律的。

（三）不要把工资卡等交给他人或子女

因为老人没有把自己的证件保管好或者轻易地把证件交给他人或子女，他们中的一些人就瞒着老人把房产、工资、存折等变成自己的。因此，老人一定要保管好自己的证件，不要轻易交给他人或子女。

（四）不要为子女结婚买房出资却不留字据

有的老人为子女结婚买房出资却不留字据，日后一旦儿子与媳妇或女儿与女婿离婚，所买房子对方能否分割就成了问题。对这一问题，要看出资买房的时间及有无特别约定。《最高人民法院关于适用〈中华人民共和国民法典〉婚姻家庭编的解释（一）》规定：当事人结婚前，父母为双方购置房屋出资的，该出资应当认定为对自己子女个人的赠与，但父母明确表示赠与双方的除外。当事人结婚后，父母为双方购置房屋出资的，依照约定处理；没有约定或者约定不明确的，按照《中华人民共和国民法典》关于夫妻共同财产的相关规定的原则处理。据此，建议老人最好在出资买房时写下字据或请律师见证。

（五）不要在“百年”后为在世的老伴儿留麻烦

现在老人多有房产和钱财，法律规定，如果老年夫妻一方去世，财产就由另一方和子女分割继承，这样做虽然合法，但对在世的老人伤害较大。建议老年夫妻最好在身体健康的时候就立遗嘱把财产留给对方，或者先跟子女协商，等两个老人都“走”后再分割继承老人的遗产。这样，对在世的老人来说，不论在生活上还是精神上都更有益。

（六）不要在不了解对方及财产未作处理时就草率登记再婚

老人再婚，首先要考虑好双方有无感情基础、将来能否互相照顾；其次，要分清财产，避免后患。老人在办理再婚登记手续前，最好签订一份“再婚协议书”，对日后的赡养、遗产继承等问题作出明确约定。

（七）在遭受家庭暴力时不要忍气吞声

成年子女不得以无业或者其他理由强行索取、克扣老人的财物。老人因种种原因遭遇家庭暴力时，不要忍气吞声，要及时请求社区或自己及子女所在单位等予以劝阻、调解；受到严重伤害和虐待时，应及时报警，寻求法律的保护。

（八）不要被子女提出的种种拒绝赡养的理由所困扰

有些子女往往以父母未履行抚养义务、自己放弃继承权、父母再婚、未分得父母财产等为由，拒绝履行对父母的赡养义务。这些理由都是不能成立的，子女无权拒绝履行赡养父母的义务。

（九）不要忘记维权的时间和途径

我国法律规定诉讼时效为三年。诉讼时效是从权利人知道或者应当知道其权利被侵害时开始计算的。老年人的权益受到侵害后，可以要求侵害人所在组织或者侵害人所在组织的上级机关处理，也可以直接向人民法院提起诉讼；因身体原因不能直接起诉时，可委托律师代理。

四、侵害老年人权益的救济途径

（一）民事调解

老年人与家庭成员因赡养、扶养或者住房、财产等问题发生纠纷时，可以要求家庭成员所在地组织或居民委员会、村民委员会调解，各级老龄工作机构都是老年人的“娘家”，希望老人们在自身权益受到侵害时能够及时向当地居委会、村委会或各级老龄工作机构反映，请求他们对实施侵害者进行批评教育直至其改正。

（二）民事诉讼

老年人因自己的合法权益受到侵害，可以直接向人民法院提起诉讼，交纳诉讼费确有困难的，可以凭当地村、镇的证明申请缓交、减交、免交诉讼费；需要获得律师帮助但无力支付律师费用的，可以向当地村民委员会、镇司法所、市司法局申请法律援助，其可为老年人免费指定律师，使老年人获得法律援助。

（三）行政和刑事处罚

一般来讲，当通过第三种渠道来维护自己的权益时，是已经到了侵害老年人权益比较严重的地步了，比如遗弃和虐待老人。遗弃和虐待老人应受到法律制裁，包括行政和刑事处罚。对于侵犯老人权益、虐待或遗弃老人情节较轻的，可以给予行政处罚；情节特别严重的，司法机关会依法追究刑事责任。

五、做好老年人权益保障工作，将老年人享有的合法权益落到实处

老年人是社会的弱者，在用法律维护自身权益时，有许多自身难以克服的困难：（1）体力上的困难。一些老年人体弱多病、行动不便，不能按时到庭，会给案件审理带来麻烦。有些老年人因体力不支，证据有时甚至被被告强行抢走和毁灭。（2）经济上的困难。一些老年人没有收入来源，按一般诉讼程序请不起律师、交不起诉讼费。特别是赡养案件中的老年人就是因为被逼到生活难以维持的地步才提起诉讼，所以根本无法支付诉讼费。（3）文化和法律知识上的

困难。由于多数老年人文化程度偏低、法律知识有限，不懂得取证、举证，直接影响诉讼结果。总之，老年人由于体力、经济和文化方面的因素，诉讼能力较差。

要进一步做好老年人权益保障工作，将老年人享有的合法权益落到实处，就必须增强做好老年人权益保障工作的责任感和紧迫感，社会各界积极参与，继续加大对《中华人民共和国老年人权益保障法》等涉老法律法规的宣传力度，不断提高全社会维护老年人合法权益的自觉性；扩大养老保险和医疗保险覆盖范围，确保老年人的养老金按时足额发放和医疗待遇的落实；在农村尽快普及社会养老保险和新型合作医疗制度；将老年人权益保障工作与加快基层社区建设结合起来，充分发挥基层组织在老年人权益保障工作中的作用；更多地为老年人办实事、办好事，确保老年人共享经济和社会发展成果。具体可从以下几个方面进行落实：

（一）老年人受赡养扶助权要得到较好落实

为落实好老年人受赡养扶助的权利，要积极倡导赡养人之间就履行赡养义务签订协议，明确约定赡养的具体内容和标准，由居民委员会、村民委员会或者赡养人所在组织监督协议的履行，这样可以减少赡养纠纷的发生。对于已经产生的赡养纠纷，居民委员会、村民委员会和人民法院等有关组织首先要认真做好调解工作，化解矛盾，确保老年人受赡养权得到落实。

（二）积极完善老有所养的养老保险制度

养老保险作为实现“老有所养”的基本制度，是确保社会稳定的重要基础，是社会主义优越性的重要体现。养老保险制度需要持续完善，以便稳步提高老有所养的保障能力。从初步建立全国养老保险制度开始，到新型农村社会养老保险制度（新农保）与城镇居民社会养老保险制度（城居保）的合并，到改革机关事业单位和企业职工养老保险的“双轨制”，建立企业职工基本养老保险基金中央调剂制度，全面落实企业职工基本养老保险省级统筹，再到 2025 年实现基础养老金全国统筹，从制度上不断完善养老保险体系。

在我国目前养老保险体系的三个层次中，第一层的基本养老保险制度已经基本健全，职工养老保险加上城乡居民养老保险两个平台覆盖近十亿人；第二层的企业年金、职业年金制度初具规模，并在逐步完善；第三层的“以账户制为基础、个人自愿参加、国家财政从税收上给予支持、资金形成市场化投资运营”的个人养老金制度已于 2022 年正式实施。

推进养老保险全国统筹，在全国范围内实现制度统一和区域间互助共济，成为完善养老保险体系的重要之举。全国统筹包括全国性的统一收缴和统一支付，即跨省域的统收统支，统支侧的支付方式、养老金标准、发放渠道已经相对稳定，推进电子发放更加快捷高效。统收侧是全国统筹的关键，需要基于现行做法，进行相应的改革，考虑以个人工资性收入为统一缴费基数、核算统一的缴费比例、统一缴纳方式，充分利用社会信息化基础，借助电子支付手段，用更科学、合理、公平、易行的方法解决统筹过程中的复杂问题。

（三）发展老年医疗、康复护理和健康保险服务

在基本医疗保险制度改革中，要对离退休人员实行政策倾斜，对参保离退休人员的基本医

疗保险费、个人账户的计入金额和个人负担医疗费比例都要给予照顾。在老年人健康方面，要强化老年预防保健，提升老年医疗和康复护理服务水平，提升医养结合发展水平。支持商业保险机构开发商业养老保险和适合老年人的健康保险，引导商业保险机构加快研究开发适合居家护理、社区护理、机构护理等多样化护理需求的产品。

（四）数字化转型时代须重视尊重和保护老年人的人格权

老年人的人格权应得到全社会应有的尊重，但现实中他们反而是容易受到人格权侵害的弱势群体。例如，近年来，老年人在养老机构或家庭内遭受身体健康侵害、虐待的事件频发；移动通信技术的发展，改变了人们的消费习惯与生活方式，不断迭代升级的信息通信技术与产品却未能照顾到学习能力较弱的老年人，导致他们成为"数字弱势群体"；尽管《中华人民共和国民法典》提倡人格自主和婚姻自由，但老年人在医疗和婚姻生活方面的自主决定权，仍面临着社会观念和家庭关系的诸多阻碍。

因此，政府应通过法治宣传，强调各机关、企事业单位和社会组织严格执法和守法，发挥全民社会监督和舆论监督的作用，制约养老机构、医疗机构损害老年人身体健康的行为；在社会、家庭生活中确立老年人人身自治和婚姻自由的理念，要求医疗机构和养老机构确保老年人的医疗知情权和决定权；在互联网普及和大数据时代，加强老年人的隐私权和个人信息的保护，提高他们的社会生活参与度，避免数字化社会转型带来的歧视。

（五）丰富老年人的精神文化生活

应当广泛开展大量适合老年人的群众性文化、体育、娱乐活动，为老年人到老年大学（学校）继续学习创造条件。适合老年人的图书、报刊、影视、戏剧、文艺作品等也要日益丰富。开创老年人积极参与社会公益活动的空间，使他们能够发挥余热，为社会作出新的贡献。

（六）进一步加强老年人权益的司法保护力度、法律服务深度和广度

人民法院要加大对涉老案件的审判力度，实行"优先立案、优先审理、优先执行"的"三优先"制度，对较复杂和易反复的案件实行回访制度，对经济有困难的老年人实施司法救助，根据不同情况依法缓、减、免交诉讼费。各种法律服务机构也要针对老年人经济能力差、行动不便等不足，采取措施提供优质高效的法律援助服务。当前国家也正在研究制定有关法律援助的实施细则，可以多考虑作为援助对象的老年人的具体情况，有针对性地作出规定。

延伸阅读

北京市老年人法律服务团成立

北京已进入老龄化社会，人口老龄化问题日益凸显，涉及老年人的遗嘱、分家析产、赡

养、监护、继承等方面的法律事务，老年人面临的房屋出租、消费者权益保护、遗嘱继承、财产纠纷以及与子女之间因房屋、赡养、再婚、医药费等问题引发的纠纷均呈上升趋势，而老年人遇到这些问题和困难需要帮助时往往不知道怎样能够得到可靠的法律帮助和服务。

为了解决老年人的法律服务需求，北京市司法局成立了由市律师协会相关机构、25 家公证处、市法律援助中心组成的“北京市老年人法律服务团”，推出了针对老年人的优待措施。

1. 律师六项优待措施

（1）免费通过市律协公益法律咨询热线（800－810－0789）为老年人提供专业法律咨询；

（2）免费开展律师法律服务进社区、进老年公寓、进养老院，定期定点提供法律咨询、举办法治讲座；

（3）免费为老年人代书遗嘱、遗嘱见证、财产分配、赡养费追索、人身和财产损害维权等提供法律服务；

（4）通过沟通、协商、引导方式，解决涉老赡养、赠与、继承、婚姻家庭等方面的矛盾纠纷；

（5）免费为 80 岁以上行动不便的老年人提供上门服务；

（6）免费对老龄工作者开展法律知识培训。

2. 公证五项优待措施

（1）免费进社区、养老院开展涉老继承、遗嘱、遗赠扶养协议等法律讲座，提供免费法律咨询；

（2）为老年人办理公证提供优先服务通道，符合法律援助条件的减免公证费用；

（3）开辟老年人遗嘱公证绿色通道，方便老年人办理遗嘱公证；

（4）对行动不便的老年人，可以根据需要提供上门公证服务；

（5）在接待大厅和窗口配备老年人专座、老花镜等，为老年人提供贴心服务。

3. 法律援助四项优待措施

（1）免费通过 12348 法律咨询专线为老年人提供法律咨询；

（2）简化高龄、空巢老人和城市“三无”、农村“五保”、低保老年人申请法律援助的程序，优先受理、优先审核；

（3）对行动不便的老年人，预约上门办理法律援助手续；

（4）开辟“绿色咨询通道”，为老年人安排专人、优先提供咨询服务。

同步训练

根据情境导入案例，请为王老伯归纳总结出老年人维护自身权益需要注意的问题。教师示教后，学生分组训练。

教学做一体化训练

● **重要概念**

法律　老年人　权益　保障

● **课后讨论**

1. 我国保障老年人合法权益的法律、法规主要有哪些？
2.《中华人民共和国老年人权益保障法》有哪些基本内容？
3. 我国老年人依法享有的合法权益有哪些？
4. 如何运用法律保障老年人的合法权益？
5.《中华人民共和国老年人权益保障法》如何更好地落到实处？

● **课后自测**

一、单项选择题

1. 出台《中华人民共和国老年人权益保障法》的时间是（　　）年。
   A. 1986　B. 1996　C. 2009　D. 2012
2.《中华人民共和国老年人权益保障法》的修订是（　　）通过的。
   A. 2012 年 10 月 1 日　B. 2012 年 12 月 4 日
   C. 2012 年 12 月 28 日　D. 2013 年 1 月 1 日
3. 2012 年修订的《中华人民共和国老年人权益保障法》自（　　）开始施行。
   A. 2012 年 12 月 28 日　B. 2013 年 1 月 1 日
   C. 2013 年 9 月 9 日　D. 2013 年 7 月 1 日
4. 1996 年《中华人民共和国老年人权益保障法》共有（　　）。
   A. 10 章 85 条　B. 6 章 50 条　C. 9 章 85 条　D. 8 章 95 条
5.《中华人民共和国老年人权益保障法》制定的根本依据是（　　）。
   A.《中华人民共和国宪法》　B.《中华人民共和国民法典》
   C.《中华人民共和国刑法》　D.《中华人民共和国社会保险法》
6. 我国每年农历（　　）为老年节。
   A. 五月初五　B. 九月初九　C. 正月初一　D. 八月初八
7. 现行《中华人民共和国老年人权益保障法》共有（　　）。
   A. 10 章 85 条　B. 6 章 60 条　C. 9 章 85 条　D. 8 章 95 条
8.《中华人民共和国老年人权益保障法》所称老年人是指（　　）周岁以上的公民。
   A. 70　B. 62　C. 65　D. 60
9. 老年人患病，本人和赡养人确实无力支付医疗费用的，当地人民政府根据情况可以给予适当帮助，并可以提倡（　　）。
   A. 社会救助　B. 社会补助　C. 社会资助　D. 社会援助

10. 国家建立和完善以（　　）为基础、（　　）为依托、（　　）为补充的社会养老服务体系。

A. 社区；机构；居家　　B. 机构；居家；社区

C. 居家；机构；社区　　D. 居家；社区；机构

二、多项选择题

1. 制定《中华人民共和国老年人权益保障法》的目的是（　　）。

A. 保障老年人的合法权益

B. 发展老年事业

C. 弘扬中华民族敬老、养老的美德

D. 老有所乐、老有所养、老有所为、老有所学

2. 地方各级人民政府根据当地条件，可以在（　　）等方面，对老年人给予优待和照顾。

A. 纳税　　B. 游览

C. 乘坐公共交通工具　　D. 参观

3. 下列属于各级人民政府都应当做的事项是（　　）。

A. 将老年事业纳入国民经济和社会发展计划

B. 对老年教育加强领导，统一规划

C. 引导企业开发、生产、经营老年人生活用品，满足老年人的需要

D. 对老年人的生活给予物质上的帮助

4. 老年人有从国家和社会获得物质帮助的权利，有享受（　　）和（　　）的权利，有参与社会发展和共享发展成果的权利。

A. 社会服务　B. 社会养老　C. 社会优待　D. 社会福利

5. 全社会应当广泛开展敬老、养老、助老宣传教育活动，树立（　　）老年人的社会风尚。

A. 尊重　B. 关心　C. 照料　D. 帮助

6. 2015年修正的《老年人权益保障法》的修改主要体现在哪些方面？（　　）

A. 将“非营利性养老服务设施用地”修改为“公益性养老服务设施用地”。

B. 设立公益性养老机构应当向县级以上人民政府民政部门申请行政许可

C. 经许可的公益性养老机构，依法办理相应的登记。

D. 增加“设立经营性养老机构应当在工商行政管理部门办理登记后，向县级以上人民政府民政部门申请行政许可”。

7. 养老保障水平是衡量一个国家老龄事业发展的重要依据，我国将根据（　　）适时提高养老保障水平。

教学做一体化训练

A. 经济发展水平　　B. 职工平均工资增长情况

C. 物价上涨状况　　D. 老年人的精神需要

8. 各级人民政府和有关部门对（　　）按照国家有关规定给予表彰或者奖励。

A. 维护老年人合法权益成绩显著的组织、家庭

B. 敬老、养老、助老成绩显著的组织、家庭、个人

C. 维护老年人合法权益成绩显著的个人

D. 对参与社会发展作出突出贡献的老年人

三、案例分析题

77 岁的刘女士有 8 个子女，其中刘女士最喜爱与信任三女儿，而其他子女都与刘女士有过或多或少的矛盾。因刘女士患有轻微老年痴呆，她担心自己日后病情加重，想趁着自己意识还清楚，指定三女儿担任自己的监护人，负责自己的生养死葬等。

请问这样做可以吗？

项目二

老年人受赡养与扶养权益保障

学习目标

知识目标

1. 掌握赡养及赡养义务的内容、赡养义务人的范围
2. 掌握扶养及扶养义务的内容、扶养义务人的范围
3. 掌握赡养、扶养纠纷解决的原则和途径

能力目标

1. 能够协助老年人分析、解决赡养纠纷
2. 能够协助老年人分析、解决扶养纠纷

素养目标

1. 培养尊老敬老的意识
2. 树立孝道新观念，为和谐社会做奉献

任务一

老年人受赡养权益保障

情境导入

郭老汉是参加过抗美援朝战争的复员老兵，今年已有85岁高龄，他共有7个子女，其中4个是他再婚的妻子与前夫所生，1个女儿是他与前妻所生，2个是他和再婚的妻子所生。这7个子女都是郭老汉和再婚的妻子抚养长大的。1980年，再婚妻子去世后，郭老汉先后与7个子女签订了赡养协议，但都因子女没有履行而最终“夭折”。在自己越来越无劳动能力的情况下，2024年5月，除了与前妻所生的女儿外，他要求其他6个子女每人每月支付70元对他尽赡养义务。而4个继子女以他们不是郭老汉亲生、没有血缘关系等理由不同意赡养郭老汉。郭老汉自己也不确定继子女是否有赡养自己的义务以及赡养费标准是否合适，来到你所在的老年人法律服务中心向你咨询。

任务描述

作为老年人法律服务中心的工作人员，请你针对郭老汉提出的问题为其提供一份详细的咨询意见并附上相应的法律规定。

相关知识

中国是礼仪之邦，尊老、爱老、敬老是中华民族的传统美德。“老有所养”是每一个老年人所期盼的，也是构建和谐社会所必备的重要因素。赡养老人不仅是道德规范的要求，也是法律规定公民应当履行的义务。《中华人民共和国民法典》与《中华人民共和国老年人权益保障法》对子女赡养老人的义务作了明确规定。

一、赡养

赡养，是指赡养义务人对其应负有赡养义务的老年人在经济上提供必需的生活用品和费用，并在生活上和精神上关心、扶助、照料老年人的行为。赡养包括以下两种情况：

（一）子女对父母的赡养

子女对父母履行赡养扶助义务，是对家庭和社会应尽的责任。《中华人民共和国宪法》规定，成年子女有赡养扶助父母的义务。《中华人民共和国民法典》也规定子女对父母有赡养扶助的义务。《中华人民共和国老年人权益保障法》单设一章规定了关于老年人赡养与扶养的一些法律问题。

为保障受赡养人的合法权益，《中华人民共和国民法典》第 1067 条第 2 款规定：成年子女不履行赡养义务时，缺乏劳动能力或生活困难的父母，有要求成年子女给付赡养费的权利。对拒不履行者，可以通过诉讼解决；情节恶劣构成犯罪者，依法追究其刑事责任。

（二）晚辈对长辈的赡养

《中华人民共和国民法典》第 1074 条第 2 款规定：有负担能力的孙子女、外孙子女，对于子女已经死亡的祖父母、外祖父母，有赡养义务。这种赡养是有条件的，即须孙子女、外孙子女有负担能力，且祖父母、外祖父母的子女已经死亡。

二、赡养人

所谓赡养人，也称赡养义务人，是指对老年人负有赡养义务的当事人。《中华人民共和国老年人权益保障法》第 14 条第 2 款和第 3 款规定：赡养人是指老年人的子女以及其他依法负有赡养义务的人。赡养人的配偶应当协助赡养人履行赡养义务。一般来说，赡养人是老年人的家庭成员，主要包括以下几类人：

（一）成年子女

《中华人民共和国宪法》规定，成年子女有赡养扶助父母的义务。《中华人民共和国民法典》也规定，子女对父母有赡养扶助的义务，子女不履行赡养义务时，缺乏劳动能力或生活困难的父母有要求子女给付赡养费的权利。有经济负担能力的成年子女，不分男女、已婚未婚，在父母需要赡养时，都应依法尽力履行这一义务直至父母死亡。子女对父母的赡养义务，不仅发生在婚生子女与父母间，而且也发生在非婚生子女与生父母间、养子女与养父母间、继子女与履行了抚养教育义务的继父母间。

父母子女关系是家庭中的重要法律关系。我国法律所认可的父母子女主要有两大类，即自然血亲的父母子女和拟制血亲的父母子女。

1. 自然血亲的父母子女

自然血亲的父母子女关系是基于子女出生的法律事实而在子女与父母之间形成的法律上的权利义务关系，又称为亲子关系。自然血亲的父母子女关系是因自然意义上的血缘联系而存在，不能人为解除。除非一方死亡而自然终止，在一般条件下，其法律上的权利义务关系只能因父母合法的送养行为而终止。

依出生事实发生时间不同，自然血亲又分为婚生和非婚生的亲子关系。所谓婚生子女，是指在婚姻关系存续期间妻子生育的子女。所谓非婚生子女，是指在依法确立婚姻关系前或婚外行为所生的子女，如同居、婚前性行为、姘居、通奸、被强奸后所生的子女。婚生子女与非婚生子女，虽然在出生形式上是合法婚姻和非法婚姻的不同产物，但是就子女对父母的法律关系上的地位而言却是相同的。

2. 拟制血亲的父母子女

拟制血亲的父母子女是指本无自然意义上的血缘关系，而由法律确认其与自然血亲具有同等权利义务的父母子女。此种血亲由于不是自然形成的而是法律设定的，故又称“准血亲”。《中华人民共和国民法典》确认的拟制血亲的父母子女有两类。

（1）养父母与养子女。基于有效的收养行为，会使得本无血缘关系的当事人之间产生拟制的血亲关系。

案例

养父母有亲生子女，养子女可否免除赡养义务?

原告段某、袁某夫妇有三个子女，其中长子段某峰系其养子。原告夫妇自幼子结婚后，即召集三个子女分家析产，并由三个子女约定每人每年出稻谷 300 千克赡养原告夫妇。但自 2023 年开始，被告段某峰以原告夫妇在村里扬言段某峰不是其亲生儿子且原告另有两个亲生子女为由，拒绝再赡养两原告。为此，原告夫妇向法院起诉，要求被告履行赡养义务。作为养子的被告是否应当赡养原告夫妇呢?

《中华人民共和国民法典》第 1111 条第 1 款规定：“自收养关系成立之日起，养父母与养子女间的权利义务关系，适用本法关于父母子女关系的规定”。第 26 条第 2 款规定：“成年子女对父母负有赡养、扶助和保护的义务。”第 1067 条第 2 款规定：“成年子女不履行赡养义务的，缺乏劳动能力或者生活困难的父母，有要求成年子女给付赡养费的权利。”因此，养子女与亲生子女一样，只要与养父母形成了合法的收养关系，就产生了与亲生子女同样的权利义务，对养父母就应当尽赡养义务。即使是收养关系解除后，依照《中华人民共和国民法典》第

1118 条的规定，经养父母抚养的成年养子女，对缺乏劳动能力又缺乏生活来源的养父母，应当给付生活费。所以本案被告段峰对原告段华夫妇的赡养义务不能因原告夫妇有亲生子女而免除，被告应当与原告的另外两个子女共同承担赡养原告夫妇的义务。

（2）事实上形成了抚养教育关系的继父母与继子女。继父母和继子女的关系是因子女的生父或生母再婚而形成的。对于继父母和继子女而言，并不一定会形成拟制血亲关系，只有存在事实上的抚养教育关系，两者之间才产生超出继父母子女关系之外的拟制血亲关系。为更加清晰地认识继父母子女之间的关系，我们需要明确以下内容：

第一，生父母与继父母离婚后，受继父母抚养教育的继子女应当履行赡养义务。《中华人民共和国民法典》第 1072 条第 2 款规定，继父母与受其抚养教育的继子女间的权利义务关系与父母子女间的权利义务关系相同。当生父母与继父母离婚后，虽然继父母子女关系不再存在，但是，继子女受继父母抚养的事实不能消失，继父母与继子女之间已形成的权利义务关系不能自然终止。因此，当生父母与继父母离婚后，受继父母抚养教育长大成人且有负担能力的继子女对年老体弱、生活困难的继父母应尽赡养扶助的义务。

第二，继子女对未尽抚养义务的继父母没有法定赡养义务。根据法律规定，继父母和未受其抚养教育的继子女之间形成的是姻亲关系，相互间并无权利义务关系。因此，未受继父母抚养教育的继子女没有赡养继父母的法定义务。但是，对于继子女主动承担赡养扶助义务的行为应当予以鼓励和支持。

案例

继父母子女间权利义务的产生与解除

段女士与胡某育有儿子胡清华、长女胡大凤、次女胡二凤 3 个子女。1982 年 12 月胡某病故。1983 年，段女士与李某结婚，李某招赘到胡家。当时胡清华已满 18 周岁，在村里参加劳动；两个女儿均未成年（未曾受过教育）。李某与段女士婚后又生育一女李凤荣。1991 年 8 月段女士病故。1992 年 3 月，李某带着李凤荣回到老家居住，而胡家 3 个子女仍在本村居住。2023 年 2 月 24 日，李某以年老多病、已丧失了劳动能力且没有经济来源为由，诉至法院，要求继子女胡清华、胡大凤、胡二凤同李凤荣共尽赡养义务。

法院在审理过程中，针对被告胡大凤、胡二凤是否应尽赡养义务存在两种不同意见：一种意见认为，被告不是由原告抚育成人的，与原告的继子女关系自原告回老家时就已经自动解除，所以没有赡养原告的义务。另一种意见认为，被告胡大凤、胡二凤与原告长期共同生活过，形成了继父女关系，且该关系没有正式解除，被告应尽赡养义务。笔者赞同第二种意见。

1）抚养关系的形成是继父母子女之间权利义务产生的基础。

继父母子女是拟制血亲，与自然血亲不同，所以并非所有的继父母子女都产生父母子女间的权利义务。《中华人民共和国民法典》第 1072 条第 2 款规定："继父或者继母和受其抚养教育的继子女间的权利义务关系，适用本法关于父母子女关系的规定。"这一规定表明，只有形成了抚养关系，继父母子女才产生父母子女间的权利义务。一般认为以下两种情况形成抚养关系：一是继子女与继父母长期共同生活，继父或继母负担继子女生活费和教育费一部分或全部；二是继子女与继父母共同生活，继父或继母对继子女予以生活上的照顾、教育和保护。本案被告胡大凤、胡二凤与原告李某共同生活多年，虽然原告没有负担被告的教育费用，但毕竟曾给予被告较长时间的生活照顾和保护，结合当时的历史背景，事实上已经构成了继父母子女间的抚养关系。

2）继父母子女之间权利义务的解除应视具体情况而定。

最高人民法院曾对要求解除继父母子女关系的案件做过批复。根据批复精神，只要继父母子女形成抚养关系，继父母或继子女一方起诉要求解除父母子女关系的，人民法院应视具体情况作出是否准许的调解或判决。可以认为，一旦继父母子女形成抚养关系，从保护未成年人和老年人合法权益的角度出发，不应轻易予以解除。

原告李某带亲生女儿离开被告是否构成抚养关系的解除呢？具体来说，原告李某与被告胡大凤、胡二凤的抚养关系没有解除，也不应该解除。因为原、被告共同生活多年，已经形成抚养关系，产生了父母子女间的权利义务。当然，在被告生母去世、无人照料的情况下，原告有责任履行自己的抚养义务，其遗弃被告的行为是不对的，应受到道义和法律的制裁。本案中，继子女依法负有赡养老人的义务，被告不能以原告先前的违法行为来抗辩自己应尽的赡养义务，否则就不能很好地保护老年继父母的合法权益。

3）保护已形成的继父母子女抚养关系有利于家庭结构的稳定。

有人认为，如果法律保护这种遗弃继子女的老人的权益，就等于放纵遗弃继子女的行为发生，不利于保护继子女的合法权益，会加重继子女成年以后的负担。这种观点显然有失偏颇。首先，在继父母子女间权利义务关系的形成上，法律有严格规定，只要双方形成抚养关系，依据权利义务对等原则，尽了抚养义务的继父母有权要求受抚养的继子女履行赡养义务。其次，《中华人民共和国未成年人保护法》为保护继子女的合法权益提供了法律保障，对继父母的虐待、遗弃行为，继子女可以依法追究其法律责任。再次，尊老爱幼是中华民族的传统美德，使幼有所抚、老有所养则是我国精神文明建设的一项重要内容，因此从稳定家庭结构、保持优良传统方面来说也不宜过于轻率地解除继父母子女关系。

（二）子女以外的其他赡养义务人

这里所称的"其他赡养义务人"是指孙子女、外孙子女。祖父母与孙子女、外祖父母与外孙子女，是除父母子女关系以外最亲近的直系血亲。通常情况下，老年人由其子女赡养，祖孙之间不发生赡养问题。有的孙子女、外孙子女也认为自己是由父母抚养长大的，从未与祖父母、外祖父母共同生活过，所以也就不负有赡养的义务。这种想法是错误的。根据《中华人民共和国民法典》第 1074 条的规定，有负担能力的孙子女、外孙子女，对于子女已经死亡或者子女无力赡养的祖父母、外祖父母，有赡养的义务。最高人民法院《关于贯彻执行民事政策法律若干问题的意见》第 25 条也作了相同的司法解释。《中华人民共和国老年人权益保障法》第 14 条第 2 款中规定的“其他依法负有赡养义务的人”就包括这里所指的孙子女、外孙子女。

依照上述法律规定，孙子女、外孙子女承担赡养祖父母、外祖父母义务的条件为：

（1）祖父母、外祖父母的子女已经死亡或者子女无力赡养。

如何理解“子女已经死亡”？这里所说的“子女已经死亡”并不是指祖父母、外祖父母的子女都死亡，而是指孙子女、外孙子女的父亲或者母亲死亡，无法履行对祖父母、外祖父母的赡养义务，这时孙子女、外孙子女就可能要履行对祖父母、外祖父母的赡养义务。祖父母、外祖父母的子女尚在但已丧失赡养扶助能力的，其孙子女、外孙子女也应承担此项义务。

（2）孙子女、外孙子女有负担能力。

这里的“负担能力”是指孙子女、外孙子女应当有履行赡养义务的可能性，这种负担能力一方面要求孙子女、外孙子女应当成年，另一方面指孙子女、外孙子女具有赡养老人的现实可能性和能力，即在保持自己家庭正常生活的前提下尚有能力（余力）。若赡养义务人履行了赡养义务，不会影响到自己家庭的基本生活，则表明其具有负担能力。

在以上两个条件满足的情况下，孙子女、外孙子女就应当承担起对祖父母、外祖父母的赡养义务。对有固定收入或其他经济来源，生活上完全可以自理的祖父母、外祖父母，其孙子女、外孙子女可以免除赡养义务。

三、赡养义务的内容

成年子女要在日常生活中扶助父母，成年子女和父母共同生活的，应当依法履行赡养义务，尤其对年老体弱或者多病的父母，更应当加以妥善的扶助和照顾；不在一起生活的，也应通过各种方式履行扶助义务，关心、照顾父母。凡有赡养能力的成年子女，不分男女，不论婚否，都必须履行赡养父母的义务。赡养父母是成年子女的法定义务，不允许以任何借口逃避。具体来讲，赡养义务包括以下几个方面：

（一）对老年人的经济供养

经济需求是老年人维持基本生活的保障，由于老年人生理机能的衰退和社会参与能力的下降，很多老年人极易陷入经济困境。为保障受赡养人的合法权益，《中华人民共和国民法典》第 1067 条第 2 款规定：“成年子女不履行赡养义务的，缺乏劳动能力或者生活困难的父母，有要求成年子女给付赡养费的权利。”赡养费的支付是赡养义务人经济供养义务履行的集中体现。当然，经济上供养的表现形式可以是多样的，既可以以现金的方式表现，也可以以实物的方式表现，具体包括：对无经济收入或收入较低的老年人，赡养人要支付必要的生活费，保证老年人的基本生活需要；对患病的老年人应当提供医疗费用和护理费用；对缺乏或者丧失劳动能力的农村老年人的承包田，赡养人有义务耕种，并照顾老年人的林木和牲畜等，收益归老年人所有。

（二）对老年人生活上的照料

生活上的照料是指赡养义务人应当通过有效的途径和方式照料老年人的基本生活，降低老年人生活中面临的风险，保护老年人的人身、财产权益不受侵害。其具体包括：当老年人因患病、行动不便等原因致使生活不能自理时，赡养人要照顾老年人日常的饮食起居；赡养人应当妥善安排老年人的住房，不得强迫老年人迁居条件低劣的房屋；老年人自有的或者承租的住房，子女或者其他亲属不得侵占，不得擅自改变产权关系或者租赁关系；老年人自有的住房，赡养人有维修的义务等。

（三）对老年人精神上的慰藉

案例

“常回家看看”是不是成年子女的义务？

王老太夫妇有一儿三女，均已成家立业，一直不定期地给他们赡养费，有时还会带他们到公园里散散心。可是最近几年，王老太的几个儿女都推说工作太忙而不肯回家探望老人。王老太夫妇十分伤心。邻居劝他们说，精神赡养不是子女的法定义务。王老太心里也认同邻居的说法，但长期见不到儿女的她孤独感日益加重。

精神慰藉是指赡养义务人应当经常看望或者问候老年人，尽力使老年人的晚年生活过得愉快、舒畅。精神慰藉是赡养义务的重要内容，然而很多赡养人往往忽略了对老人的精神赡养，误以为单纯地支付赡养费就是履行了赡养义务。《中华人民共和国老年人权益保障法》第 14 条第 1 款规定：“赡养人应当履行对老年人经济上供养、生活上照料和精神上慰藉的义务，照顾老年人的特殊需要。”第 18 条第 1 款和第 2 款规定：“家庭成员应当关心老年人的精神需求，不得忽视、冷落老年人。与老年人分开居住的家庭成员，应当经常看望或者问候老年人。”可见，精神赡养不仅是一种道德义务，也是一种法律义务。从法律层面上看，为老年人提供必要的精神物质保障、进行必要的看望或探视、不对老年人进行精神虐待、不限制老年人追求精神生活的人身自由等，都是成年子女应当履行的法律义务。

延伸阅读

北京首判子女“常回家看看”

2013 年 7 月“常回家看看”法规施行后，北京市宣判两起此类案件，昌平区人民法院和石景山区人民法院相继判决两案的子女需定期回家探望父亲。

这两起案件的原告都是年过 80 岁的老人，他们不但要求子女们给付赡养费，还特别提出让子女定期回家探望。

81 岁的尹老爷子共有四子两女，他将两个女儿告上法庭。他称，1994 年至今，两个女儿从没给付他赡养费用，他起诉要求两个女儿支付从 1994 年 2 月 1 日到 2013 年 8 月 1 日期间的赡养费 23 400 元；每人每月支付赡养费共计 1 000 元；承担医疗费用的 1/6，两人每星期看望他一次。

另外一起案件的原告是 89 岁的林老爷子。他起诉称，自己体弱多病而且不能自主行动，生活已不能自理，需要保姆看护，日常生活需要支付大量费用，但是三个孩子却不支付赡养费。尤其是大儿子，虽然与他们住在同一小区的前后楼，却从未探视过他。林老爷子起诉要求三个子女每月各支付 1 500 元，每周及法定节假日到住处对他进行照顾和探视。

虽然两起案件的被告子女都以各种理由为自己辩解，但是两个法院的判决都支持了老人的诉讼请求。判决书中不约而同地指出，赡养父母是中华民族的传统美德，也是子女应尽的法定义务。履行赡养义务应当包括对父母经济上供养、生活上照料和精神上慰藉等多方面。

在经济方面，当子女不履行赡养义务时，无劳动能力的或生活困难的父母，依法有权要求子女给付赡养费用。在精神方面，老年人养老以居家为基础，家庭成员应当尊重、关心和照料老人。与老年人分开居住的家庭成员，应当经常看望或问候老年人。

对于尹老爷子的起诉，法院指出除非有协议约定，否则赡养费不存在拖欠的问题，因此没有支持其索要拖欠的赡养费。判决尹老爷子的两个女儿每月支付父亲赡养费 1 000 余元，对老人今后实际发生的医疗费用承担 1/6，并判决两个女儿每月自行安排时间到住处看望尹老爷子一次。

对于林老爷子的起诉，法院判决其三个子女每月给付赡养费 1 500 元，并每月自行安排时间到住处看望林老爷子一次。

（资料来源：孙思娅．北京首判子女“常回家看看”．京华时报，2013－12－20.）

（四）照顾老年人的特殊需要

照顾老年人的特殊需要，是指老年人在逐渐失去生活自理能力，又体弱多病的情况下，有许多方面的需要是同一般人不同的，而不同的老年人又有不同的需要。老年人在上了年纪之后，总会有一些特殊的需求，不仅仅是每天在生活上的关心和照顾，还有在生病时候的住院陪护、出去旅游散心等。如果老年人夫妻双方有一方离世，如果另一方年龄还不大，可以鼓励他们寻找另一半。总之，凡是老年人需要的，赡养人就应当尽量照顾和予以满足，只有这样，老年人才能安度晚年。

四、家庭赡养费标准

案例

原告张某系李某等6被告的母亲，原告起诉之前在两个儿子家轮流居住生活，其主要生活费靠两个儿子供给。张某认为其长子对她态度不好，要求在次子处长期居住生活；6被告每人每月给付原告生活费500元，护理费每人每月给付1 000元，医疗费凭据由6被告平均负担。

法院审理后认为，原告有7名子女，因其中1人暂时无法找到，故原告先起诉其中6名被告。因老人与子女之间有隔阂，一起居住生活对老人的晚年幸福生活不利，老人现已77岁，又有病在身，生活不能完全自理，需要他人照顾。老人不同意轮流居住，应当尊重其意愿。老年公寓是为老年人设立的供其安度晚年的场所，且老年公寓的生活环境、护理等条件都是比较优越的。张某要求被告承担赡养义务的请求数额，远远超出老年公寓每月5 600元的收费标准，属于人为加重子女的赡养负担。故对超出老年公寓的收费标准部分，法院不予支持。判决6被告每人每月给付原告生活费及护理费1 000元，医疗费由6被告各负担1/7。

《中华人民共和国民法典》第1067条第2款规定："成年子女不履行赡养义务的，缺乏劳动能力或者生活困难的父母，有要求成年子女给付赡养费的权利。"但由于《中华人民共和国老年人权益保障法》《中华人民共和国民法典》对给付赡养费的标准没有具体的规定，致使审判人员在实践操作中各自引用不同的给付标准，或按当地人均年可支配收入的数额，或以当地最低生活困难保障金的标准，或按"五保"老人国家补贴标准，或按照成年子女固定收入的一定比例由其子女共同给付。这不仅造成了当事人对裁判结果不理解，法官在调解过程中也因没有法律依据难以做当事人的工作，严重影响了司法的权威和裁判文书的公信力。当前，有少数父母在有收入的情况下也要求成年子女给付赡养费。法律对此也没有具体标准。法院是否支持，也有不同的意见。

成年子女向老人支付赡养费是履行经济供养义务的主要表现。在赡养费的给付问题上，我们认为：赡养费计算的基本标准应当是保证老年人的生活水平不低于其家庭成员的生活水平。可见，老年人的赡养费标准主要取决于他所在家庭的生活水平。在司法实践中，一般应综合考虑当地的经济水平、被赡养人的实际需求、赡养人的经济能力等因素。具体包括以下几个方面。

（一）老年人的基本赡养费

老年人的基本赡养费主要包括老年人必然发生的衣、食费用及日常开支。在司法实践中，赡养费的给付标准一般按赡养人收入的20%进行计算，最低不能低于低保补助，最高不高于居民人均消费支出。可以设各地居民人均消费支出及各地低保补助为上、下限，结合赡养人收入M的比例（如20%左右）进行计算。即按赡养人收入一定比例所得数额（如$M\times20\%$）对照前述上、下限，如该数额在此区间内的，则将该数额确定为赡养费标准，如该数额高于或低于上、下限的，则将上限或下限确定为赡养费标准。

（二）老年人的生病治疗费用

老年人为赡养费起诉至法院时，只是要求解决其日常的生活费用，大额的医疗费一般在诉讼时尚未发生，其发生金额、时间处于不确定状态。故不应支持老年人将来可能的大额医疗费的请求，但对于一些高血压等慢性病所需的药费应酌情判由赡养人适当承担。

老年人生病发生的医疗费，除保险理赔外，其余费用应按医疗部门的票据额计入赡养费中。

（三）生活不能自理的老年人的护理费用

如果老年人生活不能自理，成年子女有义务照料其基本生活或请他人、养老机构代为照料再支付有关费用。因此，对生活不能自理而成年子女无法照料的老年人的赡养费，应将上述费用计算在内。这一费用应根据有关养老机构的证明或当地一般聘用人员的标准计算。

（四）老年人的住房费用

赡养人有义务妥善安置老年人的住房。老年人有多个子女的，为公平起见，应按住房情况相应减、免提供住房一方子女的赡养费支出份额；如子女无房可供居住的，则将房租费用一并计算在赡养费内。

（五）必要的精神消费支出

对老年人精神赡养已成为不争的法律原则，精神慰藉作为义务虽然难以判决执行，但对老年人最基本的精神享受物化支出（如有线电视、收音机、书报等费用）完全可以作为赡养费给付内容，由义务人承担。

（六）必要的保险金费用

除了社会保险外，老年人必要的医疗等保险金的支出也应为赡养费用。保险不仅为老年人提供了最大限度的保护，也为子女分担了很大的风险，值得提倡。

对前述（四）、（五）、（六）项赡养内容应当以相应支出发票为据计算赡养费用。当然，无论是赡养费的给付内容还是赡养费的计算标准，都是相对而言的，并非绝对。在确定赡养费给付内容及计算标准时，既要考虑权利人需求的必要性，又要考虑义务人承受力的可能性，在充分保护老年人合法的前提下综合平衡各方利益。

五、老年人受赡养权益保障实务分析

（一）父母不尽抚养义务，孩子有权不赡养吗

案例

我很小时父母就离异了，一直由母亲抚养我。我的父亲有一定的经济能力，但在我18岁前父亲每月只支付几元钱的抚养费。在我成长的历程中，有过几次关键及困难时期，尽管他知道，也没有给予我任何帮助，有些做法很利己、很让人伤心。我与父亲毫无感情。我现在已人到中年，与生父居住在两个不同的城市，他现在独身，有一养子（从小抱养），和养子一家生活在一起（住我父亲的房子）。前几年他的养子犯法入狱，父亲和我联系，想到我家里，让我照顾其生活。在法律上我必须尽赡养义务吗？

根据《中华人民共和国宪法》第49条的规定，成年子女有赡养扶助父母的义务。根据《中华人民共和国老年人权益保障法》第13条的规定，老年人养老以居家为基础，家庭成员应当尊重、关心和照料老年人。成年子女作为赡养人，应当履行对老年人经济上供养、生活上照料和精神上慰藉的义务，照顾老年人的特殊需要。成年儿子和女儿都有义务赡养父母，已婚妇女也有赡养其父母的义务和权利。有经济能力的成年子女，对丧失劳动能力、无法维持生活的父母都应予以赡养。对不在一起生活的父母，应根据父母的实际生活需要和子女的负担能力，给付一定的赡养费用。成年子女不能以任何理由拒绝履行这项义务，而且赡养是不能附加任何条件的。

（二）从小被他人养大，还要赡养亲生父母吗

案例

北京市房山区窦店镇的原告黄某夫妇年近七旬，曾生育子女三人。因当时生活困难，黄某夫妇无能力抚养全部儿女，便将二女儿、小儿子送亲友代养，当时皆未办理任何手续。2007年黄某夫妇自行抚养的大儿子患病去世，大儿子的子女随母回其老家生活。黄某夫妇年老体衰，生活极度困难，只得要求被亲友代养的二女儿、小儿子尽赡养义务。二女儿、小儿子皆以从小就被抛弃、自己没赡养义务为由拒绝给付赡养费。协商无果，村委会调解无效，2008年5月初，黄某夫妇诉至法庭，要求二女儿、小儿子给付赡养费用。北京市房山区法院窦店法庭经审理认为，尽管从小就被托付给他人抚养，但两名成年子女还是要承担赡养亲生父母的义务。据此，法庭判决两名子女每人每月给付他们的亲生父母赡养费260元。

在本案的审理中，法庭认为，根据村委会出具的证明，黄某夫妇当时将二女儿、小儿子送亲友代养是生活所迫，且托付亲友抚养并非收养，是因客观原因未对二女儿、小儿子尽抚养教育义务。根据法律规定，父母有抚养教育未成年子女的义务，成年子女有赡养扶助父母的义务。前者并非后者的前置前提条件，在黄某夫妇年老生活困难的情况下，二被告即使内心不情愿仍应承担赡养老人的义务，故法庭作出上述判决。

（三）放弃继承权子女还须尽孝吗

案例

刘老太中年丧偶后，独自一人含辛茹苦地把一双儿女抚养长大。如今，儿女均已成家，但刘老太依旧过着孤苦的日子。不久前，生病的她为了去医院，不得不向儿子要钱治病，可儿子只给了她100元。钱不够，刘老太只好又去找女儿，女儿却说："你的财产将来我都不继承，所以你的生活费和治病钱我没有义务分担。"

根据我国法律的规定，继承遗产是一项权利，可以放弃；但赡养父母是一种义务，不能因放弃继承权而予以免除。

《中华人民共和国民法典》明确规定，成年子女对父母有赡养、扶助和保护的义务。成年子女不履行赡养义务时，缺乏劳动能力的或者生活困难的父母，有要求成年子女给付赡养费的权利。成年子女赡养父母不仅是社会主义道德的要求，也是法律规定的义务。在父母年老生活困难、无劳动能力的情况下，凡有赡养能力的成年子女，无论其将来是否继承父母的遗产，都应当在经济上为父母提供必要的帮助，担负一定的赡养费。

（四）父母子女关系能否解除

案例

2023年8月2日，山东省邹城市居民李甲和李小甲（均系化名）一起来到邹城市公证处。李甲说："我和李小甲系父子关系，我们来申请办理解除父子关系声明书公证。我们都商量好了。"李小甲说："我同意办理，这是我们的声明书。"说完，拿出了《解除父子关系声明书》。《解除父子关系声明书》的主要内容是：父子因家庭琐事经常发生纠纷，两人之间的矛盾到了不可调和的地步，双方自愿解除父子关系，从今以后无任何关系，特签订声明书为证。公证员耐心询问后，向主任进行了详细的汇报，公证处拒绝公证。公证处为什么拒绝公证呢？

根据我国法律的规定，父母子女关系分为两大类：自然血亲的父母子女关系和拟制血亲的父母子女关系。自然血亲的父母子女关系是基于子女的出生事实而产生的，其中包括婚生父母子女关系、非婚生父母子女关系。自然血亲的父母子女关系，只能因依法送养子女或父母子女一方死亡的原因而终止。在通常情况下，其相互关系不允许解除。拟制血亲的父母子女关系是基于收养或再婚法律行为以及事实上的抚养关系的形成、由法律认可而人为设定的，包括养父母和养子女关系、继父母与受其抚养教育的继子女的关系。拟制血亲的父母子女关系，可因收养的解除或继父（母）与生母（父）离婚及相互抚养关系的变化而终止。李甲与李小甲是自然血亲的父母子女关系，因此，他们之间的父母子女关系是不能解除的。根据司法部制定的《公证程序规则》第 48 条的规定，申请公证的事项不真实、不合法的，公证机构应当不予办理公证。因此，公证处拒绝公证是正确的。

（五）子女被人收养后，对亲生父母还有赡养义务吗

案例

方某从小就被父母送给了不能生育子女的邻居王某，由王某抚养长大。方某的亲生父亲前两年得了一场大病，而他的儿子方某某又不孝顺，对父母不闻不问，方某的生父此时想到自己还有一个女儿方某，想让她来照顾自己。方某对她的亲生父亲还有赡养义务吗？

根据《中华人民共和国民法典》的规定，养父母与养子女之间的权利和义务适用《中华人民共和国民法典》对父母子女关系的规定。子女被他人收养后，虽然和生父母仍有血缘上的联系，但是，他们之间在法律上的权利义务已经完全解除。父母对送他人收养的子女不再有抚养教育的义务，同样，被收养的子女对生父母也没有赡养的义务。当然如果被收养的子女自愿赡养生父母，法律并不禁止。本案中，方某已经被王某收养并由王某抚养长大，已经形成了法律上拟制的母女关系，方某与她的生父在法律上已经没有先抚养而后赡养的义务关系了，所以方某对她的亲生父亲没有赡养义务。

（六）解除收养关系的养子女还要承担给付生活费的义务吗

案例

我的邻居付老汉与老伴婚后一直未生育子女，1970 年他们收养了一位不满 1 岁的被遗弃男婴，取名付继业。付老汉夫妇将付继业抚养成人后于 1993 年帮其成家立业。1995 年，付老汉夫妇与付继业因家庭纠纷依法解除了收养关系。现付老汉夫妇均年逾古稀且身患多种慢性疾病，完全丧失了劳动能力，无生活来源，无奈之下，他们要求付继业给付生活费，但付继业以双方已解除了收养关系为由拒付。解除收养关系后养子女对养父母还有赡养义务吗？

《中华人民共和国民法典》规定，收养自依法成立时起，养父母与养子女之间的权利义务

关系适用法律关于父母子女关系的规定；收养因依法解除而即行消除其之间的权利义务关系。虽然《中华人民共和国民法典》第1117条规定“收养关系解除后，养子女与养父母以及其他近亲属间的权利义务关系即行消除”，但该法第1118条第1款规定了“收养关系解除后，经养父母抚养的成年养子女，对缺乏劳动能力又缺乏生活来源的养父母，应当给付生活费”。由此可以看出，第1117条是对收养关系的解除效力的一般规定，而第1118条则是对收养关系解除效力的特殊规定，可以理解为当养父母出现既缺乏劳动能力又缺乏生活来源的情形时，经养父母抚养的成年养子女对养父母仍然有赡养义务。法律这样规定旨在保护年老的养父母的合法权益、体现权利义务对等原则。由此可见，付继业的行为没有法律依据，付老汉夫妇有权依法要求付继业给付生活费。

（七）养父母与成年养子女收养关系解除的标准审查认定

案例

李某艳出生后不久即被李某芳与妻子成某抱回家中抚养，共同在北京市海淀区上庄镇某村生活。李某艳父母均同意送养，双方未签订书面收养协议；2010年9月23日成某因病去世，2022年李某芳再婚；李某艳婚后一年半与李某芳共同居住于海淀区，后李某艳搬至昌平区居住至今；李某芳主张李某艳搬走后未尽到日常照顾义务，对其再婚及再婚妻子落户有意见，双方关系恶化，向法院提起诉讼，请求解除其与李某艳的收养关系。李某艳主张搬走后每年均看望李某芳，给李某芳钱，送李某芳去医院看病，没有阻止过李某芳再婚，也同意配合李某芳再婚妻子落户，不同意解除双方的收养关系。法院是否应该支持李某芳的诉讼请求？

在我国，收养关系作为一种法律拟制的亲属关系，既可以通过法律行为依法设立，也可以经由一定的法律程序予以解除。《中华人民共和国民法典》第1115条规定：养父母与成年养子女关系恶化、无法共同生活的，可以协议解除收养关系。不能达成协议的，可以向人民法院提起诉讼。法院需要界定的是双方关系是否恶化到需要解除的程度。对此，因现行法律规定上并无一个明确的标准，法院需要根据个案情况予以具体审查。

（1）要查明案件基础事实。主要包括双方收养关系的形成过程、共同生活情况、产生矛盾的原因、矛盾持续的时间、矛盾能否消除化解等。其中，对于养父母与成年养子女之间矛盾的审查应当是重中之重。审判实践中，导致养父母与成年养子女关系恶化的原因可能有多种，如养父母与成年养子女生活习惯差异较大、儿媳与公婆无法和睦相处、成年养子女不赡养养父母等。对于双方矛盾的细致审查有助于辨别主张解除收养关系一方是一时冲动还是已经过深思熟虑，进而有助于判断双方关系能否修复，为做好调和工作打下基础。

（2）要区分情形确定标准。具体来说，应当区分主张解除的主体是成年养子女还是养父母，进而适用有差异的审查标准。对于成年养子女主张解除的，审查予以解除的标准应当非常严格，因为此时一般是成年养子女应当尽赡养义务的时候，如果随意解除收养关系，可能导致养父母利益受到损害，易发生成年养子女借此逃避赡养义务等有悖道德与法律规定的事情发生。此时也应当注意成年养子女对养父母是否有虐待、遗弃等情形，准确判断维持双方的收养关系是否对养父母权益保护反而更加不利。同时根据《中华人民共和国民法典》第 1118 条的规定确定是否需要成年养子女支付养父母生活费并补偿相关费用。如果是养父母主张解除与成年养子女的收养关系的，审查解除的标准则应相对宽松。如果确认是养父母真实意思表示，养父母与成年养子女确实存在矛盾且不可调和，养父母并非一时冲动作出解除决定，之后的生活亦有相应保障，继续维持收养关系会直接影响到养父母的合法权益，实无益处，则可以予以解除。

（3）要注重老年人权益保障。法院在此类案件审理过程中，在保护双方当事人的合法权利基础上应更加注重老年人的权益保护，从而使得作出的裁决更加符合立法本意，也为社会公众提供正确的行为指引。因为在此类案件中，养父母一般都已经是老年人，从《中华人民共和国民法典》有关成年养子女在解除收养关系后还应当对没有劳动能力和收入来源的养父母进行补偿、支付生活费等具体条款规定来看，这一原则是应有之义，也符合老年人权益保障法的精神。

具体到本案中，二审法院在案件审理过程中，经反复询问调和并多次单独找李某芳谈话，李某芳作为年近八十的老人，仍坚持要求解除收养关系，意愿非常坚定，且对自己今后的生活有安排并认为有可靠保障，二审法院确认双方关系无法调和，继续维持收养关系对双方特别是李某芳的正常生活确无益处，反而成为李某芳今后生活中的一种负担，特别是对其有较大精神上的压力，因此判决解除双方收养关系，有事实和法律依据，也贯彻了保护老年人合法权益的原则。而对于养女李某艳来说，其现实利益并没有因此受损，如果双方今后的关系缓和，而其也愿意通过适当方式来表达自己对李某芳的感激之意，并无障碍。

同步训练

根据情境导入案例，请为郭老汉出具一份具体可行的维权方案。教师示教后，学生分组训练。

任务二

老年人受扶养权益保障

情境导入

年近80岁的王老太和贾老汉于1966年经父母包办结婚，婚后夫妻二人感情一直不和睦。贾老汉在石家庄一家银行工作，王老太一直一个人在农村老家侍奉公婆、抚养孩子，没有参加任何社会工作，因此没有任何生活来源。2018年后王老太到石家庄与贾老汉共同生活，但二人经常为琐事发生争执，因此王老太有时回农村老家生活。2024年5月，王老太从老家来到石家庄后发现房屋已经被贾老汉出租给他人，只好流落街头四处乞讨，晚上连个栖身之处也没有。王老太经过打听来到你所在的老年人法律服务中心向你求助。

任务描述

作为老年人法律服务中心的工作人员，请你为王老太提供一份咨询意见和解决方案并附上相应的法律依据。

相关知识

一、扶养

法律意义上的扶养有广义和狭义之分：广义的扶养泛指特定亲属之间根据法律的明确规定而存在的经济上相互供养、生活上相互辅助照顾的权利义务关系，囊括了长辈亲属对晚辈亲属的“抚养”、平辈亲属之间的“扶养”和晚辈亲属对长辈亲属的“赡养”三种具体形态。狭义的扶养则专指平辈亲属之间尤其是夫妻之间依法产生的经济供养和生活扶助的权利义务关系。

《中华人民共和国民法典》按不同的主体的相互关系对抚养、扶养、赡养分别加以规定，其“扶养”则属于狭义的，如《中华人民共和国民法典》第1059条第1款规定“夫妻有相互扶养的义务”，以及第26条规定“父母对未成年子女负有抚养、教育和保护的义务。成年子女对父母负有赡养、扶助和保护的义务”。而《中华人民共和国刑法》等法律规范中又都使用“扶养”，其“扶养”属于广义的。在法学研究和法律适用总体上，一般按广义的“扶养”来理解，在具体的亲属关系中，则不妨分别指称。

二、老年人受扶养权益的内容

（一）老年夫妻之间相互扶养的义务

所谓“夫妻有相互扶养的义务”，是指夫妻关系存续期间，夫妻双方在生活上互相照应，在经济上互相供养，在精神上互为支柱，尤其是一方在年老、患病、丧失劳动能力或没有固定经济收入的情况下，有扶养能力的配偶更应主动扶助对方。《中华人民共和国民法典》第1059条规定：“夫妻有相互扶养的义务。需要扶养的一方，在另一方不履行扶养义务时，有要求其给付扶养费的权利。”《中华人民共和国老年人权益保障法》第23条第1款也规定：“老年人与配偶有相互扶养的义务。”

扶养责任的承担，既是婚姻关系得以维持和存续的前提，也是夫妻共同生活的保障。夫妻之间的这种权利义务关系是基于婚姻关系而产生的，不受感情等因素的影响。只要夫妻关系在法律上还存在，一方生活困难时，对方就有义务予以扶养。即使夫妻感情极差、一方已经提出离婚请求，只要离婚判决还未作出或已作出的离婚判决尚未生效，夫妻相互之间就负有扶养对方的义务。

夫妻可以约定夫妻在婚姻关系存续期间所得的财产的归属，如将其中的某项财产或收入，确定归一方所有或双方分别所有。但是夫妻互相扶养是法定的义务。也就是说无论夫妻就财产的问题作出何种约定，都不能免除法定的扶养义务。现实中，有的夫妻约定各自的工资或收入归各自所有，但这并不意味着夫或妻只负担各自的生活费用而不承担扶养对方的义务。若一方患有重病时，另一方仍有义务尽力照顾，并提供有关治疗费用。

当然，夫妻间的扶养是有条件的，要求给付扶养费的一方，只有在“需要扶养”时，才能行使要求对方给付扶养费的请求权。这里的“需要”是指要求扶养的一方年老、病残、丧失劳动能力又无其他经济来源，生活发生困难的情况。司法实践中一般是以一方丧失独立生活能力为条件，同时以另一方有能力履行为限。也就是说，一方要求另一方承担扶养义务，也要另一方具备相应的能力，具备一定的经济条件和经济能力承担给付。

老年夫妻之间应相互履行扶养的义务。如果一方拒不履行扶养义务，其配偶有权利向其索要扶养费。双方若因扶养费发生了纠纷，根据《中华人民共和国老年人权益保障法》第75条的规定，可由有关部门进行调解或直接向人民法院提起诉讼，请求对方给付扶养费。对方拒不执行有关扶养费的裁决时，人民法院可依法强制执行。此外，如果配偶不履行扶养义务，情节恶劣的，构成遗弃罪，依照《中华人民共和国刑法》第 261 条的规定，处 5 年以下有期徒刑、拘役或者管制。

（二）弟、妹对兄、姐的扶养义务

案例

我今年已 70 多岁了，因为无儿无女，多年来都是独自生活。可如今，我的身体越来越差了，已无法照顾自己的生活。由于没有赡养人，我要求由我扶养成人的弟弟来扶养我，可弟弟拒绝了我的要求，致使我现在的生活没有着落。弟、妹对老年的兄、姐有扶养的义务吗？

在通常情况下，未成年的子女是由其父母抚养教育的。但有些家庭也会有特殊情况，比如父母均已死亡，或父母虽未死亡但因疾病、入狱等特殊原因无法履行对未成年子女抚养的义务，未成年弟、妹便由他们已成年的兄、姐扶养了。《中华人民共和国民法典》第 1075 条规定："有负担能力的兄、姐，对于父母已经死亡或者父母无力抚养的未成年弟、妹，有扶养的义务。由兄、姐扶养长大的有负担能力的弟、妹，对于缺乏劳动能力又缺乏生活来源的兄、姐，有扶养的义务。"《中华人民共和国老年人权益保障法》第 23 条第 2 款规定："由兄、姐扶养的弟、妹成年后，有负担能力的，对年老无赡养人的兄、姐有扶养的义务。"由这些法律条文可以看出，在法律上权利和义务是一致的。未成年的弟、妹由成年的有负担能力的兄、姐扶养，弟、妹享受了权利，兄、姐履行了义务；到了兄、姐年老体衰、丧失劳动能力又无其他赡养人照管的时候，兄、姐有权利获得弟、妹的帮助，而有负担能力的弟、妹也应当尽自己扶养兄、姐的义务。

弟、妹对兄、姐的扶养义务的构成条件有：（1）弟、妹未成年时受到过兄、姐的扶养；（2）兄、姐年老时需要有人赡养，但却没有其他赡养人，如兄、姐一直独自生活或虽结婚但没有子女；（3）成年后的弟、妹有负担能力，在满足自身合理生活需要之外仍然具有扶养哥、姐的能力。

《中华人民共和国民法典》和《中华人民共和国老年人权益保障法》的规定，保障了兄、姐在年老时能得到扶养，真正实现"老有所养"。值得注意的是，这里的"兄弟姐妹间相互扶养义务"不以共同生活为限，兄弟姐妹既包括全血缘的兄弟姐妹和半血缘的兄弟姐妹，也包括"养兄弟姐妹"和形成事实抚养关系的继兄弟姐妹。

同步训练

根据情境导入案例，请搜索查询夫妻扶养义务的相关案例。教师示教后，学生分组训练。

任务三

老年人赡养纠纷的防范与救济

情境导入

万老今年76岁，因为长期与子女疏于沟通，造成感情上的隔阂。其子女认为万老性格孤僻、脾气暴戾，因此对万老缺乏应有的尊重。万老在家中经常与家庭成员发生赡养、财产方面的纠纷和矛盾，邻居和亲戚劝解也不见效。万老很苦恼，经过打听来到你所在的老年人法律服务中心向你求助。

任务描述

作为老年人法律服务中心的工作人员，请你为万老提供一份咨询意见和解决方案并附上相应的法律依据。

相关知识

一、赡养纠纷

赡养指子女或晚辈对父母或长辈在物质和生活上的帮助、生活上的照料以及精神上的慰藉。赡养老人不仅是人类社会的传统美德，也是子女或晚辈对父母或长辈应尽的义务，法律也赋予了老年人有受赡养扶助的权利。家庭是老年人最主要的生活基地和养老场所，家庭赡养老人的主要内容包括经济供养、生活照顾和精神慰藉三个方面；主要表现为赡养人在经济上为被赡养人提供生活用品和费用，在生活、精神上对被赡养人尊重、关怀和照料。

自古以来，父母抚养子女，子女成年后赡养父母是根深蒂固的一个概念，但在生活实践中也会出现成年子女拒绝赡养父母等情况，这就在赡养关系中产生了纠纷即赡养纠纷。赡养纠纷是指具有赡养义务的赡养人和被赡养人之间关于赡养关系权利行使和义务履行而产生的法律纠纷。

（一）赡养纠纷的主体

赡养纠纷包括两个主体：一是被赡养人，包括亲生父母、养父母、形成抚养事实的继父母、子女已死亡或子女无力承担赡养的祖父母和外祖父母；二是赡养义务人，主要限于老年人的成年子女，包括婚生子女、非婚生子女、养子女、孙子女、外孙子女、形成抚养事实的继子女。

（二）赡养纠纷的种类

实践中，赡养纠纷主要有以下几种情况：一是老年人与在职人员相比，属于社会上的“低收入层”，一旦生大病，生活自理就会造成困难。然而有许多年轻人片面地认为，父母自己有养老金，不必赡养。二是多子女家庭，子女之间互相推诿对老人的赡养义务。三是在企业转制过程中，一些下岗职工收入减少且要抚养自己的子女，所以难以承担老人的赡养费。与此相似的还有一些高龄老人的子女自己也因退休、年老有疾病、经济上有困难而无力承担老人的赡养费。此外，我国老年人养老是以居家养老为主，对老年人的赡养，不仅仅是物质上的供养，精神上的慰藉也是不可缺少的内容。中国人“养儿防老”的观念很深，有许多老年人把自己的晚年寄托在儿子、女儿身上，无经济收入的老年人需要儿女赡养，有经济收入的老年人也需要儿女的生活照顾，尤其需要从儿女那里得到精神上的安慰。

目前，赡养纠纷主要还是围绕赡养费用的承担方面。根据法律的规定，成年子女不履行赡养义务时，缺乏劳动能力或者生活困难的父母，有要求成年子女给付赡养费的权利。有负担能力的成年孙子女、外孙子女，对于子女已经死亡或子女无力赡养的祖父母、外祖父母，有赡养的义务。

二、赡养纠纷处理的原则

在处理赡养纠纷时，应当遵循以下基本原则：

（一）依法处理

赡养义务在我国是一项法定义务，赡养义务人必须适当履行赡养义务，否则应当承担法律责任。这是解决赡养纠纷应当遵循的基本原则。

《中华人民共和国宪法》第 49 条规定，“成年子女有赡养扶助父母的义务”。《中华人民共和国民法典》第 26 条第 2 款规定，“成年子女对父母负有赡养、扶助和保护的义务”；第 1067 条第 2 款规定，“成年子女不履行赡养义务时，缺乏劳动能力或者生活困难的父母，有要求成年子女给付赡养费的权利”。《中华人民共和国老年人权益保障法》第 14 条第 1 款规定，“赡养人应当履行对老年人经济上供养、生活上照料和精神上慰藉的义务，照顾老年人的特殊需要”。《中华人民共和国刑法》第 260 条第 1 款、第 2 款规定：“虐待家庭成员，情节恶劣的，处二年以下有期徒刑、拘役或者管制。犯前款罪，致使被害人重伤、死亡的，处二年以上七年以下有期徒刑。”《中华人民共和国刑法》第 261 条规定：“对于年老、年幼、患病或者其他没有独立生活能力的人，负有扶养义务而拒绝扶养，情节恶劣的，处五年以下有期徒刑、拘役或者管制。”由此可见，关心、呵护和帮助老年人，不仅是我国人民长期以来形成的优良传统，也是法律赋予每个子女的责任。处理赡养问题虽然存在一定的困难，但是本着依法处理的原则办事是基本的要求。上述一系列法律条款，为人们正确及时地处理赡养纠纷提供了法律上的依据。

（二）注重调解

人们常说“清官难断家务事”。多数情况下，赡养纠纷只是表面问题，深层次的原因在于老年人的赡养大多牵扯到家庭日积月累的矛盾，在调解赡养纠纷的同时不可避免地会触碰到这些家庭矛盾。另外，赡养纠纷属于家庭内部矛盾，双方当事人之间有特殊的身份、血缘等关系，争议的内容不仅仅是法律上的权利义务关系，而且涉及更深层次的情感、心理等复杂因素。当事人内心更多的是希望既能解决纠纷、保护自己的权益，又不伤感情，调解成功后社会效果往往比较好。这就对纠纷解决的方式有较高的要求。居中裁决当然是一种方式，但是调解是解决赡养纠纷更好的途径。

所谓调解，就是指双方当事人以外的第三者以国家法律、法规和政策及社会公德为依据，对纠纷双方进行疏导、劝说，促使他们相互谅解、进行协商、自愿达成协议、解决纠纷的活动。

在我国，调解的种类很多。因调解的主体不同，调解有人民调解、法院调解、行政调解、仲裁调解及律师调解等。不管是谁进行调解，都应当注重调解过程中对双方进行劝说，而不是武断地裁决，调解的目标是双方相互谅解、自愿达成协议。在调解过程中，要结合中华民族养老敬老的优良传统及有关法律法规，耐心细致地做好当事人的思想工作，及时有效地解决纠纷。

强调调解的原则主要是考虑到赡养纠纷并不是一份判决书能解决的，子女对老人的照料甚至精神慰藉都需要子女发自内心地对老人关爱，如果不是建立在谅解和自愿的基础上去解决纠纷，对老年人的晚年生活没有实质性帮助。

（三）加强精神赡养

如前所述，赡养并不是单纯的经济供养，还包括精神慰藉。随着生活水平的提高，许多老年人衣食无忧，他们最大的愿望就是自己的子女能多和他们聊聊天，沟通交流一下思想感情，享受天伦之乐，但由于现代生活节奏的加快，子女和老人谈心交流的时间较少，老人的孤独感增强。这就要求子女不仅要在物质上对老年人予以帮助，而且还要给老年人精神上的慰藉。子女可以定期或不定期探视老人，给予他们精神上的关心，在老人生病时带其医治并适当陪护，不虐待、遗弃老人，不限制老人的生活及人身自由，不侮辱、伤害老人等。

（四）衡量各方利益

子女对父母赡养义务的履行并不是以父母对子女的抚养义务的履行为基础的，虽然两者存在不可分割的联系。《中华人民共和国民法典》第 26 条在规定成年子女对父母有赡养义务的同时，也规定了“父母对未成年子女负有抚养、教育和保护的义务”，这体现了权利、义务相一致的原则。

另外，在处理赡养纠纷时，既要保证老年人的生活，也要适当考虑子女的赡养能力，不能片面地只考虑单方面的利益。我们需要考虑老年人的诉求是否合理：如果老人有自我照料的能力且提出的诉求会使子女陷入较大困难，这种诉求就不应当得到支持；如果老人有较高的退休金，而子女下岗在家，则老人要求子女给予赡养费就是不合理的要求。

三、赡养协议

案例

老谢夫妇有三个儿子，他们相互间常因赡养老人的事发生争执。为解决这一问题，兄弟三人想签订一份家庭赡养协议以明确三人各自的权利义务，但他们不清楚赡养协议应当包含哪些内容、如何签订才能确保协议有效。

家庭赡养协议是根据家庭成员的构成情况，由赡养人与被赡养人或赡养人之间就履行赡养义务签订的合同。《中华人民共和国老年人权益保障法》第 20 条规定：“经老年人同意，赡养人之间可以就履行赡养义务签订协议。赡养协议的内容不得违反法律的规定和老年人的意愿。基层群众性自治组织、老年人组织或者赡养人所在单位监督协议的履行。”

（一）赡养协议的作用

1. 防范赡养义务人相互推诿

赡养协议的签订能够有效地防范赡养义务人在赡养老人问题上相互推诿的情况发生。例如，家住农村的刘老太太和她的两个儿子签订了家庭赡养协议书。协议规定，两个儿子每月须支付老人 100 元生活费，轮流安排老人在自己家里住。刘老太太说：“签了协议好，子女就不会互相扯皮了。”

2. 督促赡养义务人履行赡养义务

赡养协议的签订能够明确赡养义务的内容和履行方式，督促赡养义务人切实履行赡养义务。一般而言，赡养协议书一式多份，由赡养人、被赡养人签字并经当地有关部门盖章后生效，确保协议的严肃性和实效性。用协议书的形式将赡养人的义务和被赡养人的权益进行明确、细化和固化，为进一步巩固家庭养老功能，确保老年人晚年生活无忧发挥了积极作用。

3. 有效地解决赡养纠纷

签订赡养协议书，能够有效地解决赡养纠纷，为纠纷的解决提供明确的依据。一旦发生赡养纠纷，赡养义务人是否切实履行了赡养义务以及不履行义务应当承担何种责任，都可以依据赡养协议书的内容进行处理。

（二）起草赡养协议，防范赡养纠纷

目前，我国在农村地区推广赡养协议书比较普遍，签订赡养协议书是现阶段贯彻落实有关保障老年人权益的法律法规、解决家庭赡养中存在的问题、更好地发挥家庭养老功能的有效措施。它能使老年人的合法权益和子女应尽的义务具体化和公开化，把有关保障老年人权益的法律法规等原则性的法律条文变成便于执行、便于监督的明确标准。它有利于进一步巩固和发挥家庭养老功能，保证老年人的基本生活质量和水平，确保老年人老有所养；有利于增强家庭成员的法治和道德观念，规范子女的养老行为，避免赡养纠纷，维护老年人的合法权益；有利于优化社会风气，促进社会和谐和社会稳定。

在有老年人的家庭根据被赡养老人的实际需要和赡养人的赡养能力，参照当地生活水平和赡养标准，可协商签订赡养协议书。家庭赡养协议书根据被赡养人、赡养人情况变动和当地生活水平的变化情况及时修订和续签，续签周期一般为3～5年。

赡养协议书一般包括以下内容：(1）被赡养人和赡养人的姓名、性别、出生年月日、家庭住址。(2）被赡养人与赡养人之间的关系。(3）赡养人应尽的主要义务，包括赡养费用的分担，老年人口粮田、自留地、承包地的耕、种、管、收，老年人患病住院的医疗费用和雇人照料费用以及死后丧葬费用的负担等。(4）赡养人提供赡养费和其他物质帮助的给付方式、给付时间。(5）对被赡养人财产的保护措施。(6）协议变更的条件和争议的解决方法。(7）违约责任。(8）双方协商的其他内容。若有履行协议的监督人，应在协议上签名。

协议书的供养项目和供养标准要从每个村、每个家庭的实际情况出发，在既保证老年人的晚年生活又考虑子女的承受能力的同时，由乡镇或村根据家庭生活水平确定最低赡养指导标准，按照指导标准规范确定各户供养项目、供养标准。其具体包括经济供养、生活照料、疾病医护、精神慰藉，含衣、食、住、行、医、寿、礼、葬等有关方面的内容；对粮、煤、柴、油、零用钱、被褥、衣服等生活必需物品及费用的供养数量和给付时间作具体规定。被赡养人的生活标准应不低于家庭其他成员的平均水平。

协议中不得有处分被赡养人财产或以放弃继承权为条件不尽赡养义务等侵害被赡养人合法权益的违反法律的内容。另外，若被赡养人已经不具备完全民事行为能力，则应由赡养人之间签订赡养协议。

依照法律规定，子女对父母有赡养义务。在有多个赡养义务人的情况下，对赡养费可以协商解决，但不得损害赡养人的权利。赡养协议内容应当符合法律的规定且应有利于被赡养人的生活，否则有关的协议将丧失法律效力。

在原则上由村老年工作委员会或老年人协会会同民政、司法、妇联等基层组织，负责家庭赡养协议书的签订及管理监督。要建立老年人基本情况、家庭赡养协议书签订和实施等有关情况的资料和档案，根据实际情况指导协议双方及时修订赡养协议内容和进行续签。村民委员会每年对家庭赡养协议履行情况进行普遍检查，并将结果公开。乡镇政府及老龄工作委员会办公室定期对家庭赡养协议履行情况进行抽查。

在赡养人不履行赡养协议时，根据《中华人民共和国老年人权益保障法》第75条的规定，老年人“可以申请人民调解委员会或者其他有关组织进行调解，也可以直接向人民法院提起诉讼”（即使没有签订赡养协议，老年人也可以直接向人民法院起诉，要求赡养人履行赡养义务）。请求赡养的案件，没有时效限制并且诉讼费用的收取也较低（一般为50元）。被赡养人如果经济困难，可以申请法律援助，也可以请求缓缴或减免诉讼费用。

（三）审查赡养协议的效力

我国目前尚未制定关于赡养问题的专门法律法规，相关规定散见于《中华人民共和国民法典》《中华人民共和国老年人权益保障法》等法律中的部分条文。实践中处理赡养纠纷案件时会出现没有具体法律规定可以适用的情形，此时应当依据上述法律的立法精神、法律原则，以民法中的公序良俗原则为指导，考虑传统道德观念和当地民风民俗，结合案件具体情形加以判断处理。

1. 赡养协议不适用《中华人民共和国民法典》合同编

明确赡养协议是赡养人之间就履行赡养义务而签订的协议，不适用《中华人民共和国民法典》合同编。《中华人民共和国民法典》合同编仅适用于债权合同，是双方当事人意欲发生、变更或终止的法律关系，是债权债务关系。赡养协议虽然是当事人之间达成的契约，但其明显有别于《中华人民共和国民法典》合同编调整的债权，故其应依据《中华人民共和国老年人权益保障法》、《中华人民共和国民法典》婚姻家庭编等法律来处理，而不适用于《中华人民共和国民法典》（合同编）。

2. 协议要符合法律规定

《中华人民共和国老年人权益保障法》明确规定赡养人之间可以就履行赡养义务签订协议，其立法宗旨是为了更好地保护老年人的合法权益。赡养协议是否依法成立，不仅要紧扣法律规定，同时还要看是否符合立法宗旨。

具体讲：一要看协议当事人是否均系完全民事行为能力人；二要看签订协议是否违背协议当事人自愿原则，特别要看协议内容是否征得了老年人同意；三要看协议内容是否符合《中华人民共和国老年人权益保障法》《中华人民共和国民法典》等法律规定，对合法的协议应依法予以支持，对协议违背法律规定者应重新确定义务，同时还应将协议不予认可的理由据法阐明。

3. 子女间赡养协议的效力认定问题

案例

张甲、张乙系同胞兄弟。三年前，父母因年迈失去劳动能力，又无生活经济来源。在征得父母同意的情况下，兄弟俩就其父母的赡养问题达成协议：张甲赡养其父，张乙赡养其母，各自对被赡养人尽生养死葬义务。今年年初，张父去世，张甲独自承担了丧葬费用。后不久，张母因丈夫去世受到打击而卧病在床，医疗费用剧增。张乙本身家庭经济就较为困难又因承担母亲的赡养费用，生活日益窘迫。故张乙要求张甲支付一定的赡养费，张甲却以“有协议”为由，拒绝张乙的要求。

赡养协议在一定条件下是有效的。《中华人民共和国老年人权益保障法》第 20 条第 1 款规定：经老年人同意，赡养人之间可以就履行赡养义务签订协议。赡养协议的内容不得违反法律的规定和老年人的意愿。赡养人之间根据各自的经济能力和生活实际情况，通过协议的形式明确各自的赡养责任，有利于保障老年人的合法权益，对各赡养人具有约束力。

但是，赡养协议并不免除特定条件下赡养人对另一方被赡养人的赡养义务。第一，赡养老人是法定义务，赡养协议并非民商事活动中完全尊重当事人意思自治的范畴。赡养协议本质上是赡养人之间对赡养义务履行方式进行的约定，赡养人对协议中的非被赡养方的赡养义务自始至终存在。第二，在一方父或母因生病或其他意外消费突然剧增、一方赡养人生活状况发生突变等赡养协议履行的客观条件不存在时，应重新确定赡养责任。在实际操作中，一方赡养人要求另一方分担赡养义务时，法官可以视为申请对原赡养协议的变更，审理中根据《中华人民共和国民法典》婚姻家庭编、《老年人权益保障法》等法律规定，充分保障被赡养人生活。第三，在重新确定赡养义务时，应根据各赡养人的赡养能力、方便照顾老人、各赡养人已履行赡养义务的多寡等多方面因素，兼顾公平性原则予以适当变更。

本案中，鉴于张甲对其父生养死葬的义务已单独履行完毕，在确定兄弟俩对其母的赡养义务时，从公平性出发，可适当减少其承担赡养费用的份额。

4. 特殊情况予以调整

对合法的赡养协议在实际履行过程中，因出现当事人意志以外的原因致使协议完全不能履行或部分不能依约履行的，经查证属实后，视实际情况予以处理。

如对因赡养义务人死亡或因病或其他原因导致其丧失协议实际履行能力的，则应依法终止协议的履行，然后依据被赡养人的诉讼请求在其他赡养义务人之间重新确定义务，而不能直接依据协议再由该赡养义务人的赡养义务人来对被赡养人承担赡养责任。对赡养义务人部分丧失履行赡养能力的，则应组织各赡养义务人进行协商，适当减轻该赡养义务人的责任，调解不成的则应依法重新确定各赡养义务人的责任。

四、赡养纠纷的解决途径

案例

S 县某镇村民老王因养老问题与其子小王发生了矛盾。老王只有一个儿子，老伴去世后，老王身体越来越虚弱，便同儿子商量自己的养老问题。开始，父子二人采取商量的方式，希望能解决问题，但并没有成功；而后，小王请来了姑父刘某从中调和，小王接受了姑父的意见，但老王不同意，随后事情越来越棘手，老王到村委会要求村主任帮助解决。多次调解未果，村主任就对老王说：清官难断家务事，村委会也没有办法，你去法院告你儿子！

老王无奈之下听从了村主任的意见，提起了诉讼。在收到法院的传票时，小王气愤地对邻居说：“他（老王）把事儿做到这份儿上，我们还是父子吗？既然他告我，法院判多少我给多少，只是他别指望我再看他一眼。我倒想看看，等到他老到有钱也做不动的时候怎么办！到时可别想让我给他端一碗饭！”在审理该案件时，法院要对双方当事人进行调解，但是当事人都拒绝了。此案涉及几种纠纷解决途径？

（一）调解

1．调解的方式和意义

所谓调解，是指当事人就可处分的纠纷，在第三方的主持或参与下，以合意的方式解决权利义务争议的纠纷解决方式。在我国法律实践中，根据主持调解的第三方的地位不同，可以将调解分为法院调解、仲裁调解和人民调解。对于赡养纠纷案件来说，主要采用法院调解和人民调解两种方式。

（1）法院调解，又称诉讼中调解，是当事人用于协商解决纠纷、结束诉讼、维护自己的合法权益，审结民事案件、经济纠纷案件的制度。《中华人民共和国民事诉讼法》规定，人民法院审理民事案件，应遵循查明事实、分清是非、自愿与合法的原则，调解不成，应及时判决。

法院调解，可以由当事人的申请开始，也可以由人民法院依职权主动开始。调解案件时，当事人应当出庭；如果当事人不出庭，可以由经过特别授权的委托代理人到场协商。

（2）人民调解又称诉讼外调解，是指在人民调解委员会主持下进行的调解活动。人民调解委员会是村民委员会和居民委员会下设的调解民间纠纷的群众性自治组织，在基层人民政府和基层人民法院指导下进行工作。

调解对于赡养纠纷的解决具有特别重要的意义。一方面，赡养纠纷案件的当事人之间存在紧密的亲缘关系，通过调解的方式解决纠纷，有助于双方良性关系的重构，防止情感的破裂；另一方面，赡养义务的履行具有很强的人身性，在义务人拒绝履行赡养义务时难以通过强制手段进行干预，即使强制干预，对老人而言意义也不大。通过调解方式解决赡养问题，能够促使赡养义务人自愿履行调解协议，维护老年人的合法权益。

2．赡养纠纷调解工作的开展

在调解赡养纠纷时，应从以下几方面开展工作：

（1）赡养费往往不是双方争议的焦点，其他家庭矛盾才是矛盾的根源。在调解过程中，应全面了解当事人的家庭背景和矛盾产生的来龙去脉，找准家庭矛盾的核心关键点，有的放矢，在此基础上进行调解往往会事半功倍。

（2）注重亲情的维系。调解过程中，调解人员应当以当事人亲情关系的维系为重点开展工作。当事人往往对双方之间的亲缘关系难以割舍，构建在亲情关系下的赡养才具有实质意义，调解工作也较为容易开展。调解人员应当充分利用道德规范的约束作用，调解结果既要合法又要合情理，真正从赡养义务人的思想道德上做工作。

（3）争议的标的额一般不大，对于当事人一般不存在困难。调解人员可在维系亲情关系的基础上，利用赡养费数额一定程度的浮动引导调解的进行。

（4）利用舆论促进调解。由于我国社会公众普遍持有赡养老人的观念，调解人员可以利用社会舆论包括当地民众舆论给当事人尤其是赡养义务人施加无形的压力，促进赡养义务的履行。

（5）调解人员应当有足够的耐心、爱心和细心。赡养纠纷调解的当事人具有一定的特殊性，老年人年龄大、行动不便，接受新观念、新事物的能力较弱，这对调解人员的职业素养提出了挑战。调解人员应当倾听当事人的陈述，耐心做好说服教育工作。赡养纠纷往往需要多次调解方能达成双方满意的结果。

（二）诉讼

赡养纠纷的诉讼解决方式是指老年人可以就赡养纠纷向人民法院提起诉讼，请求赡养义务人切实履行赡养义务。

1. 诉讼的特点

诉讼作为纠纷解决的最后机制，具有中立性、强制性和终局性等特征。相较于调解而言，诉讼具有自身的特点。

第一，诉讼是一种“公力救济”的方式。诉讼由人民法院主持开展，代表着国家权力和国家意志，属于具有强制性和权威性的公力救济。这也使得诉讼成为社会纠纷最合法、最有效也是最终的解决手段。

第二，诉讼按照特定的法律程序开展。在我国，按照纠纷性质的不同，存在民事诉讼、行政诉讼和刑事诉讼三种不同的程序。赡养纠纷属于典型的民事纠纷，应纳入民事诉讼的范畴内。当事人向法院提起赡养纠纷诉讼，应当按照《中华人民共和国民事诉讼法》及其相关规定开展活动，包括申请、提交证据、法庭辩论等。违反诉讼程序规则的行为，将引起不利的法律后果。

第三，诉讼是以“三方结构”为模式的制度体系。在诉讼中，居于中立位置的是审判人员，原告和被告处于平等地位，均享有法律规定的诉讼权利、承担法律规定的诉讼义务。

2. 赡养纠纷诉讼解决方式中的管辖问题

案例

王大妈的丈夫早逝，她一个人拉扯大了 5 个儿子。儿子们各自去外地谋生，先后都已结婚，并在外地居住。王大妈本该是过“多子多福”的生活了，可是这5个儿子多年来从未回家看望已80岁的老母亲，都不愿尽赡养义务。王大妈无奈，决定把5个不孝的儿子告上法院，但不知向哪里起诉。王大妈应该到哪个法院起诉？

管辖是指各级人民法院之间及同级人民法院之间受理第一审民事案件的权限和分工。对于当事人而言，主要是指应当在哪个法院进行起诉的问题。

《中华人民共和国民事诉讼法》规定“基层人民法院管辖第一审民事案件”，“民事诉讼，由被告住所地人民法院管辖”。因此，原则上来说，老年人若想起诉子女履行赡养义务，应当在被告（即子女）住所地的基层人民法院提起诉讼。

《最高人民法院关于适用〈中华人民共和国民事诉讼法〉的解释》中，又特别指出“追索赡养费、扶养费、抚养费案件的几个被告住所地不在同一辖区的，可以由原告住所地人民法院管辖”。因此，老人向多个住所地不在同一辖区的子女追索赡养费的，也可以向老人住所地的基层人民法院提起诉讼。

五、老年人在诉讼中享有的特殊权利

案例

董老太和老伴都年近古稀、没有劳动能力了，可3个儿子都不想赡养他们，董老太便想通过法律途径维护自己的合法权益。但她既没钱打官司，也不懂得怎样打官司。她听说老年人打赡养官司还可以享受特殊权利，但不知具体情况如何。

（一）享有先予执行的特殊权利

案例

我是一位年逾七旬的老人，年老体弱，但儿子却不承担赡养义务，生活过得很艰难。前不久，我因病住院，为治病借了些钱，生活陷入了困境之中。为此，我准备通过打官司的途径，要求有承担能力的儿子付给我赡养费。可是我现在身无分文，每日的生活都靠其他亲友救济。所以，我希望在法院判决前生活能有个着落，但不知如何才能解决好这个问题。

先予执行是指人民法院对一定范围内的给付之诉，在作出判决前，裁定一方当事人履行一定的义务，并立即执行的措施。根据《中华人民共和国民事诉讼法》第109条的规定，根据当事人的申请，人民法院对追索赡养费、扶养费、抚育费、抚恤金、医疗费用的案件，可以裁定先予执行。由此可见，老年人在进行赡养纠纷诉讼时，法律已明确地赋予了老年人在法院作出判决之前就享有先予执行、先予给付一定货币或一定生活急需物品的特殊权利。

先予执行的条件包括：第一，当事人之间权利义务关系明确，不先予执行将严重影响申请人的生活或者生产经营。第二，被申请人有履行能力。第三，先予执行应当限于当事人诉讼请求的范围，并以当事人的生活、生产经营的急需为限。

（二）享有司法救助的特殊权利

司法救助是人民法院对于民事、行政案件中有充分理由证明自己合法权益受到侵害，经济确有困难的当事人，实行诉讼费用的缓交、减交、免交等经济救助的制度。最高人民法院的有关规定指出，当事人具有下列情形之一的，可向人民法院申请司法救助：（1）当事人追索赡养费、扶养费、抚育费、抚恤金的；（2）当事人追索养老金、社会保险金、劳动报酬而生活确有困难的……从以上司法解释可知，老年人需要通过诉讼程序解决赡养纠纷时，确因生活困难而无法交纳诉讼费用的，可以提出申请请求人民法院给予司法救助，从而使生活困难的老年人能通过诉讼维护自己的权益。

（三）享有法律援助的特殊权利

根据国务院《法律援助条例》的规定，公民请求给付赡养费、抚养费、扶养费的，因经济困难没有委托代理人的，可以向法律援助机构申请法律援助。由此可见，经济困难的老人可以免费请律师替自己打官司。

同步训练

根据情境导入案例，请针对万老的情况起草一份赡养协议。教师示教后，学生分组训练。

教学做一体化训练

● 重要概念

扶养　扶养义务人　赡养　赡养人　赡养义务　赡养纠纷　赡养协议

● 课后讨论

1. 扶养的广义和狭义含义各是什么？
2. 哪些人之间有扶养义务？
3. 赡养人包括哪些家庭成员？
4. 赡养义务包括哪些内容？
5. 赡养费的标准涉及哪些因素？
6. 赡养纠纷有哪些种类？
7. 赡养协议一般包括哪些内容？
8. 解决赡养纠纷有哪些途径？

● 课后自测

一、单项选择题

1. 由兄、姐扶养的弟、妹成年后，有负担能力的，对年老无赡养人的兄、姐有（　　）的义务。
   A. 收养　　B. 赡养　　C. 扶养　　D. 收养
2. 老年人与（　　）有相互扶养的义务。
   A. 配偶　　B. 子女　　C. 兄弟姐妹　　D. 近亲属
3. 赡养人是指（　　）以及其他依法负有赡养义务的人。
   A. 老年人的子女　　B. 老年人的配偶
   C. 敬老院　　D. 老年人的兄弟姐妹
4. 赡养人的（　　）应当协助赡养人履行赡养义务。
   A. 配偶　　B. 子女
   C. 亲戚　　D. 老年人的兄弟姐妹
5. 赡养人有义务耕种老年人承包的田地，收益归（　　）所有。
   A. 赡养人　　B. 老年人
   C. 赡养人和老年人　　D. 双方约定
6. 老年人离婚、再婚后，赡养人的赡养义务（　　）。
   A. 不变　　B. 消除　　C. 承担一半　　D. 可以约定
7. 老年人自有的住房，赡养人有（　　）的义务。
   A. 维修　　B. 提供水电　　C. 提供暖气　　D. 提供天然气
8. 赡养人对患病的老年人应当提供医疗费用和（　　）。
   A. 保险费用　　B. 护理　　C. 住房　　D. 生活费用
9. 鼓励公民或者组织与老年人签订（　　）协议或者其他扶助协议。
   A. 赡养　　B. 抚养　　C. 扶养　　D. 收养
10. 人民法院对老年人追索赡养费或者扶养费的申请，可以依法裁定（　　）。
   A. 延期执行　　B. 先予执行　　C. 按时执行　　D. 立即执行

二、多项选择题

1. 赡养人应当履行的赡养义务具体内容包括（　　）。
   A. 经济上供养　　B. 生活上照料
   C. 精神上慰藉　　D. 政治上关心
2. 赡养人不得（　　）。
   A. 无故拖欠老年人依法享有的养老金和其他待遇
   B. 干涉老年人依法处分个人财产
   C. 以放弃继承权或者其他理由拒绝履行赡养义务
   D. 干涉老年人的婚姻自由

教学做一体化训练

3. 下列关于赡养人对待生活不能自理的老年人的说法，正确的是（　　）。

A. 应当亲自照料

B. 不能亲自照料的，可以按照老年人意愿委托他人照料

C. 不能亲自照料的，可以按照老年人意愿委托养老院照料

D. 不能亲自照料的，可以按照赡养人意愿送到养老院照料

4. 下列哪些主体有权监督赡养协议的履行？（　　）

A. 村委会　　B. 居委会

C. 被赡养人所在组织　　D. 赡养人所在组织

5. 赡养人、扶养人不履行赡养、扶养义务的，（　　）应当督促其履行。

A. 基层群众性自治组织

B. 老年人组织

C. 赡养人、扶养人所在单位

D. 赡养人、扶养人所在社区

6. 经老年人同意，赡养人之间可以就履行赡养义务签订协议。赡养协议的内容不得（　　）。

A. 违背老年人的意愿

B. 侵害老年人的利益

C. 违反法律的规定

D. 损害社会公益和社会道德秩序

7. 根据《中华人民共和国民法典》的规定，弟、妹扶养兄、姐的条件是（　　）。

A. 弟、妹是由兄、姐扶养长大的

B. 弟、妹有负担能力

C. 兄、姐没有退休金

D. 兄、姐缺乏劳动能力又缺乏生活来源

三、案例分析题

陈刚与陆萍夫妇年过六旬，膝下没有子女。2013 年，陈刚和陆萍退休后回农村老家探亲，与弟弟 16 周岁的女儿春花相处融洽。春花温顺懂事，颇得二老的喜欢。于是，陈刚夫妇决定将春花收为养女，回城后办理了收养手续。陈刚夫妇对春花疼爱有加，抚育培养直至其大专毕业并参加了工作。但春花对养父母从未有过真正的感情，特别是在她结婚以后，对与她和丈夫同住的二老更是漠不关心，甚至不时为生活琐事对二老恶语相加。2023 年夏，养父陈刚生病住院，春花从未去探望过，全靠陆萍拄着拐杖照顾老伴。陈刚出院后，因经济紧张，要求春花给付赡养费，春花不但不给，还把陈刚夫妇大骂了一顿。陈刚瘫痪在床，春花不仅不照顾他，还嫌

家里气味难闻，经常在家骂骂咧咧。后来，春花丈夫的单位分配了住房，夫妻二人便搬出去单独居住。从此，春花再未踏入过陈刚夫妇的家门。陈刚病情严重，医药费入不敷出，他实在熬不下去了，硬着头皮多次要求春花支付赡养费，但春花总是置之不理。2023年冬天，陈刚因无钱治病，离开了人世。陈刚去世后，陆萍想到春花的无情无义，十分寒心，便找春花协商解除收养关系，并要求春花补偿多年来支出的生活费和教育费。但春花均不同意。

请根据案情，依据相关法律规定回答以下问题：

（1）在春花不愿意协商解除收养关系的情况下，陆萍可否向法院起诉？

（2）陆萍要求春花补偿收养期间支出的生活费和教育费的请求应否予以支持？

项目三

老年人婚姻权益保障

学习目标

知识目标

1. 掌握我国婚姻制度的基本原则
2. 掌握结婚的要件和法律效果
3. 掌握离婚的方式和财产的分割

能力目标

1. 能够协助老年人处理结婚中的问题
2. 能够协助老年人处理离婚中的问题

素养目标

1. 培养新时代婚姻家庭观念，助力形成社会主义家庭文明新风尚
2. 树立正确的恋爱婚姻观和家庭价值观

任务一

老年人结婚权益保障

情境导入

李老太早年丧夫，后经人介绍与吴老情投意合。两位老人均是退休干部，双方认为年纪大了，既麻烦又没有必要去办理婚姻登记。因此，李老太退掉了自己租住的公房，带着3万元存款，把东西一搬，就于2018年10月与吴老同居生活了。2024年1月，吴老因脑中风抢救无效死亡。办完丧事后，吴老的儿子对李老太说："现在你应该离开这里，父亲留给我的房产我结婚要用，与你无关。"李老太气愤地说："我与你父亲夫妻一场，这房子我应有份，我还带了3万元存款，一起存在你父亲的存折里了。"吴老的儿子说道："我父亲的存款，理应由我继承。"吴老的儿子把房子一锁，回单位上班去了。

任务描述

请你帮助李老太分析她与吴老是否构成合法的夫妻关系，并告知李老太她能否打赢这场官司。

相关知识

一、结婚的含义及要件

（一）结婚的含义

结婚，又称婚姻的成立，是指男女双方按照法律规定的条件和程序，建立夫妻关系的民事法律行为。历史上合法的婚姻形式有多种，包括仪式婚、登记婚、登记与仪式结合婚三种。

《中华人民共和国民法典》认可的合法的婚姻形式只有一种，即登记婚。男女双方应当到婚姻登记机关即县级以上人民政府民政部门进行结婚登记才能成为合法的夫妻。在我国普遍存在的结婚仪式不能成为合法的结婚形式。

（二）结婚的要件

1. 结婚的实质要件

结婚的实质要件是指男女双方应当符合何种条件方可缔结婚姻关系。具体包括以下内容：

（1）男女双方必须完全自愿。《中华人民共和国民法典》第 1046 条规定："结婚应当男女双方完全自愿，禁止任何一方对另一方加以强迫，禁止任何组织或者个人加以干涉。"这种男女双方完全自愿的表示又叫作"结婚的合意"。要求结婚双方完全自愿是现代社会以个人为本位的婚姻制度的基本要求，这意味着反对包办婚姻、买卖婚姻及其他违背当事人意愿的婚姻。如何理解男女双方完全自愿？

首先，这种自愿应当是双方自愿而非一厢情愿。结婚是双方的行为，要求双方的自愿，禁止一方采取欺诈、胁迫、乘人之危等手段违背对方意愿缔结婚姻。

其次，自愿是本人的自愿，而非父母或者其他第三方的意愿。禁止包办婚姻、买卖婚姻及其他非法干涉婚姻自由的行为。任何组织或个人都不得以任何理由干涉男女双方自愿结婚。

最后，自愿要求当事人完全同意，而非勉强同意。屈于外界压力同意而缔结的婚姻，并不能受到法律的保护。

（2）男女双方必须达到法定婚龄。法定婚龄是指法律规定的最低结婚年龄。《中华人民共和国民法典》第 1047 条规定："结婚年龄，男不得早于二十二周岁，女不得早于二十周岁。"

法律对结婚年龄作出规定是许多国家的通例。对法定婚龄的确定主要受到两个因素的影响：一是自然因素，即人们生理、心理发育状况和成熟程度；二是社会因素，即一个国家经济、社会、文化、宗教、风俗习惯等因素。一般而言，不同历史时期、不同国家对法定婚龄的规定有一定差异。例如，我国明、清各朝代多规定男 16 岁、女 14 岁以上可以嫁娶。法定婚龄要求男女双方应当同时满足关于婚龄的要求，只有一方满足而另一方不满足，双方不能结婚。

（3）必须符合一夫一妻制。作为我国婚姻法的基本原则，一夫一妻制应当在结婚环节加以贯彻，只有双方都是无配偶的人才可能结婚。婚姻自由权利在法律上是受一夫一妻制限制的权利，如结婚制度、离婚制度、家庭关系制度、婚姻登记制度等都是婚姻家庭编的制度，都不能凌驾于一夫一妻制度之上，一夫一妻制度是婚姻家庭编最核心、最为重要的制度。

2. 结婚的形式要件

结婚就是婚姻的成立，是男女双方依照法律规定结合为夫妻关系的法律行为。《中华人民共和国民法典》第 1049 条规定："要求结婚的男女双方应当亲自到婚姻登记机关申请结婚登记。符合本法规定的，予以登记，发给结婚证。完成结婚登记，即确立婚姻关系。未办理结婚登记的，应当补办登记。"婚姻登记，是我国法律规定的结婚必须履行的程序。没有履行这一程序的应视为无效婚姻。没有配偶的男女未经合法登记却以夫妻名义生活在一起，别人也认为他们是夫妻的，这就构成了事实婚姻。对于事实婚姻，过去在司法实践中一般为保护家庭关系的稳定，维护安定团结，准许在一定时期内承认其事实婚姻关系，进而承认双方继承权。

最高人民法院在1989年11月21日发布的《关于人民法院审理未办结婚登记而以夫妻名义同居生活案件的若干意见》中指出：同居生活期间一方死亡，另一方要求继承死者遗产，如认定为事实婚姻关系的，可以配偶身份按继承法的有关规定处理；如认定为非法同居关系，而又符合《中华人民共和国民法典》第1131条规定的，可根据相互扶助的具体情况处理。但是，自1994年国家民政部公布《婚姻登记管理条例》（《婚姻登记条例》施行后，该条例已废止）后，不管当事人是否符合结婚的法定条件，只要双方未经结婚登记，其婚姻关系一律无效，基于夫妻关系而产生的继承权也得不到法律保护。

根据《最高人民法院关于适用〈中华人民共和国民法典〉婚姻家庭编的解释（一）》第7条的规定，未按《中华人民共和国民法典》第1049条规定办理结婚登记而以夫妻名义共同生活的男女，起诉到人民法院要求离婚的，应当区别对待：（1）1994年2月1日民政部《婚姻登记管理条例》公布实施以前，男女双方已经符合结婚实质要件的，按事实婚姻处理。（2）1994年2月1日民政部《婚姻登记管理条例》公布实施以后，男女双方符合结婚实质要件的，人民法院应当告知其在案件受理前补办结婚登记；未补办结婚登记的，按解除同居关系处理。

3. 结婚的禁止要件

所谓禁止要件是指婚姻法及其他法律规定了哪些人不能够结婚的情形。《中华人民共和国民法典》禁止一定范围的血亲结婚。禁止一定范围的血亲结婚是自古以来就有的通例，当然在禁止结婚的亲属关系的范围上有不同的要求。禁止结婚的亲属关系又称禁婚亲。法律对禁婚亲的规定主要考虑了以下几方面的因素：第一，基于优生学的考虑。长期的婚姻关系实践和现代医学、生物学研究表明，亲缘过近的两个人结婚，容易使双方体内的病态基因在后代中集中体现，导致后代的缺陷或疾病。为保证人类繁衍的需要，一般法律禁止近亲结婚。第二，基于社会伦理道德的考虑。一定范围内的亲属结婚，如果这种亲属范围在人们普遍的伦理道德中认为难以接受，则可能会体现在该国的法律规定中。

按照《中华人民共和国民法典》第1048条的规定，这种一定范围的血亲是指直系血亲和三代以内的旁系血亲。直系血亲就是有直接血缘联系的亲属，如父母与子女，祖父母、外祖父母与孙子女、外孙子女等。直系血亲之间无论代际相隔多远，都禁止结婚。所谓旁系血亲，是指直系血亲以外的具有血缘关系的亲属。由于旁系血亲的范围极其广泛，我国只对三代以内的旁系血亲间的结婚予以禁止，三代以外的旁系血亲一般可以结婚。所谓三代以内的旁系血亲，是指从祖父母、外祖父母同源而出。中国三代以内直系血亲和旁系血亲示意图如图3-1所示。

小讨论

甲的儿子与甲的堂妹的女儿可否结婚？甲的儿子与甲的妹妹的女儿可否结婚？同母异父或同父异母的兄妹（姐弟）可否结婚？养父养女（养母养子）可否结婚？

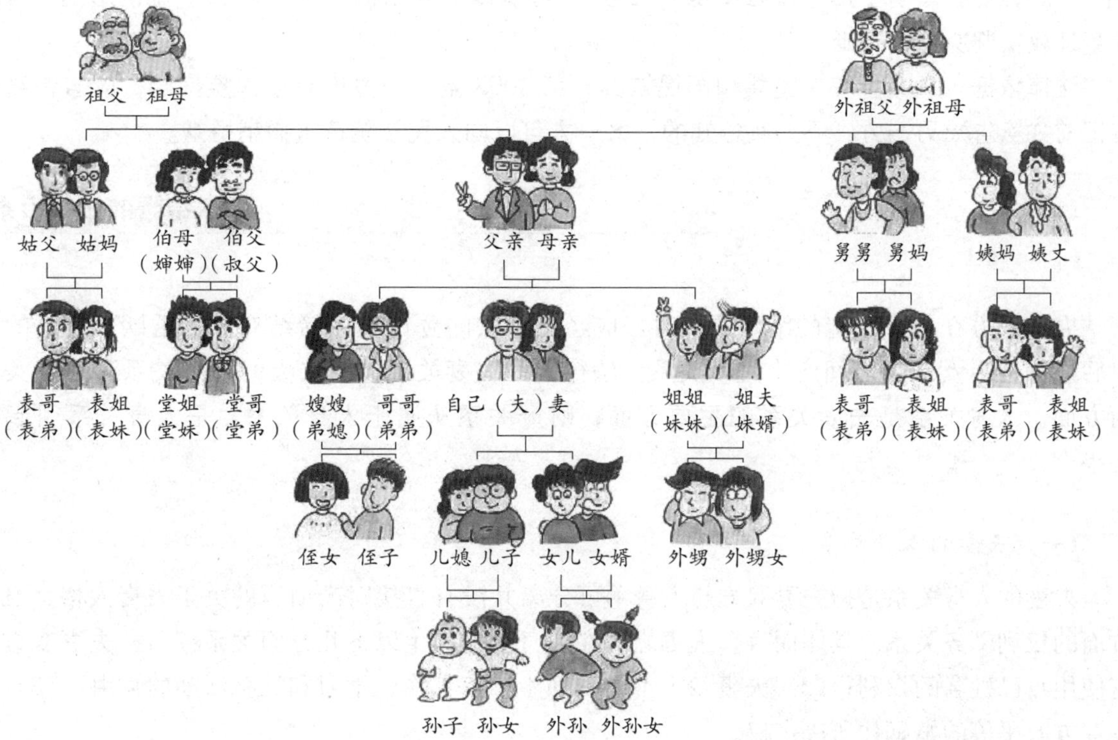

图 3－1 中国三代以内直系血亲和旁系血亲示意图

养父母与养子女、继父母与受其抚养教育的继子女之间的权利和义务，适用《中华人民共和国民法典》对亲生父母子女关系的规定。因此，《中华人民共和国民法典》对直系血亲缔结婚姻的限制，也应适用于养父母子女之间和有抚养关系的继父母子女之间，无论这种拟制直系血亲关系是否解除，从伦理要求和法律精神上看，都应属于禁止结婚的范围。

因继父母婚姻而成立的兄弟姐妹关系是姻亲，因继父母婚姻而产生的兄妹、姐弟关系实际上是因为继父母婚姻造成的亲戚关系，不算拟制血亲。只要没有三代以内的旁系自然血亲关系，即没有禁止其结婚的正当理由，自应解释为不在禁婚亲之列，可以结婚。

男女双方只有在符合结婚的法定条件并不违背禁止条件的情况下才可能申请结婚，在办理好有关的登记手续后即成为合法的夫妻。

延伸阅读

生理有缺陷，不能发生性行为者可以结婚吗？

第一部《中华人民共和国婚姻法》对于生理缺陷是作了禁止性规定的。但因为生理缺陷不属于疾病且无传染、无遗传，对社会没有危害，所以到 1980 年修改婚姻法时取消了这项规定，实行愿者不禁的原则，即如果一方明知对方无性行为能力但愿意与之结婚，婚姻登记机关不

“干涉”。但如果婚前不知，婚后发现“上当”，可以以此为由向人民法院请求撤销婚姻。法院经查证属实判决撤销婚姻。

法律依据——《中华人民共和国民法典》第 1053 条：一方患有重大疾病的，应当在结婚登记前如实告知另一方；不如实告知的，另一方可以向人民法院请求撤销婚姻。

二、结婚的法律后果

男女双方在符合法定的结婚要件时，应经过合法的登记程序缔结有效的婚姻。结婚的法律后果即在男女双方之间产生夫妻关系。法律上的夫妻关系包括夫妻的人身关系和财产关系两方面。人身关系是夫妻关系的主要方面；财产关系从属于人身关系，是人身关系引起的后果。

（一）夫妻的人身关系

夫妻的人身关系是指夫妻双方与人身不可分离并没有直接财产内容的关于夫妻人格、身份方面的权利义务关系。具体而言，夫妻之间在人身上会产生以下几方面关系：（1）夫妻双方都有使用自己姓名的权利；（2）夫妻双方都有参加生产、工作、学习和社会活动的自由；（3）夫妻双方有平等的婚姻住所决定权。

（二）夫妻的财产关系

夫妻的财产关系是指夫妻之间发生的具有财产内容的权利义务关系。具体而言，包括以下几方面。

1. 夫妻之间有相互扶养的义务

夫妻之间的相互扶养是指在对方生活陷入困境时，夫或妻应当给予帮扶的义务。它既体现在夫对妻的关系上，又体现在妻对夫的关系上。

2. 夫妻之间有相互继承遗产的权利

按照《中华人民共和国民法典》的规定，配偶是第一顺序的继承人；当夫妻一方死亡时，配偶有继承对方遗产的权利。

3. 夫妻财产制

夫妻财产制又称婚姻财产制，是指关于夫妻婚前财产和婚后所得财产的归属、管理、使用、收益、处分，以及债务清偿、婚姻解除时财产清算的根据等方面的法律制度。我国现行的夫妻财产制分为法定财产制和约定财产制两种形式。

（1）法定财产制。夫妻婚后所得在没有作出有效约定的情况下，共同制是我国的法定夫妻财产制。

根据《中华人民共和国民法典》第 1062 条的规定，夫妻在婚姻关系存续期间所得的下列财产，归夫妻共同所有：1）工资、奖金、劳务报酬；2）生产、经营、投资的收益；3）知识产权的收益；4）继承或者受赠的财产，但是《中华人民共和国民法典》第1063条第3项规定的除外；5）其他应当归共同所有的财产。夫妻对共同财产，有平等的处理权。根据《中华人民共和国民法典》第1063条的规定，有下列情形之一的，为夫妻一方的财产：1）一方的婚前财产；2）一方因受到人身损害获得的赔偿或者补偿；3）遗嘱或赠与合同中确定只归夫或妻一方的财产；4）一方专用的生活用品；5）其他应当归一方的财产。

（2）约定财产制。约定财产制是指夫妻用协议的方式，对夫妻在婚姻关系存续期间所得财产和婚前财产所有权的归属、管理、使用、收益、处分，以及债务的清偿、婚姻解除时财产的清算等事项作出的约定，以排除夫妻共同财产制的适用。

夫妻可以约定婚姻关系存续期间所得的财产及婚前财产归各自所有、共同所有或部分各自所有、部分共同所有。约定应当采用书面形式。没有约定或约定不明确的，适用法定财产制。夫妻对婚姻关系存续期间所得的财产及婚前财产的约定，对双方具有约束力。

三、结婚登记办理

结婚登记在2003年以前需要单位证明，现在只需提供户口簿、居民身份证就可受理。2003年颁布的《婚姻登记条例》取消了强制体检，最大的受益者就是想要再婚的老年人了。《婚姻登记条例》对结婚登记的程序和要求作出了规定。

（一）婚姻登记机关

婚姻登记包括结婚登记和离婚登记两种。婚姻登记机关是具有依法办理婚姻登记行政职能的行政机关。婚姻登记机关的职责包括：办理婚姻登记；补发婚姻证；出具婚姻登记记录证明；撤销受胁迫的婚姻；宣传婚姻法律法规，倡导文明婚俗。

婚姻登记机关的管辖权按照行政区域和职能划分。

1. 负责内地居民婚姻登记的机关

《婚姻登记条例》第2条第1款规定："内地居民办理婚姻登记的机关是县级人民政府民政部门或者乡（镇）人民政府，省、自治区、直辖市人民政府可以按照便民原则确定农村居民办理婚姻登记的具体机关。"具体内容如下：

（1）县、不设区的市、市辖区人民政府民政部门办理双方或者一方常住户口在本行政区域内的内地居民之间的婚姻登记。

（2）省级人民政府可以根据实际情况，规定乡（镇）人民政府办理双方或者一方常住户口在本乡（镇）的内地居民之间的婚姻登记。

2. 负责涉外、涉港澳台，以及与居住在国外的中国公民的婚姻登记机关

《婚姻登记条例》第2条第2款规定："中国公民同外国人、内地居民同香港特别行政区居

民（以下简称香港居民）、澳门特别行政区居民（以下简称澳门居民）、台湾地区居民（以下简称台湾居民）、华侨办理婚姻登记的机关是省、自治区、直辖市人民政府民政部门或者省、自治区、直辖市人民政府民政部门确定的机关。”具体内容如下：

（1）省级人民政府民政部门或者其确定的民政部门，办理一方常住户口在辖区内的涉外和涉香港、澳门、台湾居民及华侨、出国人员的婚姻登记。

（2）办理经济技术开发区、高新技术开发区等特别区域内居民婚姻登记的机关由省级人民政府民政部门提出意见报同级人民政府确定。

（二）结婚登记流程

结婚登记是指男女双方到婚姻登记机关依照法律规定的条件和程序，确立夫妻关系的民事法律行为。结婚登记应当符合前述关于结婚条件的要求。

结婚登记应当按照申请—受理—审查—登记—发证的程序办理。

1. 结婚登记申请

（1）受理结婚登记申请的条件。结婚登记机关受理结婚登记申请的条件：1）婚姻登记处具有管辖权；2）要求结婚的男女双方共同到婚姻登记处提出申请；3）当事人男年满 22 周岁、女年满 20 周岁；4）当事人双方均无配偶（未婚、离婚、丧偶）；5）当事人双方没有直系血亲和三代以内旁系血亲关系；6）双方自愿结婚；7）当事人提交 3 张大 2 寸近期半身免冠合影照片；8）当事人持有相关规定要求提交的证件。

（2）当事人需要提交的材料。1）办理结婚登记的内地居民应当出具下列证件和证明材料：第一，本人的户口簿、身份证。居民身份证与常住户口簿上的姓名、性别、出生日期应当一致；不一致的，当事人应当先到有关部门更正。居民身份证或者常住户口簿丢失，当事人应当先到公安户籍管理部门补办证件。第二，本人无配偶以及与对方当事人没有直系血亲和三代以内旁系血亲关系的签字声明。2）香港居民办理结婚登记应当提交：港澳居民来往内地通行证或者港澳同胞回乡证；香港居民身份证；经香港公证机构公证的本人无配偶以及与对方当事人没有直系血亲和三代以内旁系血亲关系的声明。澳门居民办理结婚登记应当提交：港澳居民来往内地通行证或者港澳同胞回乡证；澳门居民身份证；经澳门公证机构公证的本人无配偶以及与对方当事人没有直系血亲和三代以内旁系血亲关系的声明。台湾居民办理结婚登记应当提交：台湾居民来往大陆通行证或者其他有效旅行证件；本人在台湾地区居住的有效身份证件；台湾公证机构公证的本人无配偶以及与对方当事人没有直系血亲和三代以内旁系血亲关系的声明。出国人员、华侨办理结婚登记应当提交：本人的有效护照；居住国公证机构或者有权机关出具的、经中华人民共和国驻该国使（领）馆认证的本人无配偶以及与对方当事人没有直系血亲和三代以内旁系血亲关系的证明，或者中华人民共和国驻该国使（领）馆出具的本人无配偶以及与对方当事人没有直系血亲和三代以内旁系血亲关系的证明。与中国无外交关系的国家出具的有关证明，应当经与该国及中国均有外交关系的第三国驻该国使（领）馆和中国驻第三国使（领）馆认证，或者经第三国驻华使（领）馆认证。外国人办理结婚登记应当提交：本人的有效护照或者其他有效的国际旅行证件；所在国公证机构或者有权机关出具的、经中华人民共和国驻该国使（领）馆认证或者该国驻华使（领）馆认证的本人无配偶的证明，或者所在国驻华使（领）馆出具的本人无配偶的证明。与中国无外交关系的国家出具的有关证明，应当经与该国及中国均有外交关系的第三国驻该国使（领）馆和中国驻第三国使（领）馆认证，或者经第三国驻华使（领）馆认证。

2. 婚姻登记机关受理

婚姻登记机关受理结婚登记申请，应当按照下列程序进行：（1）审查结婚登记当事人出具的证件、证明材料。（2）询问当事人的结婚意愿。（3）自愿结婚的双方各填写一份《申请结婚登记声明书》。《申请结婚登记声明书》中“声明人”一栏的签名必须由声明人在监誓人面前完成。当事人不会写字的，由当事人口述，婚姻登记员代为填写。婚姻登记员代当事人填写完毕，应当宣读，当事人认为填写内容无误，在“声明人”一栏按指纹。“声明人”一栏不得空白，也不得由他人代为填写、代按指纹。（4）当事人宣读本人的声明书，婚姻登记员作为监誓人并在“监誓人”一栏签名。

3. 颁发结婚证

颁发结婚证，应当在当事人双方均在场时按照下列步骤进行：（1）向当事人双方核实姓名、出生日期、结婚意愿。（2）告知当事人双方领取结婚证后的法律关系及夫妻权利、义务。（3）见证当事人本人亲自在附件 2 上的“当事人领证签名或按指纹”一栏中签名；当事人不会书写姓名的，应当按指纹。“当事人领证签名或按指纹”一栏不得空白，不得由他人代为填写、代按指纹。（4）将结婚证分别颁发给结婚登记当事人双方，向双方当事人宣布：取得结婚证，确立夫妻关系。（5）祝贺新人。

4. 补办结婚登记

补办结婚登记是指对已具备法定结婚实质要件、未经结婚登记即以夫妻名义同居生活的男女双方，通过到婚姻登记机关补办结婚登记手续，使其婚姻关系具有法律认可效力的一项婚姻登记制度。

申请补办结婚登记的，当事人填写《申请补办结婚登记声明书》，婚姻登记机关按照结婚登记程序办理。

当事人办理结婚登记时未达到法定婚龄，申请补领时仍未达到法定婚龄的，婚姻登记机关不得补发结婚证。当事人办理结婚登记时未达到法定婚龄，申请补领时已达到法定婚龄的，当事人应对结婚登记情况作出书面说明；婚姻登记机关补发的结婚证登记日期应为当事人达到法定婚龄之日。

四、老年人结婚权益保障的内容

（一）维护老年人结婚自由的权利

案例

方某在1982年与赵某结婚，生育一儿二女，儿女现均已结婚另立门户。2018年7月，赵某因病去世，方某一人独居。平时儿女少有看望，垂暮之年，方某倍感孤独。2023年12月经人介绍，方某与54岁的周某相识。两人都因丧偶感到孤独，想找个老伴，生活上有所照应。方某的儿女知道后，极力反对，甚至以不赡养老人进行威胁。在儿女的干涉下，方某不敢与周某在家中见面，只能躲到公园里相对垂泪。单位领导、同事和邻居进行劝说，依然未改变儿女的阻止，他们只好停止往来。

婚姻自由是《中华人民共和国民法典》的一项基本原则，也是我国法律赋予公民的一项基本权利。这一原则的基本含义是：婚姻当事人有权按照法律的规定自主决定其婚姻问题，不受任何人的强迫与干涉。婚姻自由是指男女双方有权按照自己的意愿决定处理婚姻的权利。这是我国新型婚姻家庭制度的基石。它包括结婚自由和离婚自由，二者的互相结合构成婚姻自由的完整内容。结婚自由是建立婚姻关系的自由，离婚自由是解除婚姻关系的自由；结婚自由是实现婚姻自由的先决条件，离婚自由是结婚自由的必要补充。离婚使不自由的婚姻得以解除，为缔结自由的婚姻创造条件。没有离婚自由就根本不可能有完全的结婚自由。

老年人有权依照法律规定，自主自愿地决定自己的婚姻问题，不受任何人强迫、限制和干涉。《中华人民共和国老年人权益保障法》第21条规定："老年人的婚姻自由受法律保护。子女或者其他亲属不得干涉老年人离婚、再婚及婚后的生活。赡养人的赡养义务不因老年人的婚姻关系变化而消除。"暴力干涉老年人婚姻自由，构成犯罪的，依法追究刑事责任。

《中华人民共和国宪法》第49条规定，"禁止破坏婚姻自由"。《中华人民共和国民法典》第1041条第2款、第3款规定："实行婚姻自由、一夫一妻、男女平等的婚姻制度。保护妇女、未成年人、老年人、残疾人的合法权益。"根据这些规定，我国每个公民都有权自主自愿地决定自己的婚姻问题，不受任何人的限制和干涉。凡是符合法定婚龄的男女公民，其婚姻自由不受年龄的限制，老年人同样享有婚姻自由的权利。

进入老年以后，许多人失去了配偶。据统计，在我国老年人中，有1/3以上丧偶或者离婚；这些丧偶或者离婚的老年人中，有相当大一部分有再婚的意愿。老年人再婚主要是感情上的需要，特别是丧偶老年人，精神上失去了寄托，感情上失去了夫妻间的体贴，有话没有地方说，心中产生了孤独感，需要有人来陪伴；尽管有孝敬的子女，但这种亲情是子女难以代替的。尤其是家庭不和睦的丧偶老年人，更有再婚的迫切愿望。因此，老年人再婚，是合情、合理和合法的，子女、家庭和社会都应当给予理解和支持，而不应当加以干涉。

老年人的婚姻自由受法律保护。法律规定的婚姻自由原则不仅适用于青年人和中年人，同样适用于老年人。老年人有权按照自己的意愿处理婚姻问题。无配偶的老年人有权按照自己的意愿，按照法律规定的程序再婚。夫妻感情确已破裂并经调解无效的老年人，有权按照自己的意愿协议离婚，子女及其他亲属不应干涉和阻挠，以保障老年人双方晚年生活的幸福。

在法律上，任何人的婚姻自由权利都是平等的。丧偶老人再婚，只要是出于双方自愿，并且符合法律的规定，都应当受到法律的保护。本案中，方某的儿女无视婚姻法的规定，出于旧的思想观念阻止父亲再婚，是干涉婚姻自由的违法行为。《中华人民共和国民法典》第 1041 条第 3 款明确规定保护老年人的合法权益。因此，对于方某的子女干涉父亲和周某的婚姻自由的行为，有关部门应当对他们进行严肃的批评教育，帮助他们正确对待老人再婚的问题。同时，应鼓励和支持方某与周某大胆地追求幸福，运用婚姻法来保护自己的正当权利。

（二）老年人婚前财产处置

案例

李女士中年丧偶，15 年前丈夫因病去世。丈夫去世后，留下一套房屋（现价值 80 余万元）和 30 万元的存款。今年，经人介绍，李女士认识了丧偶的杜先生，目前两人关系较好，并且准备结婚。杜先生的两个子女均已成家，他也有自己的房屋和存款。按道理，双方本可无忧无虑地结合，可是双方各自的子女对此事均持反对态度，主要担心李女士和杜先生结合后，造成现有财产发生变化，将来继承时会有矛盾。现在的局面是，男方的子女担心父亲吃亏，女方的子女担心母亲吃亏。针对这种情况，为了兼顾两个家庭的亲情不受伤害并能使他们顺利结合，同时又符合法律规定，双方应该如何处理？

为了避免再婚后同继子女产生不必要的纠纷，提倡老年人进行婚前财产约定。约定财产是一种法律行为，必须符合如下条件：（1）双方完全自愿，而非强迫。（2）约定的财产只能是双方当事人本人的财产，对他人（如子女）的财产无权加以约定。（3）必须具有一定形式，最好是采用书面形式，然后再到公证机关进行公证。

夫妻财产公证对老年人尤其是再婚的老年人是很有用的。有人可能认为去办财产公证会显得夫妻间互不信任、太斤斤计较，恐怕会影响感情或引起别人的议论。但是财产公证能帮助再婚老年人消除日后因财产纠纷引起的烦恼。目前子女们反对老年人再婚的主要矛盾也是集中在财产问题上，不是怀疑对方看中老人的财产，就是担心日后自己的利益要受损失。进行夫妻财产公证会使得双方的经济情况更为独立、明晰，不仅会消除儿女的后顾之忧，也会令老人们的生活更加安心、美满。

五、同居关系

（一）同居关系的概念

同居关系，是指男女双方或一方有配偶未办理结婚登记，不以夫妻名义，持续、稳定地共同居住，或男女双方均无配偶未办理结婚登记而以夫妻名义共同生活但不符合事实婚姻的法定条件的两性结合。

婚姻是两性的结合，婚姻成立，即结婚，是男女双方依照法律规定的条件和程序，确立夫妻关系的行为。我国婚姻法对婚姻成立的实质要件和形式要件作了明确的、具体的规定，而且还明确说明婚姻的成立应采取登记制，这种登记手续是简单的、易于结婚双方操作的。但是，我国婚姻法颁布以来，特别是改革开放以来，男女双方两性的结合仍有相当一部分没有依照法定的结婚条件，履行必要的登记手续，即以夫妻名义共同生活。据统计，在有些法院因同居发生纠纷而提出“离婚”的案件占婚姻纠纷案件收案比例的20%。

（二）同居关系的司法处理

案例

黄先生在老伴去世后请同样丧偶的李女士做保姆，时间长了，二人相互感觉不错，但要结为夫妻又有顾虑。2024年年初，两人旅游时发生交通事故，黄先生死亡。事故责任方赔偿12万元，黄先生的儿子要求李女士返还收到的赔偿款。而李女士却认为，作为非配偶身份的同居者，赔偿金应属于自己。李女士是否应返还赔偿款？

《最高人民法院关于适用〈中华人民共和国民法典〉婚姻家庭编的解释（一）》第3条规定：当事人提起诉讼仅请求解除同居关系的，人民法院不予受理；已经受理的，裁定驳回起诉。当事人因同居期间财产分割或者子女抚养纠纷提起诉讼的，人民法院应当受理。因此，只有在向法院具体的请求分割同居期间的财产或者子女抚养问题时，法院一般才会受理。

《最高人民法院关于适用〈中华人民共和国民法典〉婚姻家庭编的解释（一）》第7条规定：“未依据民法典第一千零四十九条规定办理结婚登记而以夫妻名义共同生活的男女，提起诉讼要求离婚的，应当区别对待：（一）1994年2月1日民政部《婚姻登记管理条例》公布实施以前，男女双方已经符合结婚实质要件的，按事实婚姻处理。（二）1994年2月1日民政部《婚姻登记管理条例》公布实施以后，男女双方符合结婚实质要件的，人民法院应当告知其补办结婚登记。未补办结婚登记的，依据本解释第三条规定处理。”

根据《中华人民共和国民法典》的规定，在1994年2月1日后，男女双方已经符合结婚实质要件而未补办结婚登记的，按同居关系处理，同居关系不受法律保护，同居期间的财产不发生法律上的共有关系，因此李女士应返还赔偿款。

同步训练

请协助一对再婚的老年人办理结婚登记并为其办理婚前财产处置。教师示教后，学生分组训练。

任务二

老年人离婚权益保障

情境导入

2023 年 7 月 19 日，65 岁的 S 女士向法院提交诉状诉称：原、被告于 20 世纪 80 年代结婚，双方均属再婚，双方都有自己的子女，婚后感情一般，但为了子女都能忍让。后原告下岗，被告退休，双方各自的子女都成家立业，原告生病后，双方经常为琐事争吵，特别是原告病重期间，被告不愿出钱医治，不愿护理甚至虐待原告。现双方感情破裂，原告请求离婚，回到女儿身边生活，要求被告承担一部分生活、医疗费用。

任务描述

针对 S 女士的问题，请你告知 S 女士离婚的法律程序，离婚后生活、医疗费用如何处理以及法院判决离婚赔偿时依据的原则。

相关知识

第七次全国人口普查数据显示，我国 60 岁及以上人口已达 2.64 亿。预计“十四五”时期这一数字将突破 3 亿，我国将进入中度老龄化社会。与此同步的是，老年人离婚案件的比例也在不断上升。老年人离婚案是指一方当事人或双方当事人在 60 岁以上的离婚案件。离婚也是老年人的自由，然而，老年人离婚后，有时会出现居无定所、老无所养、老无所依的情况，给老年人造成生存困难、给社会带来不和谐因素。

一、离婚的含义及条件

离婚是指夫妻双方通过协议或诉讼的方式解除婚姻关系、终止夫妻间权利和义务的法律行为。

《中华人民共和国民法典》第1079条第2款规定："人民法院审理离婚案件，应当进行调解；如果感情确已破裂，调解无效的，应当准予离婚。"该法还规定：男女双方自愿离婚的，准予离婚；男女一方要求离婚的，可由有关组织进行调解或直接向人民法院提出离婚诉讼。法院审理此类案件时，在调解无效的基础上，依法作出准予离婚或不予离婚的判决，依据的是夫妻感情是否确已破裂。夫妻"感情确已破裂"是判决离婚的法定条件。如感情确已破裂，调解无效，应准予离婚。但"调解无效"并不都等于"感情确已破裂"。有一些离婚案件，虽然"调解无效"，但并非"感情确已破裂"。在调解工作中，往往存在着力与不力、深入与不深入等差别，直接影响着调解效果。"调解无效"和"感情确已破裂"的含义不完全相同，因此，不应当把"调解无效"作为认定"感情确已破裂"的根据。在审判实践中，既不要把"感情确已破裂"与"调解无效"完全等同起来，也不要把"调解无效"简单地当作"感情确已破裂"的标志，更不要把"调解无效"作为判决离婚的法定条件。判决离婚的法定条件只能是"感情确已破裂"。

二、离婚的途径

根据我国现行法律的规定，夫妻之间因感情破裂离婚可以选择两种途径：一种为协议离婚；另一种为诉讼离婚。

（一）协议离婚

1. 协议离婚的概念和条件

协议离婚，是指夫妻双方依据法律规定合意解除婚姻关系的法律行为。《中华人民共和国民法典》第1076条规定："夫妻双方自愿离婚的，应当签订书面离婚协议，并亲自到婚姻登记机关申请离婚登记。离婚协议应当载明双方自愿离婚的意思表示和对子女抚养、财产以及债务处理等事项协商一致的意见。"

婚姻登记机关受理离婚登记申请的条件是：婚姻登记处具有管辖权；要求离婚的夫妻双方共同到婚姻登记处提出申请；双方均具有完全民事行为能力；当事人持有离婚协议书，协议书中载明双方自愿离婚的意思表示以及对子女抚养、财产及债务处理等事项协商一致的意见；当事人持有婚姻登记机关或者中国驻外使（领）馆颁发的结婚证。

但有以下情形的，婚姻登记机关不予受理离婚登记申请：（1）一方当事人请求登记离婚的；（2）双方当事人请求离婚，但对子女抚养、夫妻一方生活困难的经济帮助、财产分割、债务清偿未达成协议的；（3）双方或一方当事人为限制民事行为能力人或无民事行为能力人的；（4）双方当事人未办理过结婚登记的。

需要注意的是，对离婚协议的效力，《最高人民法院关于适用〈中华人民共和国民法典〉婚姻家庭编的解释（一）》第69条第2款规定："当事人依照民法典第一千零七十六条签订的离婚协议中关于财产以及债务处理的条款，对男女双方具有法律约束力。"为充分保护当事人的合法权益，当事人有权就因履行离婚协议中财产分割协议发生纠纷提起诉讼，人民法院也应当受理。男女双方当事人协议离婚后1年内就财产分割问题反悔，诉至人民法院请求变更或者撤销财产分割协议的，人民法院同样也应当受理。人民法院审理后，未发现订立财产分割协议时存在欺诈、胁迫等情形的，应当依法驳回当事人的诉讼请求。

2. 协议离婚的主管机关和程序

通过行政程序进行的协议离婚由民政部门主管。具体的婚姻登记管理机关在城市是街道办事处或者市辖区、不设区的市政府的民政部门，在农村是乡、民族乡、镇的人民政府。协议离婚在具体程序中必须经过申请、审查、登记三个环节。

（1）申请。内地居民自愿离婚的，男女双方应当共同到一方当事人常住户口所在地的婚姻登记机关办理离婚登记申请。中国公民同外国人在中国内地自愿离婚的，内地居民同香港居民、澳门居民、台湾居民、华侨在中国内地自愿离婚的，男女双方应当共同到内地居民常住户口所在地的婚姻登记机关办理离婚登记。办理离婚登记的内地居民应当出具下列证件和证明材料：本人的户口簿、身份证；本人的结婚证；双方当事人共同签署的离婚协议书。办理离婚登记的香港居民、澳门居民、台湾居民、华侨、外国人除应当出具上述证件、证明材料外，还要出具旅行证件。其中离婚协议书应当载明双方当事人自愿离婚的意思表示以及对子女抚养、财产及债务处理等事项协商一致的意见。

离婚冷静期，又称离婚熟虑期，是指在离婚自由原则下，婚姻双方当事人申请自愿离婚，在婚姻登记机关收到该申请之日起一定期间内，任何一方都可撤回离婚申请、终结登记离婚程序的冷静思考期间。《中华人民共和国民法典》第1077条规定："自婚姻登记机关收到离婚登记申请之日起三十日内，任何一方不愿意离婚的，可以向婚姻登记机关撤回离婚登记申请。前款规定期限届满后三十日内，双方应当亲自到婚姻登记机关申请发给离婚证；未申请的，视为撤回离婚登记申请。"

（2）审查。婚姻登记机关应当对离婚登记当事人出具的证件、证明材料进行审查并询问相关情况。对当事人确属自愿离婚并已对子女抚养、财产、债务等问题达成一致处理意见的，应当当场予以登记，发给离婚证。在审查过程中，必须全面了解协议的内容，尤其要注意双方当事人请求离婚的意思表示是否真实，子女抚养、夫妻一方的生活困难帮助、分割财产及债务处理等事项是否合适。

（3）登记。婚姻登记管理机关审查后，对于符合离婚条件的，应予登记，发给离婚证，注销结婚证；在办理离婚登记时，如果当事人未达成离婚协议、属于无民事行为能力人或限制民事行为能力人或者其结婚登记不是在中国内地的，婚姻登记机关不予受理。对于不符合法定条件而不予登记的，应当以书面形式说明不予登记的理由。当事人从领取离婚证起，解除夫妻关系。离婚的当事人一方不按照离婚协议履行应尽义务的，另一方可以向人民法院提起民事诉讼。

（二）诉讼离婚

诉讼离婚是指夫妻双方对离婚、离婚后子女抚养或财产分割等问题不能达成协议，由一方向人民法院起诉，人民法院依诉讼程序审理后，调解或判决解除婚姻关系的法律制度。

1. 诉讼离婚的程序

（1）诉讼与管辖。离婚诉讼由一方当事人提起。案件管辖的一般原则是“原告就被告”，即原则上应由被告住所地人民法院管辖。被告离开住所地超过 1 年的，由原告住所地人民法院管辖；双方离开住所地超过 1 年的，由被告经常居住地人民法院管辖；没有经常居住地的，由原告起诉时居住地人民法院管辖；双方都是军人的，一般应由被告住所地或被告所在部队团以上机关所在地人民法院管辖；双方当事人都被监禁或被劳动教养的，一般由被告原住所地的人民法院管辖，被告被监禁或被劳动教养满 1 年以上的，由被告被监禁地或被劳动教养地的人民法院管辖。

上述地域管辖是离婚案件管辖的一般原则，特殊情况下，按照《中华人民共和国民事诉讼法》及有关司法解释的规定，可由原告住所地或经常居住地人民法院管辖；对不在中华人民共和国领域内居住的人、下落不明或者宣告失踪的人以及被劳动教养或者被监禁的人提起的离婚诉讼，由原告住所地或者经常居住地人民法院管辖。

（2）调解。调解是人民法院审理离婚案件的必经程序，由于其发生在诉讼过程中，所以也叫诉讼内调解。

在诉讼过程中进行调解，有利于对当事人进行法治宣传教育和思想指导工作，妥善、慎重地处理离婚案件。对调解所达成的协议，当事人一般愿意执行。这不仅能有效预防纠纷的进一步恶化，也减少了法院的执行工作。

人民法院在调解时必须坚持自愿、合法的原则，同时在查清事实的基础上进行，要分清双方的是非责任；必要时可与当地的基层组织、有关单位密切合作，共同进行说服教育工作，以促进当事人互谅互让、促成和好或达成离婚协议。

调解有三种结果：第一，调解后双方当事人和好，原告撤诉，诉讼结束；第二，双方当事人达成离婚协议，人民法院按协议制作离婚调解书，调解书送达后，即发生法律效力，婚姻关系自此解除；第三，调解无效，应立即进入下一诉讼程序。

（3）审理与判决。人民法院审理离婚案件，当事人除不能表达意志的以外都应出庭。确因特殊情况无法出庭的，必须向人民法院提交书面意见；由于离婚案件不同程度地涉及当事人的隐私，如当事人申请不公开审理的，可以不公开审理，但宣告判决公开；离婚案件一方当事人在诉讼过程中死亡的，双方当事人的关系即自然消灭，离婚诉讼已没有实际意义，人民法院应当终结诉讼。

对于调解无效的离婚案件，人民法院应以事实为依据、以法律为准绳，作出涉及离婚与否以及财产分割、子女抚养等问题的判决。凡判决不准离婚及调解和好的离婚案件，没有新情况、新理由，原告在6个月内不得重新起诉离婚，被告则不受上述期间的限制。实践中，因一方坚决不同意离婚而又没有法定判决离婚的情形时，原告往往需要等待6个月第二次提起离婚诉讼。

2. 判决离婚的条件

夫妻感情确已破裂、调解无效是判决离婚的法定理由。判决离婚的法定理由，也叫判决离婚法定原因或标准，是法院判决准予离婚的根据。《中华人民共和国民法典》第1079条第2款规定："人民法院审理离婚案件，应当进行调解；如果感情确已破裂，调解无效的，应当准予离婚。"这一规定说明，夫妻一方提出离婚后，是否准予离婚，不取决于另一方是否同意离婚，而是法院依据夫妻双方的感情是否确已破裂和调解有无效来决定。可见"感情是否确已破裂、调解无效"是人民法院审理离婚案件确定准离与不准离的原则界限。它有两层含义：一是如果夫妻感情确已破裂，调解无效应准予离婚；二是如果夫妻感情没有破裂或没有完全破裂，即使调解无效也不准离婚。

3. 感情破裂的认定

案例

张某（男）与刘某（女）是一对"半路夫妻"，两人于1990年再婚，双方均有各自的儿女，走到一起是为了互相扶持共度晚年。在一起生活的三十多年里，二人相敬如宾，后来张某得了脑梗，刘某一直悉心照顾。2023年，刘某意外骨折，不仅无法再继续照顾张某，而且自己也需要女儿照顾。为方便对父亲的照顾，张某的儿女将其带回了自己家中照顾，自此老夫妻开始了分居生活。可令刘某没有想到的是，在不到一年的分居生活中，却接到了法院的离婚诉讼材料。那么，诉讼离婚时，如何认定夫妻感情已破裂？

（1）可认定为感情确已破裂的具体情形。2001年修订的《中华人民共和国婚姻法》第32条在离婚法定理由的表述上作了重大的改革，确立了抽象概括与具体列举相结合的例示主义模式。其中，列举规定是概括规定的说明，而概括规定是对列举规定的补充。其增强了我国离婚法律规范的科学性和可操作性，是我国离婚立法的一次重要突破和进步。《中华人民共和国民法典》第1079条作出了以下规定：夫妻一方要求离婚的，可以由有关组织进行调解或者直接向人民法院提起离婚诉讼。人民法院审理离婚案件，应当进行调解；如果感情确已破裂，调解无效的，应当准予离婚。有下列情形之一，调解无效的，应当准予离婚：1）重婚或者与他人同居；2）实施家庭暴力或者虐待、遗弃家庭成员；3）有赌博、吸毒等恶习屡教不改；4）因感情不和分居满二年；5）其他导致夫妻感情破裂的情形。一方被宣告失踪，另一方提起离婚诉讼的，应当准予离婚。经人民法院判决不准离婚后，双方又分居满一年，一方再次提起离婚诉讼的，应当准予离婚。

根据《中华人民共和国民法典》的规定，法院对待离婚诉讼的裁判依据来说，标准是“夫妻感情是否确已破裂”。其中，对于重婚或者与他人同居；实施家庭暴力或者虐待、遗弃家庭成员；有赌博、吸毒等恶习屡教不改；因感情不和分居满二年这四种情形可以认定为夫妻感情破裂，在经调解无效后，应当准予离婚。而对于“一方被宣告失踪，另一方提起离婚诉讼的”和“经人民法院判决不准离婚后，双方又分居满一年，一方再次提起离婚诉讼的”这两种情形，无须再调解，直接准予离婚。

（2）认定感情确已破裂的其他方法。确认夫妻感情是否破裂是一个十分复杂的问题，除了上述5种具体情形外，为适应我国社会发展的实际情况，《中华人民共和国民法典》规定了弹性条款，即“其他导致夫妻感情破裂的情形”。此外，最高人民法院以司法解释的方式指出人民法院审理离婚案件时，对符合“应准予离婚”情形的，不应当因当事人有过错而判决不准离婚。

根据上述规定和要求，确认感情是否破裂，除了明确列举的情形外，还应从以下几方面入手，全面分析、判断：

1）全面分析方法。认定夫妻感情是否确已破裂应用全面分析法与具体理由相结合的方法。全面分析法即在调查研究的基础上对夫妻感情进行全面综合分析，从婚姻关系的四个层面来进行分析评判。第一，看婚姻基础。婚姻基础是双方建立婚姻关系时的感情状况和相互了解的程度。它是缔结婚姻关系的起点，对婚后感情的建立、矛盾的化解起着十分重要的作用。看婚姻基础就是要了解双方认识的方式、结婚动机及目的。一般而言，婚姻基础好，婚后感情容易融洽，即使产生了矛盾，消除矛盾维持婚姻的可能性也大；反之，婚姻基础差，婚后难以建立起真正的感情，出现矛盾就难以调和。第二，看婚后感情。在分析婚后感情时，应联系婚姻基础，分析夫妻婚后感情发展变化，判断双方的感情发展方向。第三，看离婚原因。离婚原因是原告提出离婚的主要依据，也是原、被告在诉讼过程中争执的焦点和核心。双方为争取胜诉，常掩饰其离婚的真实动机、扩大事实甚至捏造事实。在分析离婚原因时必须注意查清离婚的真正原因，分清是非、明确责任，正确判断夫妻感情破裂的程度。第四，看夫妻关系的现状及有无和好的可能性。在上述“四看”的基础上，进一步透视夫妻关系现状及把握各种有利于夫妻和好的因素，对今后双方关系的发展前途作出预测。

上述四个方面相互联系，是完整的认识结构与整体。因此在认定夫妻感情的问题上，不仅要看到夫妻感情的过去和现在，还要对夫妻关系的前途有所预测。

如夫妻感情尚未破裂，有和好的希望，应加强调解工作，即使调解无效也不准离婚；如夫妻关系确已完全破裂，和好无望，无法调解和好又不能达成离婚协议，应做好不离一方的工作，准予离婚，同时应对子女的有关问题作出妥善安置。

2）参考最高人民法院1989年有关司法解释。最高人民法院于1989年11月21日颁布的《关于人民法院审理离婚案件如何认定夫妻感情确已破裂的若干具体意见》中所列举的14种可视为夫妻感情确已破裂的情形，凡与《中华人民共和国民法典》没有冲突的，依然有参考价值。即一方患有法定禁止结婚的疾病，或者一方有生理缺陷及其他原因不能发生性行为，且难以治愈；婚前缺乏了解，草率结婚，婚后未建立起夫妻感情，难以共同生活的；婚前隐瞒了精神病，婚后经治不愈，或者婚前知道对方患有精神病而与其结婚，或一方在夫妻共同生活期间患精神病，久治不愈的；一方欺骗对方，或者在结婚登记时弄虚作假，骗取《结婚证》的；双方办理结婚登记后，未同居生活，无和好可能的；包办、买卖婚姻，婚后一方随即提出离婚，或者虽共同生活多年，但确未建立起夫妻感情的；因感情不和分居已满 3 年，确无和好可能的，或者经人民法院判决不准离婚后又分居满 1 年，互不履行夫妻义务的；一方与他人通奸、非法同居，经教育仍无悔改表现，无过错一方起诉离婚，或者过错方起诉离婚，对方不同意离婚，经批评教育、处分，或在人民法院判决不准离婚后，过错方又起诉离婚，确无和好可能的；一方重婚，对方提出离婚的；一方好逸恶劳、有赌博等恶习，不履行家庭义务，屡教不改，夫妻难以共同生活的；一方被依法判处长期徒刑，或其违法、犯罪行为严重伤害夫妻感情的；一方下落不明满 2 年，对方起诉离婚，经公告查找确无下落的；受对方的虐待、遗弃，或者受对方亲属虐待，或虐待对方亲属，经教育不改，另一方不谅解的；因其他原因导致夫妻感情确已破裂的。

三、老年人离婚权益保障的内容

（一）离婚时隐匿、转移夫妻共同财产的处理

案例

周女士的丈夫对她说，领导要找他借 5 万元，他不好意思拒绝。对此，周女士没多心，赶紧从存折上取出 5 万元给他。两天后，周女士正好碰到丈夫的领导，对方却对借款一事毫不知情。追问丈夫之后，他又改口说钱拿去给朋友投资了。这两天丈夫突然以在外面有情人为由，要求和周女士离婚，并称愿意把夫妻共同居住的房子交给妻子，但存款归他。突如其来的变故，让周女士气愤不已。她认为，丈夫先前借口拿走 5 万元属恶意转移财产，其属于夫妻共同财产，应重新分配。要离婚的夫妻，一方恶意转移财产怎么办?

根据《中华人民共和国民法典》第 1092 条的规定，在离婚分割时，一方故意将夫妻共同财产隐匿、转移、变卖、毁损的，在分割财产时，对故意隐匿、转移、变卖、毁损财产的一方应予以少分或者不分。在具体处理时，应把隐匿、转移、变卖、毁损的财产作为一份分给隐匿、转移、变卖、毁损方，以其他财产折抵分给另一方，不足的部分由隐匿、转移、变卖、毁损方给予赔偿。

对在离婚分割夫妻共同财产时故意将夫妻共同财产隐匿、转移、变卖、毁损的，还可以按

《中华人民共和国民事诉讼法》第 114 条的规定，有下列行为之一，视情节轻重予以罚款、拘留；构成犯罪的，依法追究刑事责任：（1）伪造、毁灭重要证据，妨碍人民法院审理案件的；（2）以暴力、威胁、贿买方法阻止证人作证或者指使、贿买、胁迫他人作伪证的；（3）隐藏、转移、变卖、毁损已被查封、扣押的财产，或者已被清点并责令其保管的财产，转移已被冻结的财产的；（4）对司法工作人员、诉讼参加人、证人、翻译人员、鉴定人、勘验人、协助执行的人，进行侮辱、诽谤、诬陷、殴打或者打击报复的；（5）以暴力、威胁或者其他方法阻碍司法工作人员执行职务的；（6）拒不履行人民法院已经发生法律效力的判决、裁定的。另外对于上述问题，还可以通过财产保全的法律途径防止。财产保全是指人民法院在案件受理前或者诉讼过程中，对当事人的财产或者有争议的标的物所采取的一种强制措施。财产保全的措施有查封、扣押、冻结或法律规定的其他方法。

（二）离婚分割财产时对生活困难方给予照顾

案例

谢某（女）与邓某（男）于 1979 年 7 月结婚。婚后夫妻俩常因意见不一致而产生矛盾。谢某在怀第二胎时，其右下肢出现问题后久治不愈导致残疾。邓某开始对谢某置之不理，后来经常对谢某拳打脚踢，并对孩子弃之不顾。2023 年 10 月，邓某起诉至法院，要求与谢某离婚。谢某接到法院的传票时，几乎绝望了。一个残疾的农村妇女，既不懂法律，又无经济能力聘请律师，该怎样维护自己的合法权益呢？

依据《最高人民法院关于人民法院审理离婚案件处理财产分割问题的若干具体意见》第 14 条的规定：婚姻存续期间居住的房屋属于一方所有；另一方以离婚后无房居住为由，要求暂住的，经查实可据情予以支持，但一般不超过两年。无房一方租房居住经济上确有困难的，享有房屋产权的一方可给予一次性经济帮助。根据《中华人民共和国民法典》第 1090 条的规定：离婚时，如果一方生活困难，有负担能力的另一方应当给予适当帮助。具体办法由双方协议；协议不成的，由人民法院判决。

（三）婚前一方按揭购买房产，婚后双方共同还贷，离婚时房屋的处理

案例

胡某与彭某结婚后，双方经常为生活琐事争吵。后胡某起诉离婚，提出彭某婚前购置并登记在彭某名下的某小区的房产，婚后一直由双方共同还贷，彭某应补偿共同还贷的一半给胡某。胡某的要求合法吗？

《中华人民共和国民法典》第 1087 条规定，离婚时，夫妻的共同财产由双方协议处理；协议不成的，由人民法院根据财产的具体情况，按照照顾子女、女方和无过错方权益的原则判决。《最高人民法院关于适用〈中华人民共和国民法典〉婚姻家庭编的解释（一）》第 78 条规定，夫妻一方婚前签订不动产买卖合同，以个人财产支付首付款并在银行贷款，婚后用夫妻共同财产还贷，不动产登记于首付款支付方名下的，离婚时该不动产由双方协议处理。依前款规定不能达成协议的，人民法院可以判决该不动产归登记一方，尚未归还的贷款为不动产登记一方的个人债务。双方婚后共同还贷支付的款项及其相对应财产增值部分，离婚时应根据《中华人民共和国民法典》第 1087 条第 1 款规定的原则，由不动产登记一方对另一方进行补偿。

（四）老年人离婚后如何处理与继子女的关系

案例

在小陈 10 岁时，小陈的妈妈与老沈再婚，小陈随他们共同生活。婚后两人未生育子女，老沈因膝下无子，所以待小陈视如已出，照料着他的日常起居和学习生活至其成年。小陈 35 岁时，妈妈和老沈协议离婚了。最近，年近七旬的老沈身体状况每况愈下，退休金也不足以负担医药费。老沈联系到小陈，希望他照顾自己。小陈认为母亲已和老沈离婚，自己也不是老沈的亲生儿子，没有赡养老沈的义务，拒绝了老沈的要求。老沈带着疑问咨询了社区律师。

《中华人民共和国民法典》第 1072 条第 2 款规定：“继父或者继母和受其抚养教育的继子女间的权利义务关系，适用本法关于父母子女关系的规定。”也就是说，继父和继子之间存在抚养事实的，就具有法律意义上的父子关系。小陈 10 岁以后是由妈妈和老沈共同抚养、教育至其成年。小陈已与老沈形成抚养关系，是老沈的继子女。根据《中华人民共和国民法典》第 1069 条的规定，子女对父母的赡养义务，不因父母的婚姻关系变化而终止。因此，即使小陈的妈妈与老沈离婚了，老沈与小陈之间已经形成的抚养关系不会消灭。所以在老沈年老体弱、生活无来源的情况下，小陈应对老沈履行赡养义务。

小陈应当积极向老沈给付赡养费，否则，老沈可以根据《中华人民共和国民法典》第 1067 条第 2 款的规定，要求小陈给付赡养费，其中当然包含了医疗费。此外，根据《中华人民共和国老年人权益保障法》第 14 条、第 15 条的规定，小陈除了在经济上对老沈进行供养之外，还应当在生活上和精神上给予照料和慰藉，并照顾老沈的特殊需要。例如使患病的老沈及时得到治疗和护理，向经济困难的老沈提供医疗费用。如老沈生活不能自理的，小陈还应当承担照料责任；不能亲自照料的，可以按照老沈的意愿委托他人或者养老机构等照料。

（五）夫妻双方自动离婚问题

案例

杨某（男）和杜某（女）是大学同学，两人于1990年登记结婚，住在青岛市，婚后因两人在性格方面相差较大，经常三天一小吵、五天一大吵。2018年10月，因杜某的母亲患病，杜某作为唯一的女儿不得不回老家照料，偶尔才回青岛住几天。虽然两人身处两地，但还是彼此看不惯，摩擦不断，有时甚至会在电话里发生争吵。2023年6月，杜某决定结束这段婚姻，她听别人说分居满两年就会自动离婚，所以她想这样继续在老家住着，等满两年就可以解除婚姻关系了。两人是否已经构成了婚姻法上的分居？分居两年后是否就自动离婚了？

目前，在我国的司法审判实践中，是不存在“自动离婚”这一情形的。在我国，离婚有两种途径：一是到民政部门办理离婚登记手续，领取离婚证；二是向法院提起离婚诉讼，由法院以判决书或调解书的形式解除双方的婚姻关系。根据《中华人民共和国民法典》的规定，因感情不和分居满两年只是可以成为法院判决离婚的理由，解除双方的婚姻关系只能经过法院的判决或民政部门的离婚登记手续，不会因为出现这一法律事实而自动离婚、自行解除双方的婚姻关系。

需要注意，仅有夫妻分居的客观事实尚不足以构成法律意义上的分居。适用上述规定必须满足以下条件：首先，双方客观上处于分居状态，即双方不共同在一起生活，不存在互相关照、同床共枕、同桌就餐等行为。即使夫妻双方仍然住在同一屋檐下，但没有实质上的共同生活，也构成客观上的分居状态。其次，夫妻一方或双方在主观上要有分居生活的愿望或意思表示。这种愿望可以是双方的合意，也可以是一方的独立行为。如果夫妻因从事职业或商业需要，因出差、学习、治疗疾病、照顾老人等客观原因而分开生活，则不属于法律意义上的分居。最后，分居的期限应从夫妻最后一次分居之日起计算。如果多次分居，后因和好又恢复共同生活的，分居时间不能累加，而应从起诉前的最后一次分居之日起连续不断地满两年。通过以上分析，我们能够得出结论，本案的当事人杨某和杜某并非因感情不和分居，而是因为杜某回老家照顾老人，因而不是婚姻法意义上的分居，即便满两年，也不能构成法院判决离婚的理由。那么，诉讼时应该如何收集夫妻因感情不和分居满两年的证据呢？关于时间这一要点的证明相对比较简单，在外独自居住的租房协议或者独自居住的小区物业的证明或者亲属、邻居的证人证言都可以作为证明分居以及分居时间的有力证据。但是要证明分居原因是感情不和就不是那么简单了，因为感情是否不和的认定主观性很强。要证明这一点，最有利的证据就是双方签署的分居协议。如果可以签署分居协议，那么应当注意：协议的标题最好写明“分居协议”，而不要简单地只写“协议”两字，以避免在认定时造成分居协议与财产约定协议的混淆。并且，应当就分居期间的财产和债务问题作出约定，避免日后发生纠纷。

（六）离婚协议财产分割

案例

王某与赵某于2023年经民政部门协议离婚。协议约定所有财产一人一半，但未明确具体财产情况。双方办理离婚手续后，王某离开原住所，赵某一直在原处居住。王某多次找赵某要求按协议平分房产和家庭其他财产，但赵某不予理睬，赵某认为协议未明确哪些财产平分、如何平分，因此，赵某不同意将财产分一半给王某。王某向法院提起诉讼，请求法院依法分割。

《最高人民法院关于适用〈中华人民共和国民法典〉婚姻家庭编的解释（一）》第69条第2款规定："当事人依照民法典第一千零七十六条签订的离婚协议中关于财产以及债务处理的条款，对男女双方具有法律约束力。登记离婚后当事人因履行上述协议发生纠纷提起诉讼的，人民法院应当受理。"

法院对王某和赵某争议的房产等进行了评估，判决由赵某享有房产所有权，赵某给付王某房产评估价值的一半，经受理查明的双方其他财产也按各自一半进行分割，王某的利益得到了维护。因此，当事人在离婚时最好在财产分割完毕后办理离婚手续。因某种原因未分割的财产，双方在离婚协议中一定要落实财产的具体内容，否则一旦产生纠纷，未直接掌握财产的一方可能要承担不利于自己的法律后果。

（七）离婚判决书送达之后三天内丈夫死亡的，妻子能否继承丈夫遗产

案例

2024年5月，宋某以与丈夫于某感情破裂为由向法院起诉离婚。法院经审理于6月23日判决二人离婚并就财产作了处理，于某分得价值25万元的财产。6月25日，双方当事人签收了法院送达的判决。6月28日，于某不幸遇车祸身亡，法院随即作出了终止宋某与于某离婚诉讼的决定。宋某将于某安葬后，于某唯一的亲人于某明要求继承其兄离婚诉讼中分得的财产，而宋某则认为离婚判决书还未生效，她与于某还是夫妻关系，于某的一切遗产应由她继承。双方争执不下，于某明遂向法院提起诉讼，要求继承于某的遗产。

宋某与于某在判决生效前仍是合法夫妻关系，互有继承权。其间，于某因车祸死亡，导致离婚诉讼终止，二人的夫妻关系一直存续到于某死亡之时，因此，宋某可以第一顺序继承人配偶的身份继承于某的遗产。原告于某明作为于某的兄弟，属第二顺序继承人，根据《中华人民

共和国民法典》的规定，被继承人有第一顺序继承人时，第二顺序继承人不得继承。

（八）祖父母探望权的行使

案例

原告张某原是被告李某、赵某的儿媳，在与被告之子离婚后独自抚养婚生女。两被告均为退休职工，在其子与原告的婚姻关系存续期间与原告关系极为融洽。孙女出生后，两被告视其为掌上明珠，疼爱有加。后原告再婚，并将孩子接至县城上幼儿园。两被告常去幼儿园看望孙女，并多次在未告知原告的情况下擅自将孩子接走。原告碍于情面，不好意思直接阻止两位老人探望，无奈之余将其女转园，但两被告经多方打听又找到孙女就学之所。在与被告协商不成的情况下，原告诉至法院，认为两被告没有节制地探望孩子，已影响到孩子的生活和学习，并影响到原告再婚后的生活，故要求法院判决两被告不准再去探望孩子。被告则认为祖父母看望孙女是天经地义，且其是受其子即孩子之父委托，代替其行使探望权的。

《中华人民共和国民法典》第 1086 条第 1 款规定："离婚后，不直接抚养子女的父或者母，有探望子女的权利，另一方有协助的义务。"该条款规定了行使探望权的主体只能是不直接抚养子女的父或母。鉴于探望权属于民事权利中的亲权范畴，是基于父母子女这种特定的身份关系而衍生出来的自然权利，根据我国民法理论，亲权的行使是父母的法定义务，父母须对未成年子女的养育和照顾尽全责，由此决定亲权不得抛弃、转让或非法剥夺，这也决定了作为亲权范畴的探望权不得转让或转委托，只能由其本人实施，因而本案中被告辩称是受孩子之父的委托而行使探望权是不能成立的。

本案从另一角度反映出《中华人民共和国民法典》所规定的行使探望权的主体范围过于狭窄，宜将其扩大到所有的直系亲属之间，尤其须兼顾祖父母与孙子女之间的"隔代情"。现代社会生活节奏的加快，许多子女在外工作，其子女往往会随祖父母或外祖父母生活、由其抚养，双方之间的感情很深。当老人年老退休的时候，其往往会对晚辈直系亲属寄托更大的期望、更多的感情寄托，此时关心孙子女或外孙子女成为其精神生活的重要组成部分。因而，出于对关心爱护老年人的这种自然感情的需要，应附条件地赋予除了不直接抚养子女的父或母之外的其他直系亲属的探望权，主要是其祖父母、外祖父母、兄弟姐妹的探望权。

同步训练

根据情境导入案例，请为 S 女士起草一份离婚起诉状。教师示教后，学生分组训练。

● **重要概念**

结婚　婚姻自由　同居关系　离婚　感情破裂

● **课后讨论**

1. 结婚需要具备哪些要件?
2. 结婚的法律后果是什么?
3. 对同居关系如何处理?
4. 离婚的途径有哪些?
5. 如何认定感情破裂?
6. 离婚后财产如何处理?

● **课后自测**

一、单项选择题

1.《中华人民共和国民法典》规定结婚程序采用的是（　　）。

A. 仪式制　　B. 登记制

C. 仪式加登记制　　D. 登记加仪式制

2. 老年人婚姻关系的变化（　　）引起赡养人赡养义务的变化。

A. 能　　B. 不能

C. 视老年人情况能　　D. 视赡养人情况能

3. 下列结婚情形不被我国婚姻法所禁止的是（　　）。

A. 小王（女）与堂兄小李从小一起长大，日久生情，长大后登记结婚

B. 患有麻风病的小吴（男）未如实告知小唐（女）就与身体健康、性格开朗的小唐结婚

C. 年近七十的退休工人（男）与原工作单位年轻女同事自愿登记结婚

D. 小陈（男）与同父异母的妹妹小黄未经父母同意办理结婚登记

4. 甲男的母亲是乙女的姨母，如果甲男是其母的养子而非自然血亲，他与乙女是否可以结婚?（　　）

A. 可以结婚

B. 不得结婚

C. 甲男与其养母解除收养关系后可以结婚

D. 双方保证不生育子女可以结婚

5. 甲、乙夫妻双方协商同意离婚，乙委托丙去婚姻登记机关代理办理离婚登记手续，依我国法律，丙（　　）。

A. 可以代理

B. 在甲、乙双方同意的情况下可以代理

C. 在取得授权委托书的情况下可以代理

教学做一体化训练

D. 不能代理

6. 在离婚时对财产的归属有争议，又不能证明属于夫妻一方的，如何处理？（　　）

A. 归对家庭贡献大的一方

B. 从保护妇女权益出发，归妻子

C. 推定为夫妻共同财产

D. 由双方协商确定

7. 离婚时，一方隐藏、转移、变卖、毁损夫妻共同财产，或伪造债务企图侵占另一方财产的，分割夫妻共同财产时，对隐藏、转移、变卖、毁损夫妻共同财产或伪造债务的一方，（　　）。

A. 应当少分　　B. 应当不分

C. 应当少分或者不分　　D. 可以少分或者不分

8. 根据有关司法解释的规定，离婚时，一方以个人财产中的住房对生活困难者进行帮助的形式是（　　）。

A. 房屋的居住权　　B. 房屋的所有权

C. 房屋的居住权或所有权　　D. 房屋的暂住权

9. 我国婚姻法规定，男女一方要求离婚的（　　）。

A. 须由有关组织进行调解

B. 无须向人民法院提出离婚诉讼

C. 须经有关组织调解无效后向人民法院提出离婚诉讼

D. 可由有关组织进行调解或直接向人民法院提出离婚诉讼

10. 陈某与李某于 2017 年 4 月经协议离婚，半个月后又旧情复燃、重新共同生活。现陈某继承大笔遗产，又欲抛弃李某，李某诉至法院要求离婚并分割财产。此案中（　　）。

A. 陈某与李某为事实婚姻关系，陈某所得遗产为个人财产

B. 陈某与李某为事实婚姻关系，陈某所得遗产为共同财产

C. 陈某与李某为非婚同居关系，陈某所得遗产为个人财产

D. 陈某与李某为非婚同居关系，陈某所得遗产为共同财产

二、多项选择题

1. 老年人的婚姻自由受法律保护，子女或者其他亲属不得干涉老年人的（　　）生活。

A. 离婚　　B. 婚后　　C. 再婚　　D. 重婚

2. 甲与乙离婚，甲与乙的子女均已成年，与乙一起生活。甲与丙再婚后购买了一套房屋，登记在甲的名下。后甲因中风不能自理，常年卧床。丙见状离家出走达 3 年之久。甲与乙的子女和乙想要回房屋，进行法律咨

询。下列哪些意见是错误的？（　　）

A. 因房屋登记在甲的名下，故属于甲个人房产

B. 丙在甲中风后未尽妻子责任和义务，不能主张房产份额

C. 甲与乙的子女可以申请宣告丙失踪

D. 甲本人向法院提交书面意见后，甲与乙的子女可代理甲参与甲与丙的离婚诉讼

3. 下列关于我国法律对“同居”的态度说法错误的是（　　）。

A. 一切非婚同居均为违法

B. 没有配偶的男女出于自愿而同居生活，法律不予禁止

C.《中华人民共和国民法典》明文禁止有配偶者与他人同居的行为

D. 有配偶者与他人同居构成“重婚罪”

4. 解除婚约的法律后果是（　　）。

A. 对人身关系没有影响

B. 婚约期间相互赠与的财产，赠与人要求受赠人返还赠与财产的，受赠人原则上应当返还；如果赠与人没有提出返还要求，受赠人可以不返还

C. 婚约期间的共同财产按照约定分割，约定不明的均等分割

D. 婚约同居期间所生子女为非婚生子女，享有与婚生子女同等的权利

5. 依我国现行婚姻法和司法解释，下列哪些说法是错误的？（　　）

A. 家庭是一个亲属团体，同一家庭的成员毫无例外地是被婚姻和血缘纽带联结在一起的

B. 继父母子女之间具有婚生父母子女之间的法定权利与义务

C. 有配偶者重婚构成重婚罪，但犯重婚罪的人不一定为有配偶者

D. 事实婚姻是违法婚姻，故我国一律不承认其效力

6. 在婚姻关系存续期间取得的下列财产，依我国婚姻法应认定为夫妻一方个人财产的包括（　　）。

A. 一方取得的军人医药生活补助费

B. 双方实际取得的住房补贴、住房公积金

C. 一方以个人财产投资所得收益

D. 一方取得的军人伤残补助金

7. 根据《中华人民共和国民法典》的规定，离婚时对生活困难一方予以经济帮助的条件是（　　）。

A. 需要帮助的一方生活确有困难

B. 提供帮助的一方有经济负担能力

C. 需要帮助的一方无过错

D. 提供帮助的一方有过错

8. 导致婚姻无效的情况包括（　　）。

A. 重婚的

B. 有禁止结婚的亲属关系的

C. 未达法定婚龄的

D. 未办理结婚登记手续的

9. 黄某与唐某自愿达成离婚协议并约定财产平均分配，婚姻关系存续期间的债务全部由唐某偿还。经查，黄某以个人名义在婚姻存续期间向刘某借款10万元用于购买婚房。下列哪些表述是错误的？（　　）

A. 刘某只能要求唐某偿还10万元

B. 刘某只能要求黄某偿还10万元

C. 如黄某偿还了10万元，则有权向唐某追偿10万元

D. 如唐某偿还了10万元，则有权向黄某追偿5万元

10. 甲与乙结婚多年后，乙患重大疾病需要医治，甲保管夫妻共同财产但拒绝向乙提供治疗费，致乙疾病得不到及时治疗而恶化。下列哪些说法是正确的？（　　）

A. 乙在婚姻关系存续期间，有权起诉请求分割夫妻共同财产

B. 乙有权提出离婚诉讼并请求甲损害赔偿

C. 乙在离婚诉讼中有权请求多分夫妻共同财产

D. 乙有权请求公安机关依照《治安管理处罚法》对甲予以行政处罚

三、案例分析题

1. 甲男、乙女于2019年1月登记结婚，双方均为老年人再婚。结婚后的甲、乙居住在甲1998年12月购买的公房内。婚后甲劝乙辞去工作以安度晚年，乙考虑到自己身体确实不好遂辞去工作。2019年10月，甲与前妻所生的儿子因病去世，在遗嘱中确定，其生前所有的地处A市“玫瑰家园”的单元房一套由父亲继承。该房价值人民币20万元。甲再婚后仍然忙于做生意，常早出晚归。乙认为甲对自己冷淡、不够关心，遂于2023年9月向人民法院起诉离婚。乙诉称，双方婚前缺乏了解，仓促结婚，没有夫妻感情，非但不能安度晚年，反添烦恼、痛苦，坚决要求与甲离婚，并依法分割夫妻共同财产。离婚诉讼期间，乙的父亲去世，未留有遗嘱，乙作为法定继承人继承价值12万元的汽车一辆。

根据上述案情回答下列问题并简述理由：

（1）“玫瑰家园”房屋应归谁所有？

（2）价值12万元的汽车应归谁所有？

（3）乙是否有权分得甲婚前所购的公房？

2. 彭某与罗某是表兄妹，青梅竹马，两小无猜。长大后，二人产生爱慕之情。虽然双方父母均强烈反对，但他们一个非对方不娶、一个非对

方不嫁。2023 年 7 月，彭某大学毕业去南方某城市工作。2023 年 10 月，罗某去该市，双方去办理结婚登记。他们向婚姻登记机关隐瞒了真实的亲属关系，骗取了结婚证。2024 年春节前夕，罗某、彭某二人双双回到老家向亲戚朋友宣布他们已结婚登记。罗某、彭某的父母认为后果严重，都很着急，尤其是罗某的母亲。情急之中，她找到李律师咨询。李律师劝罗某的母亲不必着急，她可以依法申请宣告罗某与彭某的婚姻无效。另：罗某、彭某二人结婚后，有存款 2 万元。

根据上述案情回答下列问题并简述理由：

（1）李律师的看法是否正确？

（2）当事人的财产如何处理？

项目四

老年人财产与继承权益保障

学习目标

知识目标

1. 掌握夫妻共同财产与个人财产各自的范围
2. 掌握遗产继承的方式
3. 掌握法定继承人的范围和顺序

能力目标

1. 能够协助老年人保管和处理自己的财产
2. 能够协助老年人分析继承关系
3. 能够协助老年人订立遗嘱

素养目标

1. 培养自立自强精神，不做“啃老族”
2. 树立新时代优良家风传承意识，汇聚新时代精神力量

任务一

老年人财产权益保障

情境导入

侯某的丈夫和独子均已去世，侯某成为一名独居老人。夏某与侯某系婆媳关系，二人曾共同购买案涉房屋，侯某支付六成首付款，剩余房款以夏某名义贷款，产权登记为婆媳二人共同共有，现该房屋贷款已经清偿完毕。侯某之子去世后，侯某起诉要求对案涉房屋进行分割，并主张按照首付款比例获得案涉房屋60%的份额。夏某提交侯某的书面声明，证明侯某已经作出了放弃房屋所有权的意思表示，该房屋属于夏某单独所有。侯某称该声明是其在儿子病重期间所书写，但后因婆媳矛盾无法调和，侯某决定撤销对房产份额的赠与。

任务描述

请你为侯某提供一份保护其合法权益的法律意见，并附上相关的法律规定。

相关知识

一方面，老年人曾经为国家建设、社会发展、民族进步及家庭生活作出过贡献，为今天和未来的发展奠定了基础；另一方面，我们也要看到，人口老龄化带来了一系列的社会问题。但是，无论老年人的身体状况如何，对老年人的财产处置必须充分尊重其个人意愿。《中华人民共和国老年人权益保障法》第3条明确规定：“国家保障老年人依法享有的权益。”

一、财产权

（一）财产权的概念及特征

财产权简称产权，是指以财产利益为内容、直接体现财产利益的民事权利。财产权是人身权的对称，具有物质财富的内容，一般可以货币进行计算。财产权包括以所有权为主的物权、准物权、债权、知识产权中的财产权利等。在婚姻、劳动等法律关系中，也有与财物相联系的权利，如家庭成员间要求扶养费、抚养费、赡养费的权利，夫妻间的财产权，基于劳动关系领取劳动报酬、退休金、抚恤金的权利等。

财产权除极少的例外情形以外，都是具有经济价值的，这种经济价值是可以以金钱计算的。通常，私人信函、爱人遗物（如头发）等也可作为所有权的标的。在这种情形下，当这些东西成为交易标的时也是有经济价值的。

财产权原则上都是可以处分的，不具专属性。可以处分是指可以转让、可以继承、可以抛弃；不具专属性，因而可以由他人代为行使。在一般情形下，权利的归属与权利的行使是可分的，如未成年人的权利由法定代理人行使、破产人的权利由破产管理人行使、失踪人或禁治产人的权利由管理人行使等。

（二）财产权的分类

财产权主要包括物权与债权两大类。

1. 物权

物权是指权利人依法对特定的物享有直接支配和排他的权利，包括所有权和他物权（用益物权和担保物权）。或者说，物权指自然人、法人直接支配不动产或者动产的权利，包括所有权、用益物权和担保物权。不动产指土地及建筑物等土地附着物；动产指不动产以外的物。物权具有支配性、排他性、独立性等特征。

（1）物权的优先效力。

1）当物权和债权并存时，物权优先于债权。例如：一物二卖。甲将其房屋卖给乙，乙交付金钱后搬入居住，后甲又将该房屋卖给丙并进行了房屋产权变更登记。此案件中，丙享有的是物权，乙享有的是债权，根据物权优先于债权的原则，丙取得房屋所有权。

2）先成立的物权优先于后成立的物权。即物权相互间也有优先效力的问题。在某些情况下，当事人可以在同一物之上设立多个物权。例如：为担保同一债权而设立两个或两个以上性质相同的担保物权，此时应当根据设立时间的先后顺序确定物权的优先效力。物权之间的效力根据物权成立时间的先后而确定，这是一般原则。

3）限制物权优先于所有权。例如：农村承包经营权是他物权，是限制物权，集体经济组织对集体土地享有的是所有权，所以农村承包经营权优先。根据有关政策的规定，除了全体农民的绝大多数（2/3）同意的情况外，生产队不得随意变更联产承包责任制合同，即集体经济组织对集体土地占有、使用、收益、处分的权利受联产承包责任制中的承包经营权（是一种限制物权）的限制。

（2）物上请求权。

物权成立后，不管作为物权客体的物辗转流传至何人之手，物的所有权人都可以依法向物的占有人追及其所在、主张权利。对于国家财产权，无论国家财产流传至何人之手，都可以追及其所在、主张权利。追及权体现了对一个真正物权人的充分保护，所以它是物权中的一个独立的物权效力。当一个物已经遭到损害或可能遭到他人损害时，法律为了保护物权人的权利赋予其要求侵权人返还财产、排除妨害、恢复原状、消除危险等权利。我们把这些权利叫作物上请求权。

（3）物权法定主义。

物权法定主义是指为了保证交易安全、维护经济秩序，任何一个国家对物权的种类、内容、效力、公示方法都要采用法定主义的办法。法定主义的办法是指除了民法等法律明文规定的以外，任何人不能创设其他物权，对既有的物权也不能创设其内容、效力、公示方法。

2. 债权

债权是请求他人为一定行为（作为或不作为）而得到一定利益的权利。债权与物权的差异在于其对人性（相对性）、不具排他性（平等性），债权的可移转性不如物权。债权不存在物权法定主义而存在合同自由，因而债权很难分类更无法列举，一般也不对债权加以分类。

债权有一些附属的权利。例如：因合同而发生的债权的主要内容是债权人的给付请求权，但债权人还享有一些其他权利，如合同解除权、终止权、撤销权、选择权等。有学者将这些权利集合称为“财产的形成权”，将其作为与物权、债权并行的一类。不过这些都不是独立存在的，不宜将之另行归为一类。债权也可以包括一些由其转化形成的权利，如损害赔偿请求权。

二、夫妻财产

夫妻财产制度是有关夫妻财产的归属、管理、收益、使用和处分，夫妻债务的清偿，夫妻家庭生活等费用的负担，婚姻关系终止时夫妻财产的清算和分割，对外财产责任等内容，适用对象范围相当广泛的一项重要财产制度。在私有经济等多种经济形式迅速发展的今天，夫妻财产的内容和形式都有了较大的变化，呈现出多样化、复杂化趋势，对夫妻财产制度问题的探讨有着重要的现实意义。夫妻财产包括夫妻共同财产与夫妻特有财产两部分。

（一）夫妻共同财产

夫妻关系存续期间夫妻共同拥有的财产主要包括法定和约定两类，在夫妻一方婚后死亡或者离婚后，必须对共同财产进行认定，以保护公民合法的财产权益。

1. 法定夫妻共同财产

法定夫妻共同财产是指在夫妻双方婚前或婚后未对夫妻财产作出约定或者约定无效的情况下，直接适用法律规定的夫妻财产制度。我国婚姻法对夫妻财产采取的是法定财产制与约定财产制相结合的制度，并明确规定在没有约定或约定不明确时才适用法定财产制。

根据《中华人民共和国民法典》第 1062 条的规定，夫妻在婚姻关系存续期间所得的下列财产，属于夫妻共同财产，双方有平等的处理权：（1）工资、奖金、劳务报酬，指的是在夫妻关系存续期间，一方或双方的工资，奖金收入及各种福利性、政策性收入、补贴，劳务性收入。(2) 生产、经营、投资的收益，指的是在夫妻关系存续期间，夫妻一方或双方从事生产、经营、投资的收益。(3) 知识产权的收益，指的是婚姻关系存续期间，实际取得或者已经明确可以取得的财产性收益。(4) 继承或赠与所得的财产，指的是在夫妻关系存续期间，一方或双方因继承遗产和接受赠与所得的财产。继承遗产的所得，指的是财产权利的取得，而不是对财产的实际占有。即使婚姻关系终止前并未实际占有，但只要继承发生在夫妻关系存续期间，所继承的财产也是夫妻共同财产，但《中华人民共和国民法典》第 1063 条第 3 项规定的除外。(5) 其他应当归共同所有的财产。

这里的“其他应当归共同所有的财产”，根据《最高人民法院关于适用〈中华人民共和国民法典〉婚姻家庭编的解释（一）》第 25 条的规定，包括婚姻关系存续期间获得的下列财产：(1) 一方以个人财产投资取得的收益；(2) 男女双方实际取得或者应当取得的住房补贴、住房公积金；(3) 男女双方实际取得或者应当取得的基本养老金、破产安置补偿费。

上述司法解释虽然规定“婚姻关系存续期间，一方以个人财产投资取得的收益属于夫妻共同财产”，但由于该解释对“投资取得的收益”的含义并无明确界定，因此，对“投资取得的收益”的归属问题应根据不同财产形态的性质区别认定：(1) 在夫妻关系存续期间，基于一方婚前或婚后仅供一方所有的股权而产生的收益，收益部分应归夫妻共同财产。(2) 将属于个人所有的房屋出租，因房屋这类重大生活资料基本上是由夫妻双方共同经营管理，包括维护、修缮，所取得的租金事实上是一种夫妻共同经营后的收入，因此，婚姻关系存续期间所得的租金一般认定为共同所有。(3) 以个人财产购买了房产、股票、债券、黄金或古董等，在婚姻关系存续期间，因市场行情变化抛售后产生的增值部分，由于这些财产本身仅是个人财产的形态变化，性质上仍为个人所有之财产，抛售后的增值是原物交换价值上升所致，故仍应依原物所有权归属为个人所有。

2. 约定夫妻共同财产

约定夫妻共同财产是指婚姻当事人通过协议形式，对婚前、婚后财产的占有、管理、使用、收益、处分以及债务的清偿、婚姻关系终止时的财产清算等事项作出约定的一种财产制度。《中华人民共和国民法典》第 1065 条规定：“男女双方可以约定婚姻关系存续期间所得的财产以及婚前财产归各自所有、共同所有或者部分各自所有、部分共同所有。约定应当采用书面形式。没有约定或者约定不明确的，适用本法第一千零六十二条、第一千零六十三条的规定。”

夫妻或拟结为夫妻的当事人，所订立的财产约定要产生法律效力，必须具备一般民事法律行为成立的有效要件：第一，当事人双方具有完全民事行为能力；第二，当事人意思表示真实；第三，当事人亲自实施的行为，不适用代理；第四，不违反法律和社会公共利益。

《中华人民共和国民法典》第 1062 条第 2 款规定：“夫妻对共同财产，有平等的处理权。”夫妻对共同财产有平等的处理权应当理解为：(1) 夫或妻在处理夫妻共同财产上的权利是平等的。因日常生活需要而处理夫妻共同财产，任何一方均有权决定。(2) 夫或妻非因日常生活需要对夫妻共同财产做重要处理决定，夫妻双方应当平等协商，取得一致意见。他人有理由相信其为夫妻双方共同意思表示的，另一方不得以不同意或不知道为理由对抗善意第三人。

所以，夫妻一方在处理夫妻共同财产时（如赠与、买卖、租借等），必须协商一致。如果一方未经另一方同意而处理且事后另一方未予追认，此行为视为无效。

（二）夫妻特有财产

夫妻特有财产即属于夫妻一方的财产，指法律规定夫妻一方对婚前财产或者婚后所得某些财产，由夫或妻一方享有占有、管理、使用、收益、处分的权利和承担义务，分法定特有财产和约定特有财产。法定特有财产，指的是根据法律规定所确认的夫妻个人所有的财产。约定特有财产，指的是根据夫妻双方的约定所确认的夫妻个人所有的财产。根据《中华人民共和国民法典》第 1063 条的规定，属于夫妻一方的财产包括：

（1）一方的婚前财产。法律明确规定，一方的婚前财产为夫妻特有财产。《最高人民法院关于适用〈中华人民共和国民法典〉婚姻家庭编的解释（一）》第 31 条规定："民法典第一千零六十三条规定为夫妻一方的个人财产，不因婚姻关系的延续而转化为夫妻共同财产。但当事人另有约定的除外。"即夫妻不论结婚多少年，一方婚前财产仍归该方所有。

（2）一方因受到人身损害获得的赔偿或者补偿。夫妻一方因身体受伤害获得的赔偿或者补偿，是专门针对个人身体受伤后产生的医疗费、护理费、交通费、营养费、住院伙食补助费等为治疗和康复支出的合理费用，以及因误工减少的收入。这些费用的获得都是以个人身体伤害为代价的，而且由于中国现今的经济发达程度还不是很高，赔偿还很有限，赔偿往往不足以真正弥补受害人所需要的物质损失，如果将其确认为夫妻共同财产不能保证受害人的身体健康，甚至会影响受害人的正常生活，还有可能造成社会负担。因此，这些费用应完全由受害人个人支配、使用而不应归夫妻共有。

（3）遗嘱或赠与合同确定只归夫或妻一方的财产。夫妻在婚姻关系存续期间继承或接受赠与所得的财产，若遗嘱或赠与合同写明了遗产或赠与财产只归夫或妻一方，应认定为夫或妻的个人特有财产。

（4）一方专用的生活用品。一方专用的生活用品是指供夫或妻一方个人生活专门使用的，具有明显的个人性质的生活用品，这些个人专用品一旦脱离专用人往往就失去了应有的价值，如衣服、首饰、鞋帽等。

（5）其他应当归一方的财产。军人的伤亡保险金、伤残补助金、医药生活补助费属于个人财产。

夫妻一方所有的财产，不因婚姻关系的延续而转化为夫妻共同财产，但当事人另有约定的除外。

三、老年人财产权益保障的内容

（一）老年人依法享有个人财产处分权

案例

农民向某早年丧妻，将二男一女抚养成人，子女均在外地工作成家。向某年老多病却无人照料，邻居柳某将其当作自己的亲爹一样关心照料。因柳某儿子多，无房屋居住，而向某有四间房，故向某未经与子女商量决定将两间房屋赠送给柳某，并当着村领导的面写了赠与书、办理了房屋产权转移手续。向某的子女知道后，坚决不同意。他们认为这房子是父母的财产，子女都有份；今后房子是子女的财产，父亲无权个人处理。于是他们强行从柳某那儿要回了房产证。向某没有办法，只得到乡司法所咨询老年人是否依法有权处分个人财产。

《中华人民共和国老年人权益保障法》第 22 条第 1 款规定："老年人对个人的财产，依法享有占有、使用、收益和处分的权利，子女或者其他亲属不得干涉，不得以窃取、骗取、强行索取等方式侵犯老年人的财产权益。"

公民个人财产所有权包括占有权、使用权、收益权和处分权。个人财产处分权是指所有人依法对其财产进行最后处置的权利。根据上述规定，老年人依法有权处分个人的财产，子女等亲属不得干涉。本案中向某依法有权决定处理个人所有的房屋。受到子女干涉，怎么办呢？（1）老年人可以对子女进行法治教育，说明处分的原因，使子女增强法治观念、了解处分情况，自觉支持老年人依法决定处分个人财产，尊重老年人的意愿和权利。（2）如果子女仍不依法办事，"一切向钱看"，干涉老年人的个人财产处分权，则可以向子女所在单位反映，请求单位领导批评教育、制止干涉。（3）如果子女不听教育，非法干涉老年人的个人财产处分权，老年人依法有权向法院起诉，请求法院依法责令子女停止侵害、排除干涉。

（二）老年人再婚前各自财产权的确定

案例

曹某是离休干部，他的老伴病故。曹某因子女远在外地，生活孤单，决定再婚。经人介绍，他认识了谢某。谢某是位退休教师，已离婚多年，其子女各自成家。同是老年再婚，他们都有所顾虑：一是怕因财产问题引起与子女之间的纠纷；二是担心婚后双方因财产处理问题发生争议。那么，老年人再婚前应怎样确定各自的财产权呢？

老年人再婚前确定各自的财产权是十分必要的，切不可忽视。老年人再婚前，若能够明明白白地确定各自的财产权，可以避免婚后因财产问题而发生纠纷。那么，怎样确定婚前双方各自的财产所有权呢？通常的做法如下：（1）若子女提出对已亡生父或生母的遗产继承要求，应予以支持。死者的遗产，应由包括诸子女在内的第一顺序继承人共同分割。（2）老年人原来与子女在一起生活的，应当做好再婚前的家庭析产。（3）再婚双方各自确定本人的婚前财产，婚后不再视为夫妻共有财产。

再婚前明确财产权既可避免不必要的纠纷，又可在发生纠纷时能够依法处理。属于老年人的财产就可不因再婚而受到子女的牵制，再婚后老年人可以自行支配自己的财产而不受配偶的干涉。即使再婚后又离异，也只分割共有的那一部分财产，而属于自己的财产不会被对方侵占。当然，确定财产权是一件严肃的事，在与有关的当事人协议后应形成书面材料并由有关人员签字盖章，最好到公证处公证，以免之后发生争议。

（三）婚前财产公证办理

案例

韩某经商数十年，事业有成，老伴已故多年，经人介绍结识了一位丧偶女作家。经过半年多的相处，有了结为生活伴侣的意向。但鉴于双方各自有子女和一定数量的财产，他们担心再婚后会陷入复杂的财产纠纷。韩某和女方商谈后，决定到公证机构办理婚前财产公证，以解决面临的问题。他们具体应该怎么办?

所谓婚前财产公证，是指公证机构对男女双方在结婚前对自己所有的财产约定行为的真实性与合法性进行公证的法律行为。办理婚前财产约定公证，一方面，即使婚姻存续时间较长，婚前财产仍依约定归各自所有，不得视为夫妻共有财产；另一方面，由于财产归属清楚，可以预防纠纷、减少诉讼，这对于成员结构较为复杂的家庭尤为重要。

办理婚前财产公证，应当向公证机构提供如下材料：（1）当事人的身份证、户口本。（2）当事人婚姻状况证明（由当事人所在单位或居委会、村委会证明当事人丧偶或离异）。（3）有关财产证明或凭证（如房地产权证、股票证明、存款证明等）。（4）婚前财产约定书一式三份（需双方当事人在公证员面前签名或盖章）。只要以上材料齐备，双方对财产约定意见一致，产权无争议，公证机构即可出具公证书。

（四）老年人有权拒绝成年子女索取钱财的要求

在现实生活中，有些经济上已经独立、自立门户的成年子女以各种方式向父母索要钱财的行为常有发生。成年子女索要钱财，严重“啃老”的行为主要有以下表现形式：一是长期到父母家就餐，不交或少交生活费；二是借着结婚的时机，向父母伸手要钱；三是将父母家值钱的物品搬回自己家中享用；四是平时“小打小敲”向父母索要“零花钱”；五是对于自己各方面奢侈的开销，让父母出“赞助费”；等等。

《中华人民共和国老年人权益保障法》第 22 条规定：“老年人对个人的财产，依法享有占有、使用、收益和处分的权利，子女或者其他亲属不得干涉，不得以窃取、骗取、强行索取等方式侵犯老年人的财产权益。”也就是说，老年人的合法财产受法律保护，任何人（包括老年人的子女）都不能侵犯；已成年且有劳动能力的子女无权用各种借口搜刮老年人的钱财。

（五）被宣告死亡的老年人重新出现后具体问题的处理

案例

黄某于2005年1月外出写生未归。因四年来杳无音信，不知下落，其妻子胡某于2009年5月向人民法院申请宣告黄某死亡，人民法院发布公告1年后，正式宣告黄某死亡。胡某将黄某的房屋等家产卖掉，携带一女儿改嫁外县。2023年6月，黄某突然从外地回家。黄某要求妻子、孩子回家，并返还房屋等家产，其妻子拒绝。被宣告死亡的人重新出现，对已被依法处理的财产可否要求返还或补偿？

宣告死亡，是指公民下落不明达一定期限，经利害关系人申请，人民法院宣告死亡的法律制度。宣告死亡是法律上的一种推定死亡，而不是生理死亡。实行宣告死亡制度的目的重在保护被宣告死亡人的利害关系人的合法权益。宣告死亡后的法律后果是被宣告死亡人的婚姻关系被依法解除，其配偶可以与他人结婚，其子女可以被他人收养，其继承人可继承其遗产，其所负担的人身性债务关系消失。

被宣告死亡人重新出现后，具体问题可依法处理：（1）本人或利害关系人向人民法院申请，由人民法院撤销死亡宣告。（2）如果其配偶未再婚，婚姻关系自然恢复；如果其配偶已再婚，其配偶的第二次婚姻关系受法律保护；如果其配偶坚持复婚，则其配偶必须办理离婚手续后再与其办理结婚登记手续。（3）被宣告死亡人的子女在宣告死亡期间被他人合法收养的，收养关系有效，如果收养者愿意解除收养关系，其可以要回自己的子女。（4）在宣告死亡期间，其财产被继承、遗赠的，不论取得其财产的依据是继承、遗赠或人身保险，都应当依法返还。原物存在的应返还原物，原物不存在的给予适当补偿。本案中的黄某对于财产问题可以与前妻胡某协商返还或补偿，协商不成可依法向人民法院起诉请求返还财产。

（六）口头赠与房子未公证可任意撤销

案例

老李2022年将自己名下的一套商品房口头赠与儿子小李，但一直没过户。而小李在企业里长期旷工，多次违反管理规定，2023年被单位开除了。老李担心儿子挥霍了家产，所以暂时不想把房子给小李。他就口头赠与是否能够任意撤销这个问题向司法所进行咨询。

《中华人民共和国民法典》第658条规定：“赠与人在赠与财产的权利转移之前可以撤销赠与。经过公证的赠与合同或者依法不得撤销的具有救灾、扶贫、助残等公益、道德义务性质的赠与合同，不适用前款规定。”

房产的权利转移是以过户登记为标准的，房产还没有过户，所有权就还未转移，且老李父子双方也没有就此房产赠与做过公证，因此老李享有任意撤销权。

延伸阅读

老年人要有产权房意识，保护自己的窝

老年人维权有了新变化，“房产权”取代“赡养权”成为受关注的焦点。上海市“敬老节”大型法律咨询服务活动显示，上海老年人所遇法律问题中房产纠纷占56%。如何维护自己在房屋方面的权益成为老年人的最大“心病”，这一问题甚至超过了以往常见的赡养、婚姻问题。

原因何在？一是我国住房改革起步不久，很多老年人尚未转变观念，没有产权意识；二是老年人自我保护意识不强，许多老年人由于缺乏法律知识或受传统观念影响，对子女缺乏“防范”。老年人的“老屋”往往毫不设防地拱手予人，事后才连声叫冤。上海自1979年成为中国最早步入老龄化社会的城市，目前也是中国老龄化社会最突出的城市。如何让生活在上海街头巷尾的老年人“安居”乐养？本文特精选一些案例以作提醒。

保护守则一：把握好自己的老窝、老本。

案例：小夫妻情变　父母失房

时下，父母资助子女买房的情况十分普遍。年轻人购房遇到困难，父母尽其所能施以援手，本是殷殷亲情，但一定要注意不要为此赔上自己的老窝、老本。老李的前车之鉴值得借鉴。

儿子小李结婚后一时冲动付了新房的订金，静下心来一盘算才发现，仅靠自己的能力连首付都无法支付，于是向父亲求援。爱子心切的老李和妻子拿出全部积蓄帮儿子付了首期。接着装修又是个难题，小李本想向朋友借钱装修，但直到第二年年中资金也没到位，小李夫妻只好再次求助父母，希望老人能和小夫妻一同生活，把老房变卖的钱用作新房装修。看着儿子、儿媳束手无策，好好的房子空在那里，老两口实在于心不忍，于是卖了老房、抛了股票、提了存款，把老窝、老本都贴到了儿子的新房上。

一同迁入新居，婆媳关系融洽，着实安稳了一段日子。岂料小李突然有了外遇，导致夫妻感情破裂。协议离婚时小李把房子的产权全部转让给了妻子小吴。后来小吴起诉要求明确产权，老人迁出该房屋。这下老李夫妇呆住了：一起出资买房、出钱装修，最后房子没有自己的份，老房也卖了，难道要流落街头？还好老李保留了儿子出具的借条及部分装修付款凭证。

法院经审理认为，虽然在一般情况下，父母对子女结婚购房的出资可以视为对子女及其配偶的赠与，但从本案诉争房屋出资来源及占有使用情况分析，单纯赠与并不是老李夫妇的真实

意思，诉争房屋应由小吴和老李夫妇共有，最后依据可证明的出资情况判决小吴拥有60%的产权份额，老李夫妇拥有40%的产权份额。

老房、老本、老伴、老朋友是老人得以防身的“四宝”。前两者是经济基础，后两者是上层建筑。经济基础决定上层建筑，经济上有所保障才能安度晚年。老人资助儿女购房一定要量力而行、考虑仔细，即使出资也要让子女出具借条，保留好各种付款凭据，以便在法律上留有证据。

保护守则二：缓过户，先妥善签订遗赠扶养协议。

案例：干女儿“变心” 送出房屋难收回

空巢老人老袁已年过八十，靠出租自己唯一的住房的租金来支付养老院的开销。租客外地姑娘秀秀时常去看望老袁，给他买衣服、送东西，甚至在他生病的时候垫付医药费。时间长了，老袁对秀秀的善良产生好感，认秀秀作干女儿，并决定将自己唯一的住房赠送给秀秀。

老袁和秀秀签订房屋买卖合同，并通过房屋买卖的形式将产权变更给了秀秀，而实际上秀秀并未支付价款，老袁等于是白送了一套房子给“闺女”。过户后，秀秀为表明自己的诚意，也将房产证交给老袁保管。三个月后，双方又通过律师签订了遗赠扶养协议。协议约定，在老袁去世之前均由秀秀照顾其生活起居并养老送终，老袁同意在过世后将其名下的财产遗赠给秀秀。

“患难见真情”，本是一桩“人间乐事”，谁想最后竟会走上法庭。老袁渐渐觉得房屋赠与后，秀秀对他的照顾开始不尽心了，虽然秀秀仍然继续给他支付养老院的费用，但在老袁看来，这只不过就是将租金代交为养老院费用而已。作为原告的老袁请求法院确认该房屋买卖合同无效，同时解除原、被告之间的遗赠扶养关系。被告秀秀却感觉委屈，秀秀认为，自己最近忙着做生意，无法像以前那样全心全意照顾老袁，但自己至少还是每月看望老袁一次，并且为他支付了伙食费、护理费、医药费等费用。如果老袁坚持要解除遗赠，秀秀自愿一次性给付老袁经济补偿款 110.5 万元。

法院认为，原告称房屋赠与属于遗赠扶养协议约定范围的条件，但根据时间先后判断，买卖合同和赠与行为实际在遗赠扶养协议签订之前已经完成，对此原、被告双方都是明知的，故房屋转让行为应认定为独立于遗赠扶养协议。现被告自愿给付 110.5 万元给原告作为经济补偿，法院予以照准。法院最后判决，原告老袁要求确认买卖合同无效的诉请不予支持；被告秀秀一次性补偿老袁人民币 110.5 万元。考虑到老袁系老年人，该案诉讼费由被告秀秀负担。

“出门一把锁，进门一盏灯。”空巢老人最容易感到孤独和伤感，但是如果空巢老人为了摆脱寂寞难耐的生活而轻易地交出自己赖以生存的财物，那么结果往往就得不偿失了。本案中老袁自愿将房屋无偿赠送给秀秀，秀秀也表示愿意接受，则房屋过户即意味着赠与合同成立且完成。至于双方后面约定的遗赠扶养协议，因赠与行为早已独立于遗赠扶养协议而完成生效，所以即使秀秀没有尽到照顾老袁的约定义务，也不存在返还房屋之说。如果本案的老袁先不急于赠送房屋，而是在签订遗赠扶养协议中明确约定自己百年之后赠送房屋，那么房屋产权就不会轻易转变为他人的，即便秀秀违背了遗赠扶养约定，老袁也不会处于现在这种被动的局面。古人常说“覆水难收”，老年人在赠送高额财产之前一定要三思而后行！

保护守则三：不要轻易地变动自己手中的房屋产权。

案例：陪老做幌哄骗房屋产权

张老先生花127万元在普陀区购买了一套80多平方米的房屋，考虑到一直是小女儿陪其居住，就将该房屋的产权证转到了小女儿名下。后小女儿因工作需要长期居住在国外，老人提出希望大女儿一家搬来陪他安度晚年，但大女儿表示照顾、陪伴老人的条件是老人必须说服小女儿将该套房屋仍以127万元的价格卖给她，而且必须要先将产权证办到她名下，否则不同意陪老人居住。为了年迈的老父亲有亲人陪伴，小女儿特地从国外赶回将产权证过户到姐姐的名下，当时这套房屋市值约450万元。但大女儿在拿到产权证后却立马翻脸，不仅不搬过来陪老人居住，反而以房主身份欲将老人赶出去，老人此刻追悔莫及。小女儿在得知老人情况后，气愤之余不得不辞去国外工作又返回上海，将姐姐诉至法院，要求解除与其姐姐签订的房屋买卖合同。

这是典型的子女侵犯老年人合法权益的案例。张老先生的大女儿显然是假借陪老人居住之名，以达到用较低的房价得到房产的目的。老年人可能对相关法律知识不甚了解，在对房屋等重要财产进行处分时，即使对方是自己的子女也应做好必要的书面约定，最好请专业人士来把关，以便最大限度地保护自身的合法权益。

保护守则四：勿轻信，承租人有权主张共有权。

案例：小孙子“搞鬼”，买新屋老太成“寄宿客”

家住六楼的周老太不慎严重骨折，已经87岁高龄的她卧床不起，行动十分不便。考虑到老人的实际情况，同住一房的孙子阿立和老人商量后决定，将六楼的房屋出售，另行购买底楼住房以方便老人起居。一个偶然的机会，周老太惊讶地发现新房子的产权证上只有阿立一人的名字。老房子的产权是她和孙子共有的，怎么一转手买了新房，产权只落到孙子一人头上？屋主成了“寄宿客”。伤心的周老太向法院提起诉讼，要求确认她对新房享有共有产权。

阿立认为，当初由于考虑周老太的身体情况才买了新房，整个买房过程虽然周老太没有参与，但是其他家人都知道产权落在了他一人名下。他买新房在先，老房子出售在后，况且周老太已经住进了他购买的新房，就算要求分割房产款也没有法律依据，他不同意周老太的诉讼请求。

法院认为，原、被告将六楼房屋出售并另外购买了二楼房屋，此为原、被告共同协商的结果，在被告阿立不能提供证据证明原告周老太放弃新购置房屋产权的情况下，应认定该房为共有，故周老太要求确认房屋共有的主张成立。据此，法院判决该房屋属周老太、阿立共有。

宣判的那一刻，周老太的脸上露出一丝笑容，她终于可以踏踏实实住在新家里了。

俗话说："防人之心不可无。"虽然是自家人，但是如果老人过于信任他人而将自己的身份证、印章全部交与他人，则往往会出现本案中周老太的"大吃一惊"。幸好周老太及时发现了新产权证上的"猫腻"，而被告阿立也无法举证周老太放弃产权，周老太这才有惊无险地要回了自己的产权，否则丢了房子还被蒙在鼓里。

在此，建议老年人不要轻易地变动自己手中的房屋产权，即便自己愿意将房屋赠送给小辈，也可以通过遗嘱的方式。另外，在签订合同或者书面约定时，一定要看清约定的内容，不要随便按手印或者签名，以避免不必要的纠纷。

同步训练

根据情境导入中的案例，请为侯某起草一份维护其合法权益的法律意见。教师示教后，学生分组训练。

任务二

老年人继承权益保障

情境导入

邓婆婆一向由独生儿子赡养，但不幸的是不久前儿子病逝，邓婆婆在遭受了"白发人送黑发人"的切肤之痛后，不禁对自己未来的生活忧心忡忡。这时，她了解到儿子有 80 万元的存款，但儿媳说这是他们夫妻多年经商所得，邓婆婆没有权利继承。邓婆婆自己也拿不准，来到你所在的老年人法律服务中心咨询。

任务描述

请你针对邓婆婆的问题，帮助邓婆婆分析其是否有权利继承儿子的 80 万元存款，并向其出具相关的法律依据。

相关知识

一、继承

（一）继承的概念

继承是指一个对象直接使用另一个对象的属性和方法，也指按照法律或遵照遗嘱接受死者的财产、职务、头衔、地位等。民法中的继承是一种法律制度，是指将死者生前的财产和其他合法权益转归有权取得该项财产的人所有的法律制度。

（二）财产继承的种类

案例

付某死后遗留40万元和其他日常生活用品。付某有两个儿子、两个女儿，只有小女儿还在大学读书。儿女们经过协商平均分割遗产。在外地念书的小女儿得知此事后返回家中，提出父亲生前留有书面遗嘱并经过公证机关公证，主张应得遗产钱款40万元。哥哥姐姐们认为父亲这样做不公平，应当按照每人份额分割遗产。继承开始后，是先按遗嘱继承还是先按法定继承办理？

根据不同的标准，财产继承的种类主要有以下几种。

1. 法定继承与遗嘱继承

根据继承人继承财产的方式，继承可分为法定继承与遗嘱继承。

法定继承是指继承人不是按照被继承人的遗嘱而是依照法律的直接规定继承被继承人遗产的继承方式。在法定继承中，继承人的范围、继承人参与继承的顺序、继承人应继承的份额和遗产的分配原则等都是由法律直接规定的，而不是被继承人的意思确定。

遗嘱继承是指继承人依照被继承人的遗嘱继承被继承人的遗产的继承方式。在遗嘱继承中，继承人的范围、继承人参与继承的顺序、继承人继承的财产份额等都是由被继承人在遗嘱中依法确定的，即取决于被继承人生前的意思。

《中华人民共和国民法典》第1123条规定："继承开始后，按照法定继承办理；有遗嘱的，按照遗嘱继承或者遗赠办理；有遗赠扶养协议的，按照协议办理。"根据这一法律规定，法定继承和遗嘱继承的适用效力是不平等的：继承开始后如果立有遗嘱的，应先按照遗嘱继承，遗嘱继承优先于法定继承。这充分反映了立遗嘱的被继承人处分自己遗产的意志和愿望，使遗产得到合理处分。

2. 有限继承与无限继承

根据继承人继承被继承人财产权利和义务的范围，继承可分为有限继承与无限继承。

有限继承又称限定继承，是指继承人只在一定范围内继承被继承人的财产权利和义务的继承。在有限继承中，继承人继承被继承人的债务仅以遗产的实际价值为限度，对于被继承人生前所欠债务超过遗产的实际价值的部分，继承人可以不负清偿责任。

无限继承又称为不限定继承，是指继承人必须承受被继承人的全部财产权利和义务的继承。在无限继承中，即使被继承人的债务超过其遗产的实际价值，继承人也必须继承被继承人的遗产，不得拒绝，继承人须以自己的财产清偿被继承人生前所欠的全部债务。“父债子还”就是无限继承的表现。

3. 共同继承与单独继承

根据参与继承的人数，继承可分为共同继承与单独继承。

共同继承是指继承人为两人以上的继承。数个继承人共同继承被继承人的遗产的，为共同继承人。在共同继承中，被继承人的法定继承人为两人以上的，两个以上的继承人参与继承时须对遗产进行分割，故共同继承又称为分割继承。我国法律规定的继承一般为共同继承。共同继承根据继承人的应继承份额又可分为均等份额继承和不均等份额继承。均等份额继承是指同一顺序的继承人原则上应均分遗产；不均等份额继承是指共同继承人继承的遗产不均等。

单独继承是指继承人仅为一人的继承，即仅由亲属中的一个人继承被继承人的遗产，如长子继承、幼子继承等。在单独继承中，仅由一人继承被继承人的全部遗产，故又称为独占继承。

4. 本位继承与代位继承

案例

2023 年 1 月，王先生不幸意外身亡，遗有存款人民币 800 万元，未来得及留下遗嘱。王先生与王太太在 1980 年结婚，婚后有三个儿子，即王学文、王学武和王学义。而次子王学武已于 2022 年 5 月死亡，他留有一子王继武。王先生死后，他的两个儿子王学文、王学义及孙子王继武对王先生遗产的处理发生了争议。孙子王继武觉得自己也可以继承爷爷留下的遗产，而王学文、王学义兄弟认为王继武的父亲不在了，他就没有权利要求继承爷爷的遗产，因为王继武作为孙子不属于法律上规定的第一顺序的继承人。王继武因此向人民法院提起诉讼，要求法院确认其对爷爷留下的遗产享有继承权。法院审理后，支持了王继武的诉讼请求，判决王继武有权继承王先生遗产。但王氏兄弟对法院的判决表示非常不理解。

根据继承人参与继承时的地位，继承可分为本位继承与代位继承。

本位继承是指继承人基于自己的地位，在自己原来的继承顺序上继承被继承人遗产的继承。我国继承法规定，配偶、父母、子女以及对公婆或岳父母尽了主要赡养义务的丧偶儿媳或女婿为第一顺序继承人，这些人参与继承时即为本位继承；兄弟姐妹、祖父母、外祖父母为第二顺序继承人，他们参与继承时也为本位继承。

代位继承是指在法定继承中，继承人先于被继承人死亡，由继承人的晚辈直系血亲或子女代为继承的制度，在代位继承中，死亡的继承人是被代位人，代替被代位人行使继承权的是代位人。因此，代位继承也称为间接继承。《中华人民共和国民法典》第 1128 条规定，被继承人的子女先于被继承人死亡的，由被继承人的子女的直系晚辈血亲代位继承。被继承人的兄弟姐妹先于被继承人死亡的，由被继承人的兄弟姐妹的子女代位继承。在代位继承中，代位继承人只能在被代位继承人原来的继承顺序上继承被代位人应继承的份额，而不论代位继承人有几人。

（1）代位继承的适用条件。

通过代位继承取得遗产的继承权，必须满足以下条件：第一，被代位人必须先于被继承人死亡。这既是中国代位继承成立的首要条件，也是其与转继承的重要区别之一。在本案中，被代位人王学武先于王先生死亡，符合代位继承的时间条件。第二，先死亡的被代位人必须是被继承人的子女、被继承人的兄弟姐妹。其他继承人如被继承人的配偶、父母、祖父母、外祖父母等，先于被继承人死亡，不发生代位继承。在本案中，被代位人王学武是被继承人王先生的儿子，符合代位继承的被代位人条件。第三，代位继承人有两类：被代位人是被继承人的子女的，代位继承人须为直系晚辈血亲，被代位人是被继承人的兄弟姐妹的，代位继承人须为兄弟姐妹的子女。这两类人之间有很大的区别：首先，直系晚辈血亲排除了被代位人的旁系血亲或者直系长辈血亲，同时，原则上代位继承人没有代数限制，被继承人的孙子女、外孙子女、曾孙子女、外曾孙子女都可以代位继承；其次，被继承人的兄弟姐妹的子女则限定了代位人须为被代位人的子女，此处的子女为《中华人民共和国民法典》第 1127 条第 3 款规定的婚生子女、非婚生子女、养子女和有扶养关系的继子女。在本案中，代位人王继武是被代位人王学武的儿子，王继武是王学武的晚辈直系血亲。第四，被代位人生前必须享有继承权。被代位继承人基于法定事由丧失继承权，则连带引起代位继承权的消灭。根据《中华人民共和国民法典》第 1125 条的规定，继承人有下列行为之一的，丧失继承权：1）故意杀害被继承人；2）为争夺遗产而杀害其他继承人；3）遗弃被继承人，或者虐待被继承人情节严重；4）伪造、篡改、隐匿或者销毁遗嘱，情节严重；5）以欺诈、胁迫手段迫使或者妨碍被继承人设立、变更或者撤回遗嘱，情节严重。在本案中，被代位人王学武并没有这些行为，其继承权没有丧失。第五，代位继承只适用于法定继承之中，不适用于遗嘱继承和遗赠。只有被代位继承人的法定继承权才能被代位，如其享有的是遗嘱继承权，则该遗嘱会因继承人先于被继承人死亡而失效，此时不发生代位继承。在本案中，王先生并未留下遗嘱，也没有遗赠扶养协议存在。

（2）代位继承和转继承的关系。

我国继承法中有一个和代位继承类似的制度叫作转继承。转继承是指在继承开始后、遗产分割前，被继承人的继承人死亡，继承人的份额转归其合法继承人继承。在本案中，如果次子王学武的死亡时间后于王先生的死亡时间但早于实际分配遗产时间的话，那么有可能发生转继承。在转继承的情况下，王继武在王先生800万元遗产中所得份额如何呢？在转继承的情况下，王先生的遗产应首先在王太太、王学文、王学武、王学义之间进行分配。而由于王学武在遗产分割前死亡，则其所得份额再由王学武的继承人即王继武及其母亲进行分配。

那么，代位继承和转继承到底有什么区别呢？

第一，两者性质不同。代位继承是代位继承人基于代位继承权直接参与对被继承人遗产的分割，与其他继承人共同参与继承活动；而在转继承中，转继承人并不直接参与到被继承人的遗产继承之中，其实际上是一种连续发生的二次继承。也就是说，就本案第一种情形而言，王继武行使的是对爷爷王先生遗产的继承权而不是对父亲王学武遗产的继承权；而就本案第二种情形来说，王继武行使的是对父亲王学武遗产的继承权。第二，继承人死亡时间不同。代位继承是被继承人的子女先于被继承人死亡时，被继承人子女的直系晚辈血亲代为继承被继承人遗产的一项制度，因此，只有当被代位继承人先于被继承人死亡时，才会发生代位继承。而转继承是继承人在继承开始后、遗产分割前死亡时，由其继承人继承其应继份额的制度，因此，在转继承中被转继承人后于被继承人死亡，其死亡时间在继承开始后、遗产分割前。第三，继承人范围不同。在代位继承中，代位继承人应是被代位继承人的晚辈直系血亲，该直系血亲不受代数的限制；而在转继承中，其转继承人的范围则远大于代位继承，在被转继承人留有遗嘱的情况下，遗嘱继承人为该被转继承人的继承人，在被转继承人没有立有效遗嘱的情况下，其法定继承人为该被转继承人的继承人。第四，适用范围不同。代位继承仅适用于法定继承；而转继承不仅适用于法定继承，同时也适用于遗嘱继承。

二、继承权

（一）继承权的概念及特征

继承人依照法律规定承受被继承人遗产的权利，称为继承权。

继承权具有下列法律特征：（1）继承权是一种财产权利，通过继承实现财产的移转。（2）继承权以人身关系为基础。世界各国有关法定继承的规定，都是以继承人和被继承人存在婚姻、血缘等关系为依据而确定的。（3）继承权的实现要有一定的法律事实。法律规定的继承权只是继承人享有的一种期待权，只有被继承人死亡这一法律事实出现以后，继承权才成为既得权，开始遗产继承。在实行遗嘱继承制的国家，还需要有被继承人设立遗嘱的法律事实。

（二）继承权的主体

所谓继承权的主体，也就是享有继承权、能行使继承权的主体。根据我国继承法的相关规定，继承权主体可以通过法律的直接规定明确或者是合法有效的遗嘱指定，也可以通过被继承人与他人签订的遗赠扶养协议指定。具体为以下三类。

1. 法定继承人

法定继承人即被继承人的配偶、子女、父母、兄弟姐妹、祖父母、外祖父母。《中华人民共和国民法典》第1127条第1款规定：“遗产按照下列顺序继承：（一）第一顺序：配偶、子女、父母；（二）第二顺序：兄弟姐妹、祖父母、外祖父母。”继承开始后，由第一顺序继承人继承，第二顺序继承人不继承；没有第一顺序继承人继承的，由第二顺序继承人继承。

2. 遗嘱指定的继承人

根据《中华人民共和国民法典》第1133条的规定，自然人可以依照该法规定立遗嘱处分个人财产，并可以指定遗嘱执行人。自然人可以立遗嘱将个人财产指定由法定继承人中的一人或者数人继承。自然人可以立遗嘱将个人财产赠与国家、集体或者法定继承人以外的组织、个人。自然人可以依法设立遗嘱信托。

3. 遗赠扶养协议指定的继承人

《中华人民共和国民法典》第1158条规定：“自然人可以与继承人以外的组织或者个人签订遗赠扶养协议。按照协议，该组织或者个人承担该自然人生养死葬的义务，享有受遗赠的权利。”

此外，《中华人民共和国民法典》第1155条规定：“遗产分割时，应当保留胎儿的继承份额。胎儿娩出时是死体的，保留的份额按照法定继承办理。”

在遗产继承纠纷中，首先要确定的便是继承权主体，即哪些人具有遗产继承资格。遗产继承资格的确定，在没有遗嘱的情况下，应依法定继承相关亲属关系来确定。而法定继承相关亲属关系的确定，则依据《中华人民共和国民法典》所规定的亲属关系间权利义务来明确是否具有继承资格。

（三）继承权的接受与放弃

继承权的接受，是指享有继承权的继承人参与继承、接受被继承人遗产的意思表示。自继承开始，客观意义的继承权也就转化为主观意义的继承权，继承人得自主决定是行使继承权、接受继承还是放弃继承权。根据《中华人民共和国民法典》第1124条的规定，继承开始后，遗产分割前，继承人未表示放弃继承权的，视为接受继承。

继承权的放弃，是指继承人作出的放弃其继承被继承人遗产的权利的意思表示。继承权的放弃，是继承人对其继承权的一种处分，须以明示的方式作出。继承权的放弃是一种单方法律行为，不能附加任何条件。《中华人民共和国民法典》第1124条第2款规定：受遗赠人应当在知道受遗赠后六十日内，作出接受或者放弃受遗赠的表示；到期没有表示的，视为放弃受遗赠。继承权是一种以身份关系为前提的财产性权利，基于其人身属性，继承权是不可以转让的。

（四）继承权的丧失

继承权的丧失又称继承权的剥夺，是指依照法律规定在发生法定事由时取消继承人继承被继承人遗产的权利。

根据《中华人民共和国民法典》第 1125 条第 1 款的规定，继承人有下列行为之一的，丧失继承权：（1）故意杀害被继承人；（2）为争夺遗产而杀害其他继承人；（3）遗弃被继承人，或者虐待被继承人情节严重；（4）伪造、篡改、隐匿或者销毁遗嘱，情节严重；（5）以欺诈、胁迫手段迫使或者妨碍被继承人设立、变更或者撤回遗嘱，情节严重。

继承权的丧失，不仅适用于法定继承，也同样适用于遗嘱继承，只要继承人有以上行为之一，无论是法定继承人还是遗嘱继承人，都将丧失继承权。

继承权的丧失可以分为两种：（1）继承权的绝对丧失，即继承权因继承人的某种严重违法行为而永久地丧失，即使被继承人宽恕，也不能挽回；（2）继承权的相对丧失，即继承人因某种行为导致继承权丧失，但若被继承人表示宽恕，则其继承权可以恢复。

按照《中华人民共和国民法典》的规定，故意杀害被继承人和为争夺遗产而杀害其他继承人两种行为导致继承权的绝对丧失。遗弃被继承人，或者虐待被继承人情节严重的以及伪造、篡改、隐匿或者销毁遗嘱，以欺诈、胁迫手段迫使或者妨碍被继承人设立、变更或者撤回遗嘱，情节严重的行为导致继承权的相对丧失。

三、遗产

继承权的客体是被继承人的遗产，即被继承人死亡时遗留的个人所有财产和法律规定可以继承的其他财产权益，包括积极遗产和消极遗产。积极遗产指死者生前个人享有的财物和可以继承的其他合法权益，如债权和著作权中的财产权益等。消极遗产指死者生前所欠的个人债务。在我国，遗产范围主要是生活资料，也包括法律允许个人所有的生产资料。

世界各国民法确定遗产的范围和价值都是从继承开始时，即由被继承人死亡或宣告死亡这一法律事实发生的时间确定的。在我国，一般情况下，在继承开始地点（即被继承人生前最后的住所或主要财产所在地）的继承人，负责通知不在继承开始地点的其他继承人和遗赠受赠人以及遗嘱执行人关于被继承人死亡的事实；保存遗产的人应当负责保管好遗产，不得擅自处理、隐匿和侵吞。如果在继承人中无人知道被继承人死亡，或虽有继承人知道但该继承人无民事行为能力又无法定代理人进行通知和管理的，则应由被继承人生前所在单位或居住地基层组织或公证机关负责通知和保管遗产。

（一）遗产的特征

根据《中华人民共和国民法典》的有关规定，遗产必须符合三个特征：第一，必须是自然人死亡时遗留的财产；第二，必须是自然人个人所有的财产；第三，必须是合法财产。这三个条件必须同时具备，才能成为遗产。遗产包括以下几项：

（1）自然人的合法收入。如工资、奖金、存款利息、从事合法经营的收入、继承或接受赠与所得的财产。

（2）自然人的房屋、储蓄、生活用品。

（3）自然人的树木、牲畜和家禽。树木，主要指自然人在宅基地上自种的树木和自留山上种的树木。

（4）自然人的文物、图书资料。自然人的文物一般指自然人自己收藏的书画、古玩、艺术品等。如果上述文物之中有特别珍贵的文物，应按《中华人民共和国文物保护法》的有关规定处理。

（5）法律允许自然人个人所有的生产资料。如农村承包专业户的汽车、拖拉机、加工机具等。城市个体经营者、华侨和港、澳、台同胞在内地投资所拥有的各类生产资料。

（6）自然人的著作权、专利权中的财产权利。即基于自然人的著作被出版而获得的稿费、奖金，或者因发明被利用而取得的专利转让费和专利使用费等。

（7）自然人的其他合法财产。如自然人的国库券、债券、股票等有价证券，复员、转业军人的复员费、转业费，自然人的离退休金、养老金等。

（二）遗产的构成要件

1. 遗产必须是财产

其中，财产包括积极财产和消极财产。消极财产即债务。遗产不能是人身权及身份等，这是由现代继承法的财产继承性质决定的，此与古代社会的宗祧继承制相区别。

2. 遗产必须是死者生前所有的合法财产

这里的“所有”是广义上的所有，既包括作为物权的所有权和其他物权，又包括死者生前享有的债权，还包括知识产权、股权等各种复合权中的财产权利部分。

3. 遗产必须是非专属于死者自身的财产

有些财产依其人身专属性不具有可继承性，因此不得继承。如养老保险金请求权，被保险人死亡后则该种权利归于消灭。

4. 遗产的形态不以死者死亡时遗留下的状态为限

从死者遗留下的财产衍生出的财产或替代财产均为遗产。

四、遗嘱

（一）遗嘱的概念

遗嘱是指遗嘱人生前在法律允许的范围内，按照法律规定的方式处分自己的财产或其他事务，并于遗嘱人去世后发生法律效力的法律行为。遗嘱自由是指被继承人生前用遗嘱的方式处分自己财产所有权的自由。遗嘱人通过订立遗嘱，可变更法定继承人的继承顺序和继承份额，甚至可取消法定继承人的继承份额，将遗产赠与法定继承人以外的其他自然人或者国家、集体、组织，用于社会公共福利事业等。

我国自然人依法享有设立遗嘱的权利，有权通过遗嘱方式自由处分自己的合法财产。《中华人民共和国民法典》第1133条第1款规定："自然人可以依照本法规定立遗嘱处分个人财产，并可以指定遗嘱执行人。"《中华人民共和国老年人权益保障法》第22条规定："老年人对个人的财产，依法享有占有、使用、收益和处分的权利，子女或者其他亲属不得干涉，不得以窃取、骗取、强行索取等方式侵犯老年人的财产权益。"所以，任何人包括子女都无权干涉老年人的此项合法权益。

当然，自然人遗嘱自由的权利也不是毫无限制的。一般认为，对遗嘱的限制主要有三个方面：一是遗嘱必须受法律的约束，不得违反《中华人民共和国宪法》《中华人民共和国民法典》等法律规定；二是遗嘱继承不得违背社会主义道德准则和社会的善良风俗；三是遗嘱不得取消法定继承人中需要赡养的老年人、无独立生活能力的未成年人及丧失劳动能力的人的必要的遗产份额。

（二）遗嘱的种类与内容

案例

陈先生咨询：我的叔叔伯伯们向来关系不太融洽，我爷爷怕他去世后他们会为家产吵得厉害，所以想立个高效力的遗嘱。请问遗嘱的种类有哪些？遗嘱包括哪些内容？

继承分为法定继承与遗嘱继承，实践中，遗嘱继承争议较多，其中大多是因遗嘱效力引起的。谈论遗嘱，首先要明确什么是法定继承人。法定继承人是指自己的直系亲属，包括配偶、子女、父母、兄弟姐妹、祖父母、外祖父母。遗嘱继承是指公民通过遗嘱将个人财产指定由法定继承人中的一人或数人继承。必须明确，通过遗嘱将个人财产赠给国家、集体或者法定继承人以外的人属于遗赠。在此只介绍遗嘱继承中的遗嘱，不包括遗赠的遗嘱。

根据《中华人民共和国民法典》的规定，遗嘱的形式共有以下六种形式：（1）自书遗嘱：由遗嘱人亲笔书写，签名，注明年、月、日。（2）代书遗嘱：又称"代笔遗嘱"。因遗嘱人不能书写而口述内容，委托他人代为书写的遗嘱。应当有两个以上见证人在场见证，由其中一人代书，注明年、月、日，并由代书人、其他见证人和遗嘱人签名。（3）打印遗嘱：打印遗嘱应当有两个以上见证人在场见证。遗嘱人和见证人应当在遗嘱每一页签名，注明年、月、日。（4）录音录像遗嘱：以录音录像形式立的遗嘱，应当有两个以上见证人在场见证。遗嘱人和见证人应当在录音录像中记录其姓名或者肖像，以及年、月、日。（5）口头遗嘱：遗嘱人在危急情况下可以立口头遗嘱，应当有两个以上见证人在场见证。危急情况解除后，遗嘱人能够以书面或者录音录像形式立遗嘱的，所立的口头遗嘱无效。（6）公证遗嘱：由遗嘱人经公证机关办理而设立的遗嘱。需要注意的是：无民事行为能力人、限制民事行为能力人、继承人、受遗赠人以及与继承人和受遗赠人有利害关系的人，不能作为遗嘱见证人。

一般情况下，遗嘱内容包括：（1）遗产的名称和数量。（2）指定的遗产继承人。（3）遗产的分配方法和具体遗产继承人接受遗产的项目及份额。（4）某项遗产的用途和使用目的。（5）指定遗嘱执行人。

特别提示如下：（1）遗嘱应当对缺乏劳动能力又没有生活来源的继承人保留必要的遗产份额。（2）遗嘱人可以撤销、变更自己所立的遗嘱。（3）最后，立有数份遗嘱，内容相抵触的，以最后的遗嘱为准。（4）遗嘱附有义务的，继承人应当履行义务。没有正当理由不履行义务的，经有关单位或者个人请求，法院可以取消其接受遗产的权利。

（三）遗嘱的效力

1. 遗嘱效力判断

案例

郑某与丈夫刘某育有一女并于早年收养了一名两岁男孩郭某。因丈夫早逝，郑某一人含辛茹苦将一双儿女抚养成人。在一次朋友聚会上，郭某无意中得知了自己的身世，对养母的态度从此一落千丈。2024 年 1 月底，郭某在与其子外出置办年货时不小心滑入路边深沟，被送往医院。在住院治疗期间，郭某立下遗嘱一份，将个人全部财产（3 间房屋、5 万元存款）归其子继承。郭某因医治无效于 10 日后死亡。2024 年 3 月底，已 86 岁高龄的郑某委托律师向法院提起诉讼，要求重新分割遗产。

本案中，法院经审理认为，郭某生前所立遗嘱虽然合法有效，但原告与郭某系养母子关系，实际上其多年来一直依靠郭某赡养。郭某死亡后，老人已没有生活来源且年近九旬，丧失了劳动能力，根据《中华人民共和国民法典》等有关法律的规定，遗嘱继承应当对没有劳动能力又缺乏生活来源的继承人保留必要的份额，剩余遗产按遗嘱继承。据此，法院判决被告郭某之子返还郑某遗产 2 万元、房屋 1 间。

我国法律在赋予自然人用遗嘱处分自己财产权利的同时，也对自然人行使这种处分权作了必要的限制。《中华人民共和国民法典》第 1141 条规定：“遗嘱应当为缺乏劳动能力又没有生活来源的继承人保留必要的遗产份额。”《最高人民法院关于适用〈中华人民共和国民法典〉继承编的解释（一）》第 25 条第 1 款也规定：“遗嘱人未保留缺乏劳动能力又没有生活来源的继承人的遗产份额，遗产处理时，应当为该继承人留下必要的遗产，所剩余的部分，才可参照遗嘱确定的分配原则处理。”上述条文属于法律的强制性规定，自然人在立遗嘱时必须执行。

遗嘱自由是各国继承立法普遍遵守的一项重要原则，我国继承立法中也贯彻了这一原则，但和任何自由一样，遗嘱自由也受到一定的限制。“必留份”制度正是对遗嘱人遗嘱自由的一种限制。

抚养子女、赡养父母是我国自然人的法定义务，自然人在订立遗嘱时，不仅要注意其形式要件和实质要件，也要注意“必留份”的问题，既要符合法律的规定，也不得违背公序良俗。

能够享受“必留份”的人，首先必须是法定继承人，其次该法定继承人须符合既缺乏劳动能力又没有生活来源这两个条件。如果遗嘱人在订立遗嘱时，没有给特定的法定继承人保留一定遗产，那么相应部分的处分无效，对除“必留份”之外的其余部分，仍应尊重其遗嘱意愿。至于应为符合条件的继承人保留多少的遗产份额，法律并未明确规定，应综合考虑被继承人遗产价值、继承人的实际生活需要及当地的基本生活水平等具体情况确定。

2. 遗嘱效力等级

案例

刘天顺老伴去世早，膝下有一儿刘二、一女刘兰，由儿女照顾刘天顺的生活。刘天顺于2018年立下亲笔遗嘱，自己死后全部财产由儿子与女儿平分。2021年，刘天顺患癌症后，刘二便很少照顾刘天顺，倒是刘兰一直关心他的生活，为他洗衣、做饭。刘天顺觉得刘兰为他付出那么多，应多分些财产，于是亲自到公证机关立下公证遗嘱，明确表示除家中的电视机在其死后归刘二所有外，其他财产均由刘兰继承。刘二得知后，从此再不登门，见到刘天顺也不理睬，见到刘兰更是怒目而视。2023年6月刘天顺病危住院，刘二也未曾探望过。弥留之际，刘天顺当着医生、护士的面表示，他的全部遗产均由刘兰所有。刘天顺去世后，刘二因遗产继承与刘兰发生冲突，诉至法院要求分割刘天顺的遗产。

本案中的三份遗嘱在形式上及内容上都是有效的遗嘱。根据《中华人民共和国民法典》的规定，被继承人立有数份遗嘱，内容相抵触的，以最后的遗嘱为准，因此，刘兰可以主张执行最后一份遗嘱。

如果被继承人立有多份遗嘱，这些遗嘱在内容上没有抵触的，可以分别执行。如果被继承人立有多份遗嘱，但内容相抵触的，以最后的遗嘱为准。

（四）遗嘱的见证

案例

王女士咨询：我母亲因心脏病急性发作于2023年10月去世，没有书面遗嘱。但我弟弟王某说母亲病危前有口头遗嘱，并说当时家人中只有他在场，另有一名医生和我弟弟的一个朋友张某在场，我弟弟欠他这个朋友80多万元至今未归还。依据口头遗嘱，母亲把价值约40万元的房子留给我弟弟，剩余的60万元存款给我20万元、给我弟弟40万元。该遗嘱是不是有问题？

遗嘱见证是指见证人应当事人的申请，根据自己的亲身所见，以自己的名义，依法对遗嘱的真实性、合法性进行审查并予以证明的一种活动。根据法律规定，在无足够相反证据的情况下，人民法院可以直接以见证的内容作为认定事实的依据。

1. 需要见证的遗嘱

《中华人民共和国民法典》规定，下列四类遗嘱必须要有无利害关系的见证人在场见证：

（1）代书遗嘱。在遗嘱人不会用文字表达或因故不能亲笔书写遗嘱的情况下，请他人代为书写的遗嘱叫代书遗嘱。遗嘱人无文字书写能力或者由于其他原因不能亲笔书写遗嘱的，为了保护遗嘱人的遗嘱自由，允许遗嘱人在符合法定条件的情形下，请他人代为书写遗嘱。《中华人民共和国民法典》第 1135 条规定："代书遗嘱应当有两个以上见证人在场见证，由其中一人代书，并由遗嘱人、代书人和其他见证人签名，注明年、月、日。"

（2）打印遗嘱。打印遗嘱，是《中华人民共和国民法典》增加的一种新型、独立的遗嘱形式，具有方便、快捷、清晰等特点，却也容易被伪造改动。打印的文本相较于笔墨书写的字迹更容易伪造或替换，在形式上对签名的要求相较于自书遗嘱、代书遗嘱更为严格。《中华人民共和国民法典》第 1136 条规定，打印遗嘱应当有两个以上见证人在场见证。遗嘱人和见证人应当在遗嘱每一页签名，注明年、月、日。

（3）录音录像遗嘱。《中华人民共和国民法典》将原《中华人民共和国继承法》规定的录音遗嘱修改为录音录像遗嘱。《中华人民共和国民法典》第 1137 条规定："以录音录像形式立的遗嘱，应当有两个以上见证人在场见证。遗嘱人和见证人应当在录音录像中记录其姓名或者肖像，以及年、月、日。"

（4）口头遗嘱。口头遗嘱是指由遗嘱人口头表达的而不以任何形式记载的遗嘱。由于具有易于被篡改和伪造，以及在遗嘱人死后无法查证的缺点，各国对口头遗嘱的条件皆予以严格规定。《中华人民共和国民法典》第 1138 条规定："遗嘱人在危急情况下，可以立口头遗嘱。口头遗嘱应当有两个以上见证人在场见证。危急情况消除后，遗嘱人能够以书面或者录音录像形式立遗嘱的，所立的口头遗嘱无效。"此规定需从以下三个方面来理解：一是口头遗嘱只能在危急情况下订立；二是若危急情况消除而遗嘱人没有死亡的，口头遗嘱即失效，应另用其他的方式立下遗嘱；三是口头遗嘱必须有"两个以上证人在场见证"方为有效。

2. 作为见证人的禁止性规定

《中华人民共和国民法典》第 1140 条规定下列人员不能作为遗嘱见证人：（1）无民事行为能力人、限制民事行为能力人以及其他不具有见证能力的人；（2）继承人、受遗赠人；（3）与继承人、受遗赠人有利害关系的人。《最高人民法院关于适用〈中华人民共和国民法典〉继承编的解释（一）》第 24 条规定："继承人、受遗赠人的债权人、债务人，共同经营的合伙人，也应当视为与继承人、受遗赠人有利害关系，不能作为遗嘱的见证人。"由于张某是继承人王某的债权人，属于不能作为遗嘱见证人的范畴，王某本人也不能作为见证人，因此该口头遗嘱形成时没有两个以上合法的见证人见证，是不合法的。就本案而言，继承人应按照法定继承来继承被继承人的遗产。

五、遗赠

（一）遗赠的概念

遗赠是遗嘱人用遗嘱的方式将个人财产的一部或全部于死后赠给国家、集体或法定继承人以外的人的一种法律制度，是遗嘱人以遗嘱处分其遗产的一种方式。遗赠财产的人叫遗赠人，承受遗赠财产的人叫受遗赠人或遗赠受领人。遗赠是单方的、无偿的法律行为，只须遗赠人一方作出意思表示即可成立，并不需要征得受遗赠人的同意。但遗赠不同于生前赠与，必须在形式上和内容上具备设立遗嘱的法定要件方为有效。

（二）遗赠的法律特征

遗赠所特有的法律特征，主要体现在：

（1）遗赠是给他人以财产利益的无偿行为。不同于法定继承人的是，受遗赠人与遗赠人之间没有法律上的血缘关系、扶养关系等，遗赠人给予他人的财产利益，是无偿转让，不以受遗赠人应尽法律上的义务为前提。在遗赠中，虽然有时也会附有某种义务，但这种义务不可能是对等的。遗赠人不能只将财产义务赠与他人，也不能使受遗赠人所负的义务超过其所享受的权利，所以，遗赠必须是无偿的。

（2）受遗赠人是国家、集体或法定继承人以外的人。法定继承人不能作为受遗赠人，而只能称为遗嘱继承人。法定继承人基于遗嘱取得遗产也可能是无偿的，但在继承法上把这归于遗嘱继承的遗产取得方式。法定继承人只是自然人，而受遗赠人不仅可以是自然人，也可以是法人；遗嘱继承人限于法定继承人的范围内，受遗赠人只能在法定继承人范围以外指定。

总之，按照我国继承法规定的精神，遗赠和遗嘱继承之间主要是主体的不同，并无原则性的差别。

（三）遗赠的有效条件

现实生活中，许多老人对孙辈十分疼爱，常常念叨着要将房子留给孙辈，但依照《中华人民共和国民法典》的规定，法定继承人包括配偶、子女、父母及兄弟姐妹、祖父母、外祖父母，孙子、孙女不是法定继承人，并不能直接通过法定继承。若处理不当，可能引起孙辈与叔侄之间的纠纷。那么，要将财产留给孙辈，需要注意哪些问题？如何确认遗赠有效？

一个有效的遗赠须具备遗嘱的条件：（1）遗赠人（立遗嘱人）在立遗嘱时，须有完全民事行为能力。（2）所立遗嘱须意思表示真实、合法、自愿。（3）受遗赠人须在遗嘱生效时存在、未亡。

需要注意的是受遗赠人接受遗赠是有期限的，《中华人民共和国民法典》第 1124 条第 2 款规定："受遗赠人应当在知道受遗赠后六十日内，作出接受或者放弃受遗赠的表示；到期没有表示的，视为放弃受遗赠。"《最高人民法院关于适用〈中华人民共和国民法典〉继承编的解释

(一)》第 33 条规定："继承人放弃继承应当以书面形式向遗产管理人或者其他继承人表示。"受遗赠必须以明示的方式作出意思表示，受遗赠人在法定期限内不作出意思表示的视为放弃。六十日的期限是从受遗赠人"知道"自己受遗赠开始计算。即不知遗嘱存在的，则不受时间限制。

现实中接受遗赠表示的情形大多为：(1) 向部分继承人作出接受遗赠的口头表示；(2) 出示接受遗赠确认书等书面文件；(3) 通过公证的方式表示；(4) 实际占有房屋即可视为接受遗赠；(5) 向法院提起诉讼要求确认权属。

六、遗赠扶养协议

(一) 遗赠扶养协议的概念

遗赠扶养协议，是指受扶养人（即遗赠人）与扶养人签订的关于扶养人承担受扶养人生养死葬的义务，受扶养人将自己的财产于死后赠与扶养人的协议。《中华人民共和国民法典》第 1158 条规定："自然人可以与继承人以外的组织或者个人签订遗赠扶养协议。按照协议，该组织或者个人承担该自然人生养死葬的义务，享有受遗赠的权利。"遗赠扶养协议中的扶养人不能是法定继承人，因为法定继承人与被继承人之间具有法定的互相扶养和互相继承的权利义务关系，用不着以协议的形式来确定。

(二) 遗赠扶养协议的法律特征

(1) 遗赠扶养协议是双方的法律行为，只有在遗赠方和扶养方双方自愿协商一致的基础上才能成立。凡不违反国家法律规定、不损害公共利益、不违反社会主义道德准则的遗赠扶养协议即具有法律约束力，双方均必须遵守，切实履行。任何一方都不能随意变更或解除。如果一方要变更或解除，必须取得另一方的同意。而遗嘱是遗嘱人单方的法律行为，不需要他人的同意即可发生法律效力。遗嘱人不仅可以单方面订立遗嘱，而且还可以随时变更遗嘱的内容，或者撤销原遗嘱，另立新遗嘱。

(2) 遗赠扶养协议是有偿的、相互附有条件的，它体现了权利义务相一致的原则。而遗赠是财产所有人生前以遗嘱的方式将其财产遗赠给国家、集体或个人的行为，它不以受遗赠人为其尽扶养义务为条件。

(3) 遗赠扶养协议不仅有遗赠财产的内容，而且还包括扶养的内容。而遗赠只是遗赠财产，没有扶养的内容。

(4) 遗赠扶养协议从协议成立之日起开始发生法律效力，而遗赠是从遗赠人死亡之日起发生法律效力。

(5) 被继承人生前与他人订有遗赠扶养协议，同时又立有遗嘱的，继承开始后，如果遗赠扶养协议与遗嘱有抵触，按协议处理，与协议抵触的遗嘱全部或部分无效。《中华人民共和国民法典》第 1123 条规定："继承开始后，按照法定继承办理；有遗嘱的，按照遗嘱继承或者遗赠办理；有遗赠扶养协议的，按照协议办理。"

（三）签订遗赠扶养协议的条件

随着人口老龄化，空巢老人不断增多，一种新型养老模式——遗赠扶养逐渐走入大众视野。越来越多的孤寡老人选择“以房养老”，但也面临许多法律问题。此前有媒体报道，上海宝山区一名88岁老人的老伴和儿子均已去世，一人独居，也无亲戚愿意前来照料。在生活上受到热心水果摊主小游（化名）一家的照顾后，老人决定把自己的晚年和遗产都托付给他，不仅公证办理了意定监护，还签订了遗赠扶养协议，其中包括自己价值300万元的房产。可在之后，老人家属以老人患有阿尔茨海默病为由，质疑遗赠扶养协议的效力，法院也作出老人无民事行为能力的认定，家属表示未来还将进行诉讼。老人家属与小游之间的种种争议为遗赠扶养能否顺利履行埋下隐患。那么，签订遗赠扶养协议需要什么条件？有哪些可规避的争议点？如果扶养人没有尽到妥善照顾的义务，遗赠扶养协议可否解除？

《中华人民共和国民法典》第1158条规定，自然人可以与继承人以外的组织或者个人签订遗赠扶养协议。按照协议，该组织或者个人承担该自然人生养死葬的义务，享有受遗赠的权利。签订遗赠扶养协议的条件：

（1）遗赠扶养协议是双方的法律行为，只能在遗赠方和抚养方自愿协商的基础上建立，且不违反国家法律法规、不损害社会公共利益和道德标准。

（2）遗赠人须为缺乏劳动能力又没有生活来源的继承人保留必要的遗产份额。

（3）受遗赠人须为法定继承人范围以外的人，且在遗赠人的遗嘱生效时在世、未亡。

（4）遗赠的财产须为遗赠人的合法遗产。

为避免日后产生纠纷，应注意以下几点：

（1）关于协议方的约定：1）遗赠人有配偶并同居的，建议以夫妻共同为一方签订遗赠扶养协议。2）遗赠人有法定继承人的，建议以法定继承人作为监督人在遗赠扶养协议中签名。3）扶养人有配偶的，建议征得配偶的同意，并可以作为监督人在遗赠扶养协议中签名。

（2）关于遗赠财产的约定：1）详细列明遗赠财产的范围及遗赠人出具的对每项财产的所有权证明文件。2）遗赠扶养协议中的遗赠财产权应为遗赠人已经完全取得所有权的物权，如财产所有权存在争议，应提前对当事人进行风险提示。3）对财产的使用、管理、收益等问题进行明确约定，避免造成纠纷。

（3）关于遗赠人权利、义务的约定：1）为保障扶养人的权利，可约定自遗赠扶养协议签订后，遗赠人不得恶意处分或损毁财产，如因遗赠人恶意处分财产导致财产转移、损毁或灭失的，遗赠人应承担的违约责任。2）为保障扶养人的权利，遗赠扶养协议可约定遗赠人不得针对协议约定范围内的财产另立遗嘱或与他人另立遗赠扶养协议。3）遗赠人的权利主要为自签订遗赠扶养协议之日起，有权受到扶养人在生养死葬等各方面的扶养。为保障遗赠人的合法权益，可在遗赠扶养协议中约定扶养人未尽到扶养义务、侵占遗赠人财产等违反遗赠扶养协议的行为，遗赠人享有任意解除权。

需要特别注意的是，老年人签订遗赠扶养协议有助于保障自己的晚年生活，但在选取扶养人时一定要多加考察，避免人财两空的不利后果。扶养人享有遗赠财产的前提是忠实、诚信地履行自身的义务，切莫存在投机侥幸心理。

七、老年人继承权益保障实务分析

（一）参与遗产分配

案例

法院受理了一个继承案件，对死者的配偶与子女在继承遗产时能不能同时开始继承这一问题有两种不同的意见。大多数人认为，死者的妻子是第一顺序的继承人中的第一位，死者的遗产应由其首先继承；另一种意见认为，同一顺序的继承人应同时开始继承遗产。哪种意见正确？

根据《中华人民共和国民法典》第1127条的规定，遗产按照下列顺序继承：第一顺序：配偶、子女、父母。第二顺序：兄弟姐妹、祖父母、外祖父母。这种继承顺序的确定，是以继承人同被继承人的婚姻关系、血缘关系的远近以及彼此在经济上、生活上相互依赖的程度为基础的。它充分体现了男女平等、权利和义务一致以及养老育幼的原则。在继承开始后，只有在第一顺序继承人没有或放弃继承时，第二顺序继承人才能继承；否则，第二顺序继承人不能继承遗产。但是不能在同一顺序的继承人中又分出先后顺序，这种做法违背了法律规定。同一顺序的继承人在继承遗产时，应享有同等的继承权，应同时开始继承。这样做并不会使配偶一方的合法权益受到损害。因为我国实行的是夫妻财产共有制，作为死者的妻子/丈夫的一方，除了可以得到夫妻共有财产的一半以外，还要和子女共同继承丈夫/妻子的遗产。同时，在家庭关系中，配偶、子女、父母的关系最为密切，特别是被继承人年幼的子女、丧失劳动能力的父母，更需要被继承人经济上的扶助。因此，配偶、子女、父母享有同等的继承权。

同一顺序继承人继承遗产的份额，一般应当均等。对生活有特殊困难的缺乏劳动能力的继承人，分配遗产时，应当予以照顾。对被继承人尽了主要赡养义务或与被继承人共同生活的继承人（但对需要赡养的被继承人不尽赡养义务的除外），分配遗产时，可以多分。有赡养能力和赡养条件的继承人，不尽赡养义务的，分配遗产时，应当不分或者少分。继承人协商同意的，遗产也可以不均分。

（二）老年人的房屋租赁权不能继承，但可以变更

案例

张某说："我父亲的单位十年前给他分了一套承租房，我父亲刚去世，我弟弟一家三口没

有取得我母亲和其他兄妹的同意就搬进了这套住房。弟弟和弟妹不仅不孝顺母亲，还虐待她，我母亲很难受，她希望我来继承这套承租房，这也是我父亲生前的真实意愿，并且他在生前留下了口头遗嘱，希望年迈的母亲由我来照料，让她度过一个幸福安稳的晚年。”

承租房是指国家或单位投资建设或购买的、产权属于国家或单位所有的住房，也称公有住房。房屋承租关系是一种合同关系。出租人根据合同约定，将自己所有的或经营管理的房屋提供给承租人使用，并向承租人收取租金；承租人根据合同约定，向出租人交纳租金，并按照合同约定的用途使用该房屋，在合同终止后将房屋返还给出租人。这就是说，承租人只是在合同有效期限内有权占有和使用承租的房屋，而不是取得承租房屋的所有权。根据《中华人民共和国民法典》的规定，继承人所能继承的只能是属于被继承人（死者）个人所有的合法财产。但为了保护承租人的利益，《中华人民共和国民法典》第 732 条规定：“承租人在房屋租赁期限内死亡的，与其生前共同居住的人或者共同经营人可以按照原租赁合同租赁该房屋。”

从张某所述情况看，其弟弟一家三口此前一直未与父母共同生活，因而不属于共同居住人的范围。在其父亲病故后，未经原共同居住人同意，擅自搬进其父原承租房屋内居住，是违反法律规定的，其行为已构成侵权。若张某弟弟一家拒不搬出，张母可以向人民法院提起诉讼请求，责令其停止侵害，立即搬出归其母继续承租的房屋。

所以，老年人在立遗嘱时不能将公有房屋作为遗产进行分配，如已写入遗嘱也视为无效。

（三）已婚子女死亡后，老年人可以继承其遗产

案例

老年人白先生来信询问：我今年 65 岁，没有退休金和固定收入，平时靠独生子赡养度日。今年 3 月儿子因车祸死亡，儿媳以带着孩子生活困难为由，每月只给我很少的生活费用，我难以维持生计。请问我能否要求继承儿子的遗产？

已婚子女死亡后，老年人有权继承遗产。但要注意的是，已婚子女死亡后所遗留的所有财产并非都是遗产。《中华人民共和国民法典》规定：除非另有约定，夫妻在婚姻关系存续期间所得的财产为夫妻共同财产。因此，当老年人的已婚子女死亡后，若无特别约定，死亡的已婚子女在生前与其配偶所得的财产为夫妻共同财产，其中的一半为其配偶所有，不能列入遗产的范围，剩下的另一半财产才可作为遗产予以继承分割。

根据《中华人民共和国民法典》第 1127 条的规定，法定继承第一顺序人为配偶、子女和父母。这三类人继承的遗产份额原则上均等，但若老年人在生活上有特殊困难又缺乏劳动能力，那么在分配遗产时可以适当予以照顾。

（四）父亲是否需要偿还儿子生前的债务

案例

2023年刘某意外死亡，由于刘某尚未结婚，无子女、无配偶，加上在他去世之前其母亲已经离世，父亲刘某某则成了刘某唯一的法定继承人。刘某生前没有积蓄，没有车辆，仅留下了一套经济适用房，房子还有按揭款没有清偿。儿子去世后，刘某某办理继承公证，继承了儿子留下的经济适用房，代儿子还清了所有的房屋贷款，并办理了房产过户手续。

本以为日子会就此平静地过下去，没想到刘某的生前好友张某，一纸诉状将刘某某告到了法院，要求其清偿刘某生前的借款本息共计人民币60万元。刘某某觉得非常委屈，一是儿子已经去世，儿子生前所欠的债务还需要自己来清偿吗？二是自己继承儿子的房产并非没有付出，自己还为儿子清偿了经济适用房的贷款本息，儿子的生前好友张某怎么有权利要求法院处理该套住房？

本案中的儿子刘某法律上称之为被继承人，其父亲刘某某法律上称之为继承人，刘某生前的借款法律上称之为债务。刘某因为没有配偶和子女，加上母亲已经去世，父亲刘某某就成了他的唯一法定继承人，由刘某某来继承刘某遗留的房产符合法律规定。但依据《中华人民共和国民法典》的规定，继承遗产需要清偿被继承人应当缴纳的税款和债务，继承人所清偿的税款和债务并非没有限额，而是以遗产实际价值为限，超过遗产实际价值部分，除非继承人自愿偿还，否则没有人可以强迫继承人偿还，这与我们通常所理解的父债子偿不同。

本案判决的前提是先要确认张某债权的合法性，即确认刘某生前是否确实向张某借款，然后再来处理刘某生前债务的清偿问题。并非刘某所遗留的债务全部都要由刘某某来偿还，继承的遗产需要扣除刘某某代儿子所清偿的房屋贷款，剩余部分才可以用于清偿债务，对于清偿债务不足部分，刘某某不再负有清偿义务。

（五）遗产不足清偿债务时，老年人可保留部分遗产用于生活

案例

老年人柳先生来信咨询：我今年68岁，与老伴一起生活。今年年初，独子因车祸去世后，很多债主找上门来，我们才知道他因做生意欠了很多钱，可是他留下的遗产根本不足以偿还债务，儿媳也已改嫁并放弃了继承权。而我们年老体弱，又没有其他生活来源，如果把儿子的遗产全部用于还债，那我们今后的生活就没有着落。请问我们应该怎么办？

《中华人民共和国民法典》第1161条规定：“继承人以所得遗产实际价值为限清偿被继承

人依法应当缴纳的税款和债务。超过遗产实际价值部分，继承人自愿偿还的不在此限。”因此，按照法律规定，作为独子财产的第一顺序继承人，柳先生夫妻二人继承遗产首先应当清偿被继承人依法应当缴纳的税款和债务，缴纳税款和清偿债务以被继承人的遗产实际价值为限。但《中华人民共和国民法典》第1159条同时规定：“分割遗产，应当清偿被继承人依法应当缴纳的税款和债务；但是，应当为缺乏劳动能力又没有生活来源的继承人保留必要的遗产。”因此，柳先生儿子的遗产虽然不够清偿债务，但仍应当为柳先生保留适当遗产，以解决好其今后的生活所需问题，其余的再依照法律规定清偿债务。柳先生的儿媳已经放弃继承，则她对被继承人依法应当缴纳的税款和债务可以不负偿还责任。

（六）人身保险的赔偿金能否作为遗产继承

案例

某保险公司的保户王某在驾驶摩托车外出办事时，与一辆汽车发生交通事故，身受重伤的王某最终抢救无效死亡。经过交管部门的调解，肇事司机承担了相应的损害赔偿。由于王某生前曾购买过人身保险和财产保险，其妻和其父母则因为保险赔付金的分配，双方发生了争执。根据保险合同，保险公司赔偿了26万元人身保险金及32 000元财产保险金。当年王某投保人身保险时，指定的受益人为妻子范某，因此范某认为这26万元归她个人所有，而王某父母认为这笔钱是儿子用命换来的，和32 000元一样都是儿子的遗产，做父母的享有继承权，应当和范某平分这部分钱。

与人身保险合同有关的人是保险合同的当事人和关系人。当事人是指保险公司和投保人。关系人是指被保险人和受益人。受益人是指被保险人或者投保人指定的享有保险金请求权的人。《最高人民法院关于保险金能否作为被保险人遗产的批复》规定：“人身保险金能否列入被保险人的遗产，取决于被保险人是否指定了受益人。指定了受益人的，被保险人死亡后，其人身保险金应付给受益人；未指定受益人的，被保险人死亡后，其人身保险金应作为遗产处理，可以用来清偿债务或者赔偿。”同时，该批复还规定：“财产保险与人身保险不同。财产保险不存在指定受益人的问题。因而，财产保险金属于被保险人的遗产。”根据以上规定，26万元的人身保险金指定了受益人范某，就应该付给范某，至于32 000元的财产保险金则应该算作遗产，由有继承权的人——范某和王某父母分割继承。

但是根据《中华人民共和国保险法》第42条的规定，被保险人死亡后，有下列情况之一的，保险金作为被保险人的遗产，由保险人向被保险人的继承人履行给付保险金的义务：(1) 没有指定受益人，或者受益人指定不明无法确定的；(2) 受益人先于被保险人死亡，没有其他受益人的；(3) 受益人依法丧失受益权或者放弃受益权，没有其他受益人的。

（七）工伤死亡赔偿金不是遗产

案例

某人因工伤死亡得到35万元赔偿金，某人有母亲、父亲、妻子、女儿。父母无生活来源，妻子有工作，女儿还在上大学（需学费2.5万元）。请问该如何分配赔偿金？

《工伤保险条例》第39条规定：职工因工死亡，其直系亲属按照规定从工伤保险基金领取丧葬补助金、供养亲属抚恤金和一次性工亡补助金。有人主张将其作为遗产分配或参照遗产的分配方式分配，这是不妥的。因为根据《中华人民共和国民法典》第1122条的界定，“遗产是自然人死亡时遗留的个人合法财产”，丧葬补助金、供养亲属抚恤金和一次性工亡补助金不是自然人的生前财产，而是其死亡发生之后才产生的，不是遗产，不可以将其当作遗产平均分配。此外，《工伤保险条例》中对供养亲属抚恤金和一次性工亡补助金是有具体的给付对象的，法律明确给谁的就应当给谁，不可由他人染指。因此，“参照遗产的分配方式分配”也是错误的。

《工伤保险条例》第39条第1款第1项规定：丧葬补助金为6个月的统筹地区上年度职工月平均工资。可将其先提取出来，补偿给办此事的出资人。

《工伤保险条例》第39条第1款第2项规定：供养亲属抚恤金按照职工本人工资的一定比例发给由因工死亡职工生前提供主要生活来源、无劳动能力的亲属。标准为：配偶每月40%，其他亲属每人每月30%，孤寡老人或者孤儿每人每月在上述标准的基础上增加10%。核定的各供养亲属的抚恤金之和不应高于因工死亡职工生前的工资。凡符合此规定的，可以从中提取相应的抚恤金。本案中的父母无生活来源，属于抚恤金领取对象，按以上规定计算，从总额中提取；妻子有工作，则没有；女儿上大学，属于特殊情况，即学费2.5万元。

从35万元总额中提取了以上两项后，剩下的就是一次性工亡补助金。一次性工亡补助金的补偿对象是死亡职工的直系亲属，即本案中的父母、妻子和女儿，四人平均分配。

（八）对于房产等不便分割的遗产如何继承

根据《中华人民共和国民法典》第1156条第2款的规定，不宜分割的遗产可以采取折价、适当补偿或者共有等方法处理。

1. 折价分割

遗产不宜分割的，可以将其变卖，换取价金，再由各继承人按照自己应得的遗产份额的比例，对价金进行分割，各自取得与应得遗产份额相应的价金。

2. 补偿分割

遗产不宜分割的，如果继承人中有人愿意取得该遗产，则由该继承人取得遗产的所有权。取得遗产所有权的继承人按照其他继承人应继承份额的比例，分别补偿给其他继承人相应的价金。

3. 保留共有的分割

遗产不宜分割，继承人又都愿意取得遗产，或继承人愿意继续保持遗产共有状况的，则可将其作为共同所有的财产，由各继承人按各自应得的遗产份额，确定对该项遗产所应享有的权利与应负担的义务。

（九）有遗赠扶养协议是否还要作出接受遗赠的表示

案例

某市登记机构一位工作人员询问：2005 年，张某和李某签订了遗赠扶养协议，协议约定，因张某未婚无子女，由李某负责照顾张某，待张某死亡后，张某所有财产均归李某所有。如果李某没有按协议要求照顾张某，则张某有权解除遗赠扶养协议，公证处对此协议进行了公证。2005 年，张某的房屋被政府征收并拆除，获得一套安置房，登记在张某名下。2020 年，张某死亡。现在李某持经过公证的遗赠扶养协议、张某的死亡证明以及居民委员会出具的李某对张某尽了生养死葬义务的证明来我单位申请转移登记。同事中有人认为：在签订遗赠扶养协议时，张某还没有取得安置房的所有权，不属于协议中提到的“所有财产”的范围。且根据《中华人民共和国民法典》的规定，受遗赠人应当在知道受遗赠后 60 日内，作出接受或者放弃受遗赠的表示；到期没有表示的，视为放弃受遗赠。李某在张某去世后几年才提出转移登记申请，应视为已经放弃接受遗赠。问：（1）遗赠扶养协议是否等同于遗赠？（2）遗赠扶养协议中仅表示张某无配偶和子女，我们如果受理登记，是否要考虑张某有无第二顺序的继承人？（3）张某的安置房是否属于遗赠的范围？李某是否可以取得该项遗产？

遗赠扶养协议与遗赠明显不同：遗赠是遗嘱人立遗嘱将个人财产赠与国家、集体或者法定继承人以外的人，是遗嘱人单方的法律行为，而遗赠扶养协议是双方的法律行为；遗赠是无偿的，不以受遗赠人为其尽扶养义务为条件。而遗赠扶养协议是有偿的、附条件的，体现了权利和义务相一致的原则；遗赠需待遗赠人死亡之时才开始产生法律效力，而遗赠扶养协议自协议签订之日起就产生法律效力。

接受遗赠的表示并不一定就是办理转移登记，如向继承人表示接受遗赠、办理公证或实际占有房屋等都属于接受遗赠的表示。本例中，李某对其没有抚养义务的张某尽生养死葬的义务，其主要目的是日后可以获得张某的遗产，李某在和张某签订遗赠扶养协议时，已经作出了接受遗赠的表示。因此，《中华人民共和国民法典》关于到期没有表示的，视为放弃受遗赠的条款，不适用于遗赠扶养协议。

按遗赠扶养协议办理继承时，无须考虑是否还存在其他继承人。张某即使有其他继承人，也应先按遗赠扶养协议办理。在《中华人民共和国民法典》的规定和最高人民法院的司法解释中都规定：有遗赠扶养协议的，按照协议办理。因此，遗赠扶养协议优于法定继承和遗嘱继承。张某和李某签订的协议中已经明确：待张某死亡后，张某的所有财产归李某所有。因此，只要是张某死亡时遗留的个人合法财产，就属于这一范围，与签订遗赠扶养协议时张某是否拥有这一财产无关。

本例中，李某对张某尽了扶养义务，遗赠扶养协议也经过了公证，已经说明了协议的真实性和合法性，李某理应取得该项遗产。

同步训练

根据情境导入中的案例，请为邓婆婆起草一份请求继承儿子遗产的民事起诉状。教师示教后，学生分组训练。

教学做一体化训练

● 重要概念

财产权　夫妻共同财产　夫妻特有财产　继承　继承权　遗产　遗嘱

● 课后讨论

1. 财产权有哪些种类？各自的含义是什么？
2. 如何区分夫妻共同财产与夫妻特有财产？
3. 财产继承主要有哪些种类？
4. 遗产有哪些特征和构成要件？
5. 遗嘱有哪些形式？

● 课后自测

一、单项选择题

1. 老年人参加劳动的（　　）受法律保护。
   A. 合法收入　　B. 全部收入　　C. 大部分收入　　D. 劳务报酬
2. 甲婚前著书一部交给出版社，同乙结婚半年后，该书正式出版，甲获稿酬 50 000 元。按照我国法律规定，该稿酬应（　　）。
   A. 归甲个人所有
   B. 视为甲、乙双方的夫妻共同财产
   C. 由甲、乙双方协商确定归属
   D. 由甲、乙双方平均分割
3. 在夫妻双方没有约定时，婚姻关系存续期间所得的下列财产中属于夫妻共同财产的是（　　）。
   A. 一方的婚前财产
   B. 一方专用的生活用品
   C. 一方身体受到伤害获得的医疗费
   D. 一方的知识产权收益

4. 按照现行司法解释，婚前个人财产在婚后共同生活中自然损毁、消耗、灭失，离婚时一方要求以夫妻共同财产抵偿的，(　　)。

A. 不予支持

B. 予以支持

C. 结婚不满 5 年的酌情予以抵偿

D. 价值较大的予以部分抵偿

5. 根据《中华人民共和国民法典》的规定，祖父母、外祖父母是孙子女、外孙子女的(　　)。

A. 第一顺序法定继承人　　B. 第二顺序法定继承人

C. 第三顺序法定继承人　　D. 代位继承人

6. 关于夫妻之间的遗产继承权，下列规定正确的是(　　)。

A. 夫妻互为第一顺序法定继承人

B. 一方在离婚诉讼过程中死亡，另一方仍享有继承权

C. 已办理结婚登记尚未同居，一方死亡，另一方不享有继承权

D. 已办理结婚登记尚未举行婚礼，一方死亡，另一方不享有继承权

7. 甲的父母离婚后，其父再婚，甲和继母共同生活了 15 年，后甲的继母和生母相继去世，甲(　　)。

A. 只能继承继母的遗产

B. 只能继承生母的遗产

C. 可以选择一人的遗产予以继承

D. 既可以继承继母的遗产，又可以继承生母的遗产

8. 甲有一子一女，甲曾继承祖上珍贵古玩若干，价值不菲。后甲重病卧床，遂将子乙招至床前，嘱乙与在外地工作之女丙均分古玩。乙见财起意，暗中将甲毒死意欲独占遗产。后事情败露，乙被执行枪决。乙之妻丁、乙之子戊与丙就遗产分割产生纠纷。经鉴定，甲所遗留的古玩价值 500 万元。根据继承法，应如何处理该纠纷？(　　)

A. 丙、丁均有继承权，由丙、丁均分各获得 250 万元

B. 戊有代位继承权，可与其母丁各分得 125 万元，丙分得 250 万元

C. 丙继承 500 万元

D. 戊有代位继承权，可与其母丁及丙均分 500 万元

9. 老人王某 80 岁，亲笔写下遗嘱："我所遗房屋两间，全部归小儿子王三继承。两个女儿都已经嫁人，不再给她们留财产。"老人亲笔签名，记明年月日，不久后老人去世，这份遗嘱(　　)。

A. 违反男女继承权平等的原则

B. 无见证人见证，无效

教学做一体化训练

教学做一体化训练

C. 合法律规定，有效

D. 未经公证，无效

10. 老刘，76 岁。老刘的儿子在一次车祸中丧生，没有留下遗嘱，在遗产分配时，儿媳妇认为必须将遗产全部留给自己唯一的女儿，拒绝老刘继承儿子的任何遗产。儿媳的做法（　　）。

A. 合法，老年人不能继承晚辈遗产

B. 合法，遗产应全部留给老刘孙女

C. 不合法，老年人有依法继承的权利

D. 合法但不合理，老刘老年丧子应予以抚慰

二、多项选择题

1. 老年人对个人财产，依法享有（　　）的权利，子女或者其他亲属不得干涉，不得以窃取、骗取、强行索取等方式侵犯老年人的财产权益。

A. 占有　　B. 使用　　C. 收益　　D. 处分

2. 子女或者其他亲属不得违背老年人的意愿，擅自处分老年人的（　　）等权益。

A. 房屋产权　　B. 股权

C. 土地承包经营权　　D. 土地使用权

3. 根据《中华人民共和国民法典》的规定，老年人去世后，在没有遗嘱继承的情况下，（　　）是该老年人的第一顺序继承人。

A. 老年人的配偶　　B. 老年人的兄弟

C. 老年人的子女　　D. 老年人的姐妹

4. 甲中风后全身瘫痪，常年卧床，其子乙、女丙均在国外无法照顾甲。乙妻从家乡招保姆丁照顾甲的生活。丁任劳任怨，对甲照顾得无微不至。甲甚为感激，遂立下遗嘱，将汽车赠与丁，房产由乙、丙继承。临终前，甲又立一遗嘱，改将房产赠与丁，汽车由乙、丙继承。下列说法正确的是（　　）。

A. 甲的前一个遗嘱与后一个遗嘱相抵触，因此无效

B. 汽车应由乙、丙继承

C. 房产由丁受遗赠

D. 房产应由乙、丙继承

5. 下列遗嘱中，不能产生法律效力的有（　　）。

A. 甲临终前，在遗嘱中未为其襁褓中的幼子乙保留必要的份额

B. 精神病患者乙自书遗嘱，之后其精神病被治愈

C. 丙临终前，召其子丁、邻居戊和庚至床前，口述遗嘱，由丁代书，戊见丙无力签名遂主动代签

D. 辛病危时，在护士己的帮助下立录音遗嘱，其子壬、病友癸、医生巳在场见证

6. 关于老年人的继承权，我国《老年人权益保障法》规定的内容包括（ ）。

A. 老年人没有继承子女遗产的权利

B. 老年人有依法继承父母遗产的权利

C. 老年人有依法继承配偶遗产的权利

D. 其他继承人在协商分割被继承人遗产时不能忽视老年人的继承权利

7. 下列关于老年人财产与继承方面权利的论述中，符合我国《老年人权益保障法》规定的有（ ）。

A. 老年人对个人的财产，依法享有占有、使用、收益和处分的权利

B. 老年人对自己财产的收益权和处分权需和赡养人平均分配

C. 与赡养人协商后，老年人有权依法处分个人的财产

D. 子女不得以窃取、骗取、强行索取等方式侵犯老年人的财产权益

8. 老年人以遗嘱处分财产，下列哪项不是应当依法为其保留必要份额的对象？（ ）

A. 子女　　B. 直系亲属

C. 老年配偶　　D. 孙子（女）

三、案例分析题

1. 原告陈某近80岁，她与配偶生育被告刘某及其他三个原告。涉案房屋登记于原告陈某丈夫名下，系原告陈某与其配偶的夫妻共同财产。2023年某日，原告与其配偶及被告刘某签订赠与协议一份，将涉案房屋赠与被告。并于同日签署授权委托书一份，原告及其配偶委托被告全权办理涉案房屋的拆迁事宜。被告于同日与拆迁办公室签订拆迁补偿协议一份，约定涉案房屋货币补偿金、搬迁补助费等各项费用共计70余万元。被告依据上述赠与协议、授权委托书将涉案款项70余万元全部转入个人名下。原告及其配偶得知后，多次找到拆迁办公室要求将货币补偿改为房屋补偿，因被告拒绝而无法办理。原告的配偶在诉讼前死亡，原告诉至法院，要求被告返还拆迁补偿款。

根据上述案情，你认为法院应当如何判决？为什么？

2. 年过花甲的某高校刘教授是一位著名学者。2019年年底，其夫人因病去世。此后，他和上大学的女儿刘某相依为命。刘教授把自己的全部精力都投入教学和科研之中，以免感到孤独和寂寞。2020年的一天，刘教授偶遇他以前教过的一个女学生罗某。在得知刘教授个人生活的现状后，28岁的罗某向刘教授倾吐了爱慕之情。原来，在学生时期，罗某就被才华横溢、知识渊博的刘教授所吸引，刘教授是她心目中的白马王子。毕业

教学做一体化训练

后，她一直未遇到能让她更为欣赏的人。刘教授听后很感动，他也很喜欢罗某。经过一段时间的接触，刘教授把他和罗某之间的恋情告诉了已经参加工作的女儿刘某，遭到刘某的强烈反对。刘某认为母亲去世时间不长，父亲就想再娶，而父母当初感情那么好，父亲的行为是对母亲的亵渎；再说，罗某仅比自己大三四岁，实在不像话。刘教授看女儿一时难以接受这件事，就想过一段时间再说。又过了两个月，刘教授把自己准备和罗某结婚一事告诉了女儿，没想到刘某威胁说，如果他和罗某结婚，就与他断绝父女关系。刘某还对父亲的婚事百般阻挠，并拿走了家里的户口本。刘教授碍于情面，不好意思向婚姻登记机关说明情况，没有与罗某办理结婚登记。2021 年元旦，刘教授和罗某请一些亲朋好友吃了一顿饭后，便开始了共同生活。

2022 年春节，罗某生下一子。不幸的是，2023 年暑假，刘教授突遇车祸死亡。刘教授死后留有遗产价值人民币 80 万元，但没有留下遗嘱。

根据上述案情，回答下列问题并简述理由：

(1) 刘某是否能与刘教授断绝父女关系？

(2) 刘某是否有权干涉刘教授再婚？

(3) 刘教授死亡后，哪些人对其遗产享有继承权？

3. 老教授的老伴去世已五年，膝下有两男一女，均已过了不惑之年，且各有各的事业，一个在国外，两个在国内。尽管儿女都很孝顺，也为老教授请了保姆，但老教授还是觉得工作之余有些孤独，希望再找个老伴，安度晚年。三个子女对老教授的想法均表示支持，但建议其慎重择偶。老教授对其财产在婚后的归属有疑问，遂来咨询，提出的问题是：

(1) 他有一套学校分配的三居室的房子，在老伴去世前房改时购买的，如果他再婚，房子的权属有无变化？要不要进行婚前财产公证？

(2) 如果他先于再婚老伴去世，再婚老伴有无继承他房子的权利？

项 目 五

老年人人身权益保障

学习目标

知识目标

1. 了解人身权的概念及包含的内容
2. 掌握生命健康权的概念及包含的内容
3. 掌握姓名与肖像权的概念及包含的内容
4. 掌握名誉和隐私权的概念及包含的内容

能力目标

1. 能够维护老年人生命健康权益
2. 能够维护老年人姓名与肖像权益
3. 能够维护老年人名誉和隐私权益

素养目标

1. 培养人身权利意识，推动法治建设
2. 树立尊重他人人权，不侵犯他人人身权的理念人身权是指民事主体依法享有的与其人身不可分离而无直接财产内容的民事权利，它可以分为人格权和身份权两部分。前者是以权利人自身的人身、人格利益为客体的民事权利，包括生命健康权、身体权、姓名权、自由权、名誉权、肖像权、荣誉权、隐私权等；后者是存在于一定身体关系上的权利，权利客体为特定身份关系的对方当事人，包括监护权、亲权等。

任务一

老年人生命健康权益保障

情境导入

一位老人到动物园去玩，她拿食物喂一只孔雀，但是一向性情温和的孔雀却一反常态啄伤了老人，园方知道此事后立即将老人送去医院治疗，缝了十几针。园方主动承担了所有的医药费。老人出院一段时间后，伤口发炎，再一次到医院治疗，老人要求园方继续承担所有的医药费，但遭到园方拒绝。老人来到你所在的老年人法律服务中心向你咨询。

任务描述

请你针对老人提出的问题，告知老人在本事件中园方应承担哪些费用，并列出详细的赔偿项目及标准。

相关知识

一、生命健康权

生命健康权是自然人的生命权和健康权两种权利的统称，是自然人享有的最基本的人权。党的二十大报告指出：“推进健康中国建设。人民健康是民族昌盛和国家强盛的重要标志。把保障人民健康放在优先发展的战略位置，完善人民健康促进政策。”老年人享有生命安全、身体健康受法律保护的权利，任何组织和个人都不得非法侵害。只有健康状况良好，老年人才能实现个人和家庭幸福。保护生命健康权，是刑法、民法、行政法等许多法律部门的共同任务。非法侵害自然人的生命健康权，要承担相应的民事责任和刑事责任。为保护自己的生命和健康，老年人可以行使自卫权和请求权。自卫权是指当自然人自身的生命或者健康受到危害时，有权依法采取相应的措施进行自卫，如正当防卫和紧急避险。请求权是指当自然人的生命或者健康受到不法侵害时，其本人或其亲属有权要求加害者停止侵害，并请求司法机关依法追究加害者的法律责任。

生命权是自然人维护其生命安全利益的权利，主要表现为生命安全维护权，当他人非法侵害自身生命安全时，有权依法自卫和请求司法保护。凡致人死亡的非法行为均属侵害生命权的行为。生命对于我们来说只有一次、具有最高价值，生命安全是自然人从事一切活动的物质前提和基本条件，生命一旦丧失，任何权利对于受害人而言均无价值。我们有权珍爱生命，维护生命安全。

健康权是自然人维护其身体健康即生理机能正常运行、具有良好心理状态的权利。健康的内容主要表现为健康维护权，有两层含义：其一，保持自己健康的权利；其二，健康利益维护权，当健康受到不法侵害时，受害人享有司法保护请求权。

二、人身损害赔偿项目及标准

人身损害赔偿是指自然人的生命、健康、身体受到不法侵害，造成伤害、残疾、死亡及精神损害时，要求赔偿义务人以财产进行赔偿的侵权法律制度。人身损害赔偿的权利主体是自然人，客体是身体健康权或生命权，赔偿的方式是财产赔偿，赔偿的义务人是致人损害的致害方。

《中华人民共和国民法典》第 1179 条规定：“侵害他人造成人身损害的，应当赔偿医疗费、护理费、交通费、营养费、住院伙食补助费等为治疗和康复支出的合理费用，以及因误工减少的收入。造成残疾的，还应当赔偿辅助器具费和残疾赔偿金；造成死亡的，还应当赔偿丧葬费和死亡赔偿金。”《最高人民法院关于审理人身损害赔偿案件适用法律若干问题的解释》第 1 条第 1 款规定：“因生命、身体、健康遭受侵害，赔偿权利人起诉请求赔偿义务人赔偿物质损害和精神损害的，人民法院应予受理。”第 16 条规定：“被扶养人生活费计入残疾赔偿金或者死亡赔偿金。”根据以上法律和司法解释的规定，人身损害具体赔偿项目及标准如下。

（一）医疗费

医疗费是指受害人在遭受人身伤害之后接受医学上的检查、治疗与康复训练所必须支出的费用。医疗费不仅包括过去的医疗费用（如治疗费、医药费），也包括将来的医疗费用（如康复费、整容费）以及其他后续治疗费。医疗费的赔偿数额，根据医疗机构出具的医药费、住院费等收款凭证，结合病历和诊断证明等相关证据，按照一审法庭辩论终结前实际发生的数额确定。

器官功能恢复训练所需的康复费、适当的整容费以及其他后续治疗费，赔偿权利人可以待实际发生后另行起诉。但根据医疗证明或者鉴定结论确定必然发生的费用，可以与已经发生的医疗费一并予以赔偿。

（二）误工费

误工费是指赔偿义务人应当向赔偿权利人支付的受害人从遭受伤害到完全治愈这一期间（误工时间）内，因无法从事正常工作而实际减少的收入。

误工费根据受害人的误工时间和收入状况确定。误工时间根据受害人接受治疗的医疗机构出具的证明确定。受害人因伤致残持续误工的，误工时间可以计算至定残日前一天。受害人有固定收入的，误工费按照实际减少的收入计算。受害人无固定收入的，按照其最近三年的平均收入计算；受害人不能举证证明其最近三年的平均收入状况的，可以参照受诉法院所在地相同或者相近行业上一年度职工的平均工资计算。

（三）护理费

护理费是指受害人因遭受人身损害、生活无法自理需要他人护理而支出的费用。

护理费根据护理人员的收入状况和护理人数、护理期限确定。护理人员有收入的，参照误工费的规定计算；护理人员没有收入或者雇用护工的，参照当地护工从事同等级别护理的劳务报酬标准计算。护理人员原则上为一人，但医疗机构或者鉴定机构有明确意见的，可以参照确定护理人员人数。护理期限应计算至受害人恢复生活自理能力时止。受害人因残疾不能恢复生活自理能力的，可以根据其年龄、健康状况等因素确定合理的护理期限，但最长不超过二十年。

受害人定残后的护理，应当根据其护理依赖程度并结合配制残疾辅助器具的情况确定护理级别。

（四）交通费

交通费是指受害人及其必要的陪护人员因就医或者转院治疗所实际发生的用于交通的费用。交通费根据受害人及其必要的陪护人员因就医或者转院治疗实际发生的费用计算。交通费应当以正式票据为凭；有关凭据应当与就医地点、时间、人数、次数相符合。

（五）住院伙食补助费

住院伙食补助费是指受害人遭受人身损害后，因其在医院治疗期间支出的伙食费用超过平时在家的伙食费用，而由加害人就其合理的超出部分予以赔偿的费用。其可以参照当地国家机关一般工作人员的出差伙食补助标准予以确定。

受害人确有必要到外地治疗，因客观原因不能住院，受害人本人及其陪护人员实际发生的住宿费和伙食费，其合理部分应予赔偿。

（六）营养费

营养费是指受害人在遭受损害后，为辅助治疗或使身体尽快康复而购买日常饮食以外的营养品所支出的费用。关于营养费的具体给付标准，司法解释并没有明确规定，只是给出了两个依据：一是受害人的伤残情况；二是参考医疗机构的意见。

（七）残疾赔偿金

残疾赔偿金是指对受害人因人身遭受损害致残而丧失全部或者部分劳动能力的财产赔偿。根据受害人丧失劳动能力的程度或者伤残等级，按照受诉法院所在地上一年度城镇居民人均可支配收入标准，自定残之日起按二十年计算。但六十周岁以上的，年龄每增加一岁减少一年；七十五周岁以上的，按五年计算。

受害人因伤致残但实际收入没有减少，或者伤残等级较轻但造成职业妨害严重影响其劳动就业的，可以对残疾赔偿金作相应调整。

（八）残疾辅助器具费

残疾辅助器具费是指因伤致残的受害人为补偿其遭受创伤的肢体器官功能、辅助其实现生活自理或者从事生产劳动而购买、配制的生活自助器具所需的费用。残疾辅助器具费按照普通适用器具的合理费用标准计算。伤情有特殊需要的，可以参照辅助器具配制机构的意见确定相应的合理费用标准。辅助器具的更换周期和赔偿期限参照配制机构的意见确定。

（九）丧葬费

丧葬费是指侵害自然人的生命权致使受害人死亡的，受害人的亲属对死亡的受害人进行安葬所产生的丧葬费用的支出。一般用于逝者服装、整容、遗体存放、运送、告别仪式、火化、骨灰盒、骨灰存放等。其按照受诉法院所在地上一年度职工月平均工资标准，以六个月总额计算。

（十）死亡赔偿金

死亡赔偿金又称死亡补偿费，是死者因他人致害死亡后由加害人给其近亲属所造成的物质性收入损失的一种补偿。其按照受诉法院所在地上一年度城镇居民人均可支配收入标准，按二十年计算。但六十周岁以上的，年龄每增加一岁减少一年；七十五周岁以上的，按五年计算。

（十一）被扶养人生活费

被扶养人生活费是指加害人非法剥夺他人生命权，或者侵害他人健康权致其劳动能力丧失，造成受害人生前或丧失劳动能力以前扶养的人扶养来源丧失，应依法向其赔偿的必要的费用。根据扶养人丧失劳动能力程度，按照受诉法院所在地上一年度城镇居民人均消费性支出标准计算。被扶养人为未成年人的，计算至十八周岁；被扶养人无劳动能力又无其他生活来源的，计算二十年。但六十周岁以上的，年龄每增加一岁减少一年；七十五周岁以上的，按五年计算。

被扶养人是指受害人依法应当承担扶养义务的未成年人或者丧失劳动能力又无其他生活来源的成年近亲属。被扶养人还有其他扶养人的，赔偿义务人只赔偿受害人依法应当负担的部分。被扶养人有数人的，年赔偿总额累计不超过上一年度城镇居民人均消费性支出额。

按照现行法律规定，被扶养人生活费计入残疾赔偿金或者死亡赔偿金。法院在判决中，不单列被扶养人生活费这一项，在依照《最高人民法院关于审理人身损害赔偿案件适用法律若干问题的解释》计算出被扶养人生活费后，与残疾赔偿金或死亡赔偿金相加后作为“残疾赔偿金”或“死亡赔偿金”体现在判决的判项上。

（十二）精神损害抚慰金

精神损害抚慰金是指受害人或者死者近亲属因受害人的生命权、健康权、名誉权、人格自由权等人格权利遭受不法侵害导致其遭受肉体和精神上的痛苦、精神反常折磨或生理、心理上的损害（消极感受）而依法要求侵害人赔偿的精神抚慰费用。《最高人民法院关于审理人身损害赔偿案件适用法律若干问题的解释》第 23 条规定：“精神损害抚慰金适用《最高人民法院关于确定民事侵权精神损害赔偿责任若干问题的解释》予以确定。”根据《最高人民法院关于确定民事侵权精神损害赔偿责任若干问题的解释》，精神损害赔偿金适用于以下情况：

（1）自然人因下列人格权利遭受非法侵害，向人民法院起诉请求赔偿精神损害的，人民法院应当依法予以受理：1）生命权、健康权、身体权；2）姓名权、肖像权、名誉权、荣誉权；3）人格尊严权、人身自由权。

违反社会公共利益、社会公德侵害他人隐私或者其他人格利益，受害人以侵权为由向人民法院起诉请求赔偿精神损害的，人民法院应当依法予以受理。

（2）非法使被监护人脱离监护，导致亲子关系或者近亲属间的亲属关系遭受严重损害，监护人向人民法院起诉请求赔偿精神损害的，人民法院应当依法予以受理。

（3）自然人死亡后，其近亲属因下列侵权行为遭受精神痛苦，向人民法院起诉请求赔偿精神损害的，人民法院应当依法予以受理：1）以侮辱、诽谤、贬损、丑化或者违反社会公共利益、社会公德的其他方式，侵害死者姓名、肖像、名誉、荣誉；2）非法披露、利用死者隐私，或者以违反社会公共利益、社会公德的其他方式侵害死者隐私；3）非法利用、损害遗体、遗骨，或者以违反社会公共利益、社会公德的其他方式侵害遗体、遗骨。

（4）具有人格象征意义的特定纪念物品，因侵权行为而永久性灭失或者毁损，物品所有人以侵权为由，向人民法院起诉请求赔偿精神损害的，人民法院应当依法予以受理。

按照《最高人民法院关于确定民事侵权精神损害赔偿责任若干问题的解释》的规定，精神损害的赔偿数额根据以下因素确定：

（1）侵权人的过错程度，法律另有规定的除外。

（2）侵害的手段、场合、行为方式等具体情节。

（3）侵权行为所造成的后果。

（4）侵权人的获利情况。

（5）侵权人承担责任的经济能力。

（6）受诉法院所在地平均生活水平。

法律、行政法规对残疾赔偿金、死亡赔偿金等有明确规定的，适用法律、行政法规的规定。

精神损害抚慰金的请求权不得让与或者继承，但赔偿义务人已经以书面方式承诺给予金钱赔偿或者赔偿权利人已经向人民法院起诉的除外。

三、老年人人身损害赔偿案件的证据收集

诉讼中所查证的事实需要证据来证明，没有证据证明的事实法院是不予认可的，只有有证据证明的事实才能作为法律适用的依据。由于历史原因，我国较多老年人文化水平较低、法律意识不强，加上老年人本身生理、心理素质的逐步弱化，使得他们的自我保护意识不强，往往还按老方法行事，不知道对有关证据进行收集和保全，以致发生纠纷时往往不能提供对自己有利的证据，给纠纷的处理带来难度。

（一）医疗费证据

医疗费证据主要包括医院的病历、出院小结、医生的处方笺、医疗费发票及费用清单。事实上，病历、出院小结和医生的处方笺主要是针对损害程度及医疗情况的证据，医疗费发票才是最直接指向医疗费用的证据。但是病历、出院小结和处方笺的内容是对受害人采取何种医疗措施的反映，其将提示医疗费用的支出是否合理。特别要注意对处方笺的保存，尤其是在门诊医疗中，病人的用药医生必须在处方笺上列明，这对查验用药是否合理是一个很好的证据。赔偿义务人对治疗的必要性和合理性有异议的，应当承担相应的举证责任。

（二）误工费证据

在以往的一些案例中，赔偿权利人一方对误工费主张提供的证据往往是这样的：“×××是本单位职工，月收入××××元。”事实上这不是一份误工证明，而仅仅是一份收入证明，即便其真实性得到了法院的认可，但法院仅能认可其月收入多少而无法认定其为误工损失。因为一份完整的误工证明不仅要有被证明人的收入情况，更重要的是具体误工了多长时间，单位对其收入是否扣发、扣发多少，被扣发的部分才是真正的误工损失。所以较为完整的误工费证明应当这样写：“×××为本单位职工，月收入××××元，因其亲属×××受伤入院（死亡、

受伤残疾）需要照顾，向本单位请假××天，扣发其（何种类型的）收入××××元。”此外，对于工资收入的证明仅凭单位证明是不充足的，如果有工资单还要提供工资单，如果月收入较高应当缴纳个人所得税的，还要提供完税凭证。

（三）护理费证据

护理目前主要有两种方式：一种是家人护理；另一种是聘请专门的护工。前一种护理方式的护理费计算就是护理者的误工损失，证据的形式如前述“误工费证据”；后一种护理方式的护理费计算一般按照聘用双方的合同确定，因此一般将合同及付费收据作为证据。需要说明的是，护工的费用一般不应超过各省的标准。

（四）交通费证据

交通费的相关证据主要是一些车票凭证。提交车票作为证据时，要注意车票的时间与区间以及交通工具的使用。根据交通费的计算法则，交通费的使用应当经济合理，除非情势需要，否则不应随意选择高档的交通工具。

（五）住宿费证据

住宿费证据主要是到外地就医、配置残疾辅助器具、参加事故处理等必须在外地住宿的发票、收据等。

（六）住院伙食补助费证据

因住院伙食补助费主要根据受诉地法院所处地区一般国家工作人员出差伙食补助费用计算，故不需提供特别证据，但住院的天数要结合病历、出院小结等医疗资料确定。

（七）营养费证据

若要营养费诉求获得支持必须有相关医嘱，因此可以要求主治医师提供相关证明。

（八）残疾赔偿金证据

法医鉴定书是证明伤残及伤残等级最直接有效的证据，要想获得残疾赔偿金，必须持有该项证据。

（九）残疾辅助器具费用证据

最主要的证据是医嘱、医疗资料和购买残疾辅助器具的发票。

（十）死亡赔偿金证据

主要的证据是公安机关的死亡证明和受诉法院所在地上一年度城镇居民人均可支配收入或

者农村居民人均纯收入。

（十一）丧葬费证据

运尸费、火化费、骨灰盒存放费凭殡葬部门的收费单据。骨灰盒费、寿衣费以当地中等价格为准。

（十二）被扶养人生活费证据

若被扶养人为未成年人，则提供户口簿等证据证明其年龄及被扶养人与受害的扶养人的关系。若被扶养人为成年人，则需提供被扶养人无法劳动或为无民事行为能力人、限制民事行为能力人的证据。

（十三）精神损害抚慰金证据

目前，对于精神损害没有一个统一的量化标准。一般而言，精神损害抚慰金数额与被害人受伤害程度相联系。法医鉴定书是一项很重要的证明被害人受伤害程度的证据。

四、老年人生命健康权益保障的内容

（一）老年人人身伤害救济

老年人受到子女、邻居或他人殴打后，应当在 24 小时内向公安部门报案，由公安部门验伤并制作验伤单。若并无明显伤痕，公安部门不验伤的，也应当及时向公安部门或所属街道、居委会反映情况，让这些部门作书面记录，万一将来起诉到法院可以作为证据。

若被打老年人构成轻伤，而且自己有证据证明的，可以直接向法院提起刑事自诉，同时要求被告进行民事赔偿。

若老年人被打伤势严重，向公安部门报案后，由检察机关提起公诉。

（二）老年人受子女虐待救济

案例

某村 80 岁的郭老汉和其 74 岁的妻子徐老太在家中自杀身亡。多名邻居称，两位老人在大儿子家经常挨打挨骂，吃喝都成问题。当地村委会陈副主任介绍，两位老人离世后，村委会决定限其大儿子一家 10 日内搬离村庄。

当地村委会将郭老汉大儿子一家“驱逐”出村，可见其虐待老人的失德行为已令村民愤慨至极。但对于不孝子的惩罚仅仅是“驱逐”吗？他们应该受到何种法律制裁？

虐待，指子女对父母经常以打骂、冻饿、限制自由、污辱人格等方法，从肉体上、精神上进行摧残迫害。

子女侵犯老年人的合法权益或虐待老年人的，按照《中华人民共和国老年人权益保障法》的规定，老年人可以向子女所在组织或当地居民委员会要求调解，也可以直接向人民法院提起诉讼。对给老年人人身权益、财产权益造成损失的，子女必须承担民事责任，给予赔偿。

子女虐待父母，情节恶劣的，按照《中华人民共和国民法典》的规定，将丧失继承权；构成犯罪的，依法追究刑事责任。虐待父母，情节恶劣的，依照《中华人民共和国刑法》第 260 条的规定，处 2 年以下有期徒刑、拘役或者管制；致使被害人重伤的，处 2 年以上 7 年以下有期徒刑。对遗弃老年人，情节恶劣的，构成遗弃罪，按照《中华人民共和国刑法》第 261 条的规定，处 5 年以下有期徒刑、拘役或者管制。

（三）老年人受保姆虐待救济

案例

72 岁的夏老太因脑血栓后遗症瘫痪在床，儿女从某家政服务公司雇用保姆张某照顾。四个月后的一天，女儿回家看望老人，发现母亲脸上有几处瘀青和伤痕，保姆称是蚊子叮咬的。

女儿将老人带出散步细问，老人痛哭不止，女儿经安装录像设备查看视频发现，只因保姆喂饭时老人不小心弄脏其衣服，保姆张某便不停地打骂老人。夏老太因长期受虐待，精神异常紧张、抑郁，身心受到极大伤害，身体每况愈下。

我国已经步入老龄化社会，来自基层执法部门的统计显示，因老年人遭遇保姆或养老机构服务人员虐待而引发的法律咨询或诉讼案件呈现增多趋势。一些老年人遭受虐待后，总因为实施虐待者是弱势群体、受虐者无明显伤害后果、取证困难等问题而不知如何应对。其实，老年人遭遇虐待，无论是否造成后果，实施虐待者都应当承担法律责任。

（1）虐待情节恶劣的，可要求其承担虐待被监护、看护人罪的刑事责任

我国刑法明确规定，对负有看护职责的老年人实施虐待，情节恶劣的，构成虐待被看护人罪，处 3 年以下有期徒刑或者拘役。《中华人民共和国刑法》第 260 条规定的虐待罪仅限于家庭成员之间。《中华人民共和国刑法修正案（九）》新增设的虐待被监护、看护人罪弥补了这一法律漏洞，将非家庭成员之间的虐待行为纳入了刑法保护的范围，加强了对弱势群体权益的保障。

（2）对造成伤害后果的，可要求其承担伤害罪的刑事责任。

对虐待老年人、达到轻伤害标准以上的伤害程度的，可依据《中华人民共和国刑法》第 234 条的规定：故意伤害他人身体的，处 3 年以下有期徒刑、拘役或者管制。犯前款罪，致人

重伤的，处 3 年以上 10 年以下有期徒刑；致人死亡或者以特别残忍手段致人重伤造成严重残疾的，处 10 年以上有期徒刑、无期徒刑或者死刑。

（3）对造成一定损害的，可要求其承担民事赔偿责任。

如果虐待老年人构成犯罪的，在追究实施者刑事责任的同时，可提起附带民事赔偿诉讼；如果未构成犯罪，可直接要求民事损害赔偿。《中华人民共和国民法典》第 1165 条第 1 款规定："行为人因过错侵害他人民事权益造成损害的，应当承担侵权责任。"如果老年人因受虐待遭受精神损害，造成严重后果的，还可要求精神损害赔偿。

（4）未造成伤害后果的，可要求对其进行治安处罚。

对于虐待老年人未造成后果的，可向公安机关报案，要求对其进行治安处罚。根据《中华人民共和国治安管理处罚法》第 43 条的规定，殴打他人的，或者故意伤害他人身体的，处 5 日以上 10 日以下拘留，并处 200 元以上 500 元以下罚款；殴打、伤害残疾人、孕妇、不满 14 周岁的人或者 60 周岁以上的人的，处 10 日以上 15 日以下拘留，并处 500 元以上 1 000 元以下罚款。

（5）对养老院、家政公司未尽相关义务的，可要求其承担相应赔偿责任。

众多案例中，相当一部分侵权者是家政公司、养老院的雇员。《中华人民共和国民法典》第 1191 条第 1 款规定：用人单位的工作人员因执行工作任务造成他人损害的，由用人单位承担侵权责任。

（6）对虐待老年人引发的诉讼可请求法律援助。

《中华人民共和国老年人权益保障法》和《中华人民共和国法律援助条例》均规定：老年人因其合法权益受侵害提起诉讼交纳诉讼费确有困难的，可以缓交、减交或免交；需要获得律师帮助，但无力支付律师费用的，可以获得义务法律援助。

（四）老年人在经营场所、公共场所受伤救济

案例

肖某与一家养老院于 2023 年 1 月 1 日签订了一份为期两年的入住合同。次日，肖某入住。2023 年 7 月 9 日上午，肖某在用水时与本院养老老人陈某发生口角。因两个在场的护理人员不知如何处理而未劝阻，双方越吵越凶。陈某一气之下揪住肖某推来推去，但护理人员此时仍只是喊着"不要打架"而没有将陈某、肖某拉开。数分钟后，陈某将肖某推倒，致使肖某右手在倒地时骨折，用去医疗费用 16 000 余元。面对肖某的赔偿请求，养老院以其应找加害人陈某为由拒绝。

《中华人民共和国民法典》第 1198 条规定，宾馆、商场、银行、车站、机场、体育场馆、娱乐场所等经营场所、公共场所的经营者、管理者或者群众性活动的组织者，未尽到安全保障

义务，造成他人损害的，应当承担侵权责任。因第三人的行为造成他人损害的，由第三人承担侵权责任；经营者、管理者或者组织者未尽到安全保障义务的，承担相应的补充责任。经营者、管理者或者组织者承担补充责任后，可以向第三人追偿。

虽然其中没有提到养老院，但这里只是列举性规定，并非仅仅限制已经被点到的场所，就未提到的其他场所的经营者、管理者或者组织者应否依照该规定担责，关键要看事发地是否属于“公共场所”。养老院既是公共场所，也是经营场所，同时又是该场所的管理人，故在养老院发生的类似纠纷也应当依照上述规定处理。

本案中，护理人员在肖某、陈某长时间争吵、推拉中一直未加以有效制止，以致冲突越来越激烈，表明其未能尽到合理限度范围内的安全保障义务，故应在陈某无力承担责任的情况下，由养老院就不足部分承担相应的补充赔偿责任。

（五）老年人医疗事故救济

案例

我的母亲上个月住院检查，B超结果是胆囊炎、胆管结石，然后形成阻塞性黄疸。手术5小时后，医生说没有结石，只是发现在胰腺部有一个小肿块，压迫了胆总管形成的阻塞性黄疸。如果我们选择割掉肿块，可能我母亲下不了手术台。医生建议我们下次手术。当时医生不敢切片，连肿块是恶性的还是良性的都不知道。我母亲出院后，才得知该医院没有这个手术技术。现在，我母亲还是全身泛黄，每天只能插着引流管，如果选择第二次手术，必须到省会的医院去，并且费用昂贵，我们家庭承受不起。我想咨询的是，这属不属于医院误诊？我们能不能找医院赔偿？

---

1. 医疗事故

医疗事故是指医疗机构及其医务人员在医疗活动中，违反医疗卫生管理法律、行政法规、部门规章和诊疗护理规范、常规，因过失造成患者人身损害的事故。根据对患者人身造成的损害程度，医疗事故分为四级。一级医疗事故：造成患者死亡、重度残疾的；二级医疗事故：造成患者中度残疾、器官组织损伤导致严重功能障碍的；三级医疗事故：造成患者轻度残疾、器官组织损伤导致一般功能障碍的；四级医疗事故：造成患者明显人身损害的其他后果的。

医疗纠纷是指基于医疗行为在医方（医疗机构）与患方（患者或者患者近亲属）之间产生的医疗过错、侵权与赔偿纠纷。医疗纠纷包括医疗事故纠纷和其他医疗纠纷。医疗事故纠纷指医患双方就具体医疗事件是否构成事故、应否赔偿、怎样赔偿所产生的纠纷。其他医疗纠纷包括经过医疗事故鉴定不属于医疗事故的医疗纠纷、不申请医疗事故鉴定的医疗纠纷、医学会不予鉴定的医疗纠纷。

医疗纠纷发生后，患者或家属要做的一件非常重要的事情就是复印患者的住院病历。最常遇到的问题就是住院病历中的内容。

《医疗事故处理条例》第10条规定：患者有权复印或者复制其门诊病历、住院志、体温单、医嘱单、化验单（检验报告）、医学影像检查资料、特殊检查同意书、手术同意书、手术及麻醉记录单、病理资料、护理记录以及国务院卫生行政部门规定的其他病历资料。患者依照前款规定要求复印或者复制病历资料的，医疗机构应当提供复印或者复制服务并在复印或者复制的病历资料上加盖证明印记。复印或者复制病历资料时，应当有患者在场。医疗机构应患者的要求，为其复印或者复制病历资料，可以按照规定收取工本费。具体收费标准由省、自治区、直辖市人民政府价格主管部门会同同级卫生行政部门规定。

《医疗机构病历管理规定》第19条规定，医疗机构可以为申请人复印或者复制的病历资料包括：门（急）诊病历和住院病历中的住院志（即入院记录）、体温单、医嘱单、医学影像检查资料、特殊检查（治疗）同意书、手术同意书、麻醉同意书、手术及麻醉记录单、病理报告、出院记录等。该条规定将《医疗事故处理条例》第10条规定的“住院志”限定为“入院记录”，将“国务院卫生行政部门规定的其他病历资料”明确为“出院记录”。

根据上述规定，患者可以复印的病历材料包括除病程记录以外的其他全部材料。但是，根据《中华人民共和国民事诉讼法》和《最高人民法院关于诉讼代理人查阅民事案件材料的规定》的有关规定，在进入诉讼阶段后，当事人和诉讼代理人可以复印案件的证据材料。如果医院将住院病历作为证据材料提交法院，则当事人和诉讼代理人可以复印的患者的住院病历就包括全部住院病历，不受《医疗事故处理条例》和《医疗机构病历管理规定》的限制。

2. 医疗事故争议证据的收集和保存

医疗事故争议在处理时都需要一定的证据来支持自己的观点和主张，因此一旦发生医疗纠纷，第一时间保存和收集证据是非常重要的。目前，病历、检验单据通常由医院保管，所以发生纠纷后，患者一方比较被动。一般来说，证据包括病历、检验单、处方及药品、输血输液剩余液、手术切除组织等一切可以证明医疗过程真实情况的材料。

（1）患者病历。患者病历包括门诊病历和住院病历，是患者就诊最原始的证据材料，由医生记录患者主诉的基本情况、医生的查体、诊断和处理意见及处方。《医疗事故处理条例》明确规定，医疗机构应当按照国务院卫生行政部门规定的要求书写并妥善保管病历资料。因抢救急危患者，未能及时书写病历的，有关医务人员应当在抢救结束后6小时内据实补记并加以注明。严禁涂改、伪造、隐匿、销毁或者抢夺病历资料。患者有权复印或复制其门诊病历、住院志、体温单、医嘱单、化验单（检验报告）、医学影像检查资料、特殊检查同意书、手术同意书、手术及麻醉记录单、病理资料、护理记录以及国务院卫生行政部门规定的其他病历资料。患者要求复印或者复制病历资料的，医疗机构应当提供复印或者复制服务并在复印或者复制的病历资料上加盖证明印记。复印或者是复制病历资料时，应当有患者在场。

（2）检验单。检验单包括各种化验单和医疗仪器的检查结果等。随着医学检验手段的发展，医生的诊断越来越多地依赖各种检验和医疗仪器。这些检验结果是非常重要的个人资料，对检验结果反映的异常情况未予重视，或者有疾病未能检验出，造成漏诊、误诊都属于医院方的责任。

（3）处方及药品。目前各医院通常会将处方底联交患者一份，患者要注意保存。此外，药品及药品包装袋等也是较为重要的证据。处方可以反映医生是否用错药，剩余药品及包装袋可以反映药房或护士是否发错药。

（4）输血输液剩余液或包装袋。输血输液在临床上容易导致患者的不良反应，一旦患者出现不良反应或引发了医疗纠纷，患者要注意保存输血输液剩余液或包装袋，以便日后送交有关部门检验。

（5）手术切除组织。手术患者组织切除物等也是处理医疗纠纷时的有利证据。

3. 医疗事故争议的解决

当事人除了向人民法院提起诉讼外，还可以向卫生行政部门提出医疗事故争议处理申请，但两者只能选择其一。向卫生行政部门申请处理，应当自知道或应当知道其身体受损害之日起1年内提出申请。在申请书中应载明申请人的基本情况、有关事实、具体请求及理由等事项。卫生行政部门予以受理的，将由医学会组织鉴定工作。当事人对首次鉴定结论有异议的，可以申请再次鉴定。

医疗事故争议也可以通过双方当事人自行协商解决。如果是通过这种方式解决的，医疗机构应当自解决之日起7日内向所在地卫生行政部门作出书面报告，并附具协议书。

4. 不属于医疗事故的情况

有下列情形之一的，不属于医疗事故：（1）虽有诊疗护理过错或不足，但对患者未造成身体健康损害；（2）在诊疗过程中由于病情或患者体质特殊而发生的难以预料的，或者在预料中难以防范的不良后果；（3）在诊疗过程中发生的难以避免的并发症；（4）在正常的技术操作过程中发生的难以避免的诊疗；（5）现有医学科学技术无法预料、防范的不良后果；（6）在紧急情况下为抢救垂危患者生命而无法按照常规采取的急救措施造成的不良后果；（7）非精神病患者在诊疗期间自杀、自残导致的死亡、伤残；（8）无过错输血感染造成的不良后果；（9）因患者或患者一方原因，延误诊疗导致的不良后果；（10）国务院卫生行政部门规定的其他情形。

（六）精神损害抚慰金的分割

案例

2023年1月8日，相恋两年的王某和刘某登记结婚。5月21日，王某死于一场交通事故。经协商，肇事方赔偿了21万元，其中精神损害抚慰金5万元。王某无兄弟姐妹，父亲5年前已去世，母亲徐某年逾六旬。在分割赔偿款中的精神损害抚慰金时，王某的母亲徐某和王某的妻子刘某产生分歧，徐某认为她应当多分，刘某则坚决要求平分，双方遂诉至法院。

本案中，对婆媳间如何分割该笔精神损害抚慰金，存在着三种意见：第一种意见认为，精神损害抚慰金视为遗产，由徐某和刘某按照法定继承的方式继承分割；第二种意见认为，精神损害抚慰金是对生者的抚慰，特定的抚慰对象人人有份，以平均分割为宜；第三种意见认为，既然精神损害可量化为金钱，那么，精神痛苦也可以用金钱来衡量，对于母亲的丧子之痛和妻子的丧夫之痛，法官可具体问题具体分析，通过自由裁量来决定精神损害抚慰金的分割比例。

本书同意第三种意见，理由如下：

（1）精神损害抚慰金不属于遗产，也不能视为遗产，法定继承不适用于精神损害抚慰金的分割。遗产为公民死亡时遗留的个人合法财产，精神损害既没有引起死者现存财产的减少，也没有导致未来可得利益的丧失，而且精神损害抚慰金产生于死者死亡后，因此它不能归入遗产范畴。更重要的是，精神损害抚慰金不是对死者的抚慰，而是对生者的抚慰，是对与死者有着特定亲属关系的人的抚慰。抚慰谁，谁就有权获得精神损害抚慰金，如果将其视为遗产进行分割，无疑侵犯了抚慰对象对精神损害抚慰金的所有权。

（2）精神损害抚慰金是对生者的抚慰，特定对象获得抚慰的权利是平等的，但不意味着精神损害抚慰金应当均等分割。作为精神痛苦的补偿，精神损害抚慰金属于特定的抚慰对象所有。根据《最高人民法院关于确定民事侵权精神损害赔偿责任若干问题的解释》的规定：自然人因侵权行为致死，其配偶、父母和子女可作为原告向人民法院起诉请求赔偿精神损害。结合本案而言，就是徐某和刘某获得精神损害抚慰金的权利是平等的，对于已经获得的5万元精神损害抚慰金，她们都是所有权人。但是，这并不意味着分割时就得实行平均主义。目前，我国法律没有规定精神损害抚慰金的分割原则，因此，发生精神损害抚慰金分割纠纷时，不妨将问题交给法官自由裁量来解决。

（3）精神的痛苦可以量化为物质的赔偿，虽然无法用度量衡来精确计算，但可以通过法官的自由裁量来衡平。从法律角度讲，精神痛苦是可以用金钱来衡量的，那么，不同抚慰对象所受的精神痛苦也就有大有小。一般而言，法官可以综合考虑以下三个因素来考察精神痛苦的大小：其一是与死者的亲缘关系，根据亲缘的远近，痛苦程度显然会有所不同；其二是与死者的生活密切程度，与死者共同生活、紧密联系者显然遭受的痛苦要大一些；其三是死者的死亡对生者今后生活及精神的影响，影响大的痛苦肯定更大。综合考虑前述三个因素，显然徐某的丧子之痛较刘某的丧夫之痛要大，因此在本案中，对于精神损害抚慰金，徐某应当多分，刘某应当少分。

五、人身伤害赔偿纠纷起诉状

原告：周××，女，××××年××月××日出生，住所地××××××××××。

被告：成××，男，××××年××月××日出生，住所地××××××××××。

诉讼请求：（1）要求被告赔偿经济损失 ×××× 元；

（2）要求由被告承担本案一切费用。

事实和理由：

被告系我儿子且不与我同住，但他一直想将其户口迁入我的产权房内，我不同意。×××× 年×月×日中午，被告上门又来讲此事，我们因此争执起来，没想到被告随即对我破口大骂，边骂边打我，致使我身上多处受伤，衣服被撕破，牙齿被打松动，直到 110 民警赶到后才予以制止。派出所开具验伤单让我去验伤，我于当日下午去××医院进行验伤，花去医疗费×××元（后附医疗费收据），检验结论为：前额部、左肩、左胸臂、左膝、左手指软组织伤，大门牙松动（后附验伤单）。

第二日，我发现被打松动的门牙严重影响到我进餐，上午我再次就诊，医生说必须拔牙后安装义齿，需花费××××元。下午，派出所要求被告和我一起前去，由民警进行调解，但被告拒绝调解。

被告的行为对我的人身和内心都造成了极大的伤害，我要求被告赔偿我精神损失费×××元；因被告一直拒绝调解，这次的诉讼由被告引起，我要求被告承担诉讼费用。若这次的伤害对原告造成后遗症，原告保留向被告再次追诉的权利。

综上所述，我要求被告赔偿我医疗费、义齿安装费、精神损失费共计××××元。

证据和证据来源，证人姓名和住址：

（1）××医院医药费收据、急诊记录卡；

（2）××派出所验伤通知书、××医院检查情况记录复印件（原件在派出所内保存）。

此致

××人民法院

附：本诉状副本×份

证据材料×份

起诉人：周××

××××年×月×日

同步训练

根据情境导入中的案例，请为这位老人起草一份向园方追索医药费的民事起诉状。教师示教后，学生分组训练。

任务二

老年人姓名与肖像权益保障

情境导入

某大学教授高老师，在学术界颇有名望。某日，他突然接到一个电话，来电人声称是高老师的学生，言语中对高老师大为不敬，并称自己仰慕高老师的名望而来，但听了其讲课后认为不过是徒有虚名。高老师听后，感到莫名其妙，因自己年事已高，已经很多年未讲过课。经查，原来是以前在学校干过临时工的孙某在外盗用高老师的名字办理培训班，并冒充高老师在外授课。高老师非常生气却不知如何是好，来到你所在的老年人法律服务中心向你咨询。

任务描述

请你根据高老师的情况，帮助分析孙某侵犯了高老师什么权利，并提供解决方案。

相关知识

一、姓名权

姓名权，是指自然人依法享有的决定、变更和使用自己姓名并排除他人干涉或非法使用的权利。姓名的使用权，即公民依法使用自己姓名的权利。《中华人民共和国民法典》第 1012 条规定：自然人享有姓名权，有权依法决定、使用、变更或者许可他人使用自己的姓名，但是不得违背公序良俗。据此，姓名权具体包括以下内容。

（一）姓名决定权

姓名决定权也称命名权，即自然人决定采用何种姓、名及其组合的权利。自然人的命名权在出生后由户主、亲属、抚养人或者邻居行使，但这并不影响其具备命名能力后的姓名变更权。

（二）姓名变更权

姓名变更权，指自然人享有的依法改变自己姓或名的权利，只要不违反法律的强制性规定和公序良俗，都是允许的，只不过需要到户籍管理部门办理变更登记手续。

（三）姓名使用权

姓名使用权，指自然人依法使用自己姓名的权利，具体包括积极行使和消极行使。积极行使：在自己的物品、作品上标示自己的姓名，作为权利主体的标志；在特定场合使用姓名，以区别于其他社会成员。消极行使：在作品上不署名；在特定行为后，拒绝透露自己的姓名。其限制在于：在特定条件下，自然人不许使用非正式姓名，如户口本、身份证、护照上必须使用正式姓名。

（四）禁止他人非法侵害权

侵害他人姓名权的行为包括：干涉他人行使姓名权；非法使用他人姓名；应使用而不使用他人姓名等。其中，非法使用他人姓名，包括盗用他人姓名和假冒他人姓名，指未经权利人同意或授权，擅自以其名义实施某种活动，或者实施不利于权利人、不利于社会的行为。“盗用”的特点在于擅自使用，“假冒”的特点是冒名顶替。此外，利用与权利人的姓名容易相混淆的条件从事某种民事活动，也应认定属于冒用他人姓名。

在现实生活中，某些人为达到个人目的，利用老年人的声望、地位非法使用其姓名，这种行为是被我国法律所禁止的。

二、老年人姓名权益保障

我国汉字非常丰富，但可用作姓名的字相对有限。所以，十几亿人口中自然会出现同名同姓现象，这不仅表现在现实生活中，连戏剧、小说、电视剧中都有。虽然同名同姓多，但是每个人的姓名却不能被随意使用，因为姓名权受到法律保护。

案例

最近，王爱国先生十分懊恼地发现自己的名字又被人用在了小说中。老王出生在水深火热的旧中国，当时正值爱国运动兴起，全国有志之士积极寻求救国良方，望子成龙的父亲便给他起了个满怀希望的名字“爱国”。老王年轻时当过兵，在部队获得过多枚奖章，退伍后做厂长也多次获得劳动模范等光荣称号，所以他在小区里也算得上是个名人。老王早就发觉跟他同名同姓的人很多，这些年来他也习惯了“王爱国”的名字出现在小说、电视剧中。前段时间，与老王在同一个小区居住的年轻作家马某写的小说出版了，小说讲述了一位军人一生的起伏和经历，出版后引起了热烈的社会反响。可让老王不解的是，现在周围居民看他时的眼神越来越奇怪，而且每次出门总感觉有人在背后嘀咕，直到有一天一位老战友拿着马某写的书找到老王，老王看完这本书才恍然大悟，气得差点背过气去。原来，这部小说中的主人公不仅与老王同名同姓，而且经历也一模一样：先响应国家号召应征入伍，退伍后进工厂，然后做厂长，获得各种荣誉。但小说的结局却是“王爱国”做厂长期间贪污受贿，损害工厂利益，还掺杂了“王爱国”在不同时期与许多女子的感情经历，最后“王爱国”幡然悔悟，返还赃款、引咎辞职。

马某与王爱国同住一个小区，彼此认识。思考良久，老王找到了马某，告诉他不能随便使用“王爱国”，即使小说中可以用，也应该事先打招呼，而且书中的情节与自己的经历太像，难免招惹非议。没想到马某一口咬定书中主人公与老王同名同姓“纯属偶然”，也不承认会对老王造成任何不利的影响，还说作品中人物的姓名可由作者杜撰，如武侠小说《天龙八部》中的主人公乔峰，“乔峰”这个名字就是作者金庸先生杜撰的，但现实生活中姓“乔”名“峰”的可能也大有人在。

本案中，马某侵害了王爱国的姓名权。因为马某与王爱国住在同一个小区，事前又相互认识，他未经王爱国的同意，擅自将其姓名连同个人经历统统搬到自己的作品中，显然属于盗用他人姓名的行为，严重侵害了王爱国的姓名权。此外，马某还添加了利用职权贪污受贿、损害工厂利益以及多个婚外情感纠缠的情节，以致小说出版后在王爱国生活的小区和他熟悉的亲友中形成误导，产生了消极影响，王爱国的名誉权因此遭到比较严重的侵害，从而发生了一种行为同时侵害受害人姓名权和名誉权的情况。

《中华人民共和国民法典》第 1014 条明确规定：“任何组织或者个人不得以干涉、盗用、假冒等方式侵害他人的姓名权或者名称权。”第 995 条规定：“人格权受到侵害的，受害人有权依照本法和其他法律的规定请求行为人承担民事责任。受害人的停止侵害、排除妨碍、消除危险、消除影响、恢复名誉、赔礼道歉请求权，不适用诉讼时效的规定。”所以，王爱国要求马某公开赔礼道歉并赔偿精神损失，得到了法院的明确支持。这个案例从整体内容看，不仅牵涉是否侵害了自然人的姓名权，还牵涉小说的内容是否侵害了王爱国名誉权的问题。

姓名虽然是自然人将自己与社会上其他人区分开来的文字符号，但它客观上传达、表示着特定的个性意义，即你作为具体个人在社会化过程中形成和发展的思想、情感及行为总体的外在的概括，因此它是每个人的人格的基本标志。所以根据《中华人民共和国民法典》第 1014 条的规定，如果他人干涉姓名人对自己姓名的决定权、使用权，或者盗用、假冒，那就构成了对姓名权的侵害。

在现实生活中，某个人或知名人士的姓名被他人（企事业单位）使用的情况是存在的，这都是事先已经征得了该自然人本人的同意。即便是用于批评的新闻报道也是如此，否则就是侵权，而且如果批评的内容不属实还构成对自然人名誉权的侵害。文学作品（如小说）作为经过艺术加工的作品是否存在侵害自然人姓名权的情况，不能一概而论。一般情况下，文学作品中的故事情节和人物都是作者虚构的。

三、肖像权

肖像权，是指自然人对自己的肖像享有再现、使用并排斥他人侵害的权利，就是自然人所享有的以自己的肖像所体现的人格利益为内容的一种人格权。《中华人民共和国民法典》第1018条规定：自然人享有肖像权，有权依法制作、使用、公开或者许可他人使用自己的肖像。肖像权人对自己的肖像享有专有权，肖像权人既可以对自己的肖像权利进行自由处分，又有权禁止他人在未经其同意的情况下擅自使用其专有的肖像。具体而言，肖像权的内容包括以下三方面。

（一）肖像制作专有权

就摄影而言，肖像制作即通过照相将自然人的外貌形象固定在一张胶片、相纸或其他物质载体上，使自然人的形象转化为肖像的全部过程。

肖像制作专有权的内容包括：（1）肖像权人根据自己的需要或他人、社会的需要，有权决定自我制作肖像或由他人制作自己的肖像，他人不得干涉。（2）肖像权人有权禁止他人未经其同意或授权，擅自制作其肖像，否则就构成侵权行为。

在理解“肖像制作专有权”时，我们经常以为只要不公开肖像权人的肖像就不构成侵权行为，这是对法律的一种误解。严格意义上的理解应当是：是否侵害肖像制作专有权，取决于制作人在制作时是否取得了肖像权人的许可，未经许可进行制作，即使是以私藏为目的，不会侵害肖像权人直接的利益，但同样构成侵害肖像制作专有权。就摄影人来说，你只要拿着照相机对准了自然人进行肖像摄影，如果肖像权人不同意而强行拍照，就是一种侵权行为。

（二）肖像使用专有权

肖像一旦固定在一定的物质载体上（制作出来），便独立于世，可以为人们所支配、利用。尽管肖像的利用价值有普遍的意义，但享有肖像使用专有权的只能是肖像权人。其基本内容包括：（1）自然人有权以任何方式使用自己的肖像，并通过使用取得精神上的满足和财产上的收益，他人不得干涉（但不得违反法律和公序良俗）。（2）自然人有权允许他人使用自己的肖像，并从中获得报酬（这需要与使用人平等协商，签订肖像使用合同）。（3）自然人有权禁止他人非法使用自己的肖像。

（三）肖像利益维护权

肖像利益是自然人专有的人格利益，他人不得干涉和侵害。其内容包括：（1）自然人有权禁止他人未经自己允许制作自己的肖像。（2）自然人有权禁止他人未经允许使用自己的肖像。

(3) 自然人有权禁止他人对自己的肖像进行毁损、玷污、丑化和歪曲。一般原则是：(1) 自然人有权同意或者不同意在客观物质媒介上和空间里再现自己的形象。(2) 自然人有权使用自己的肖像、有权允许他人使用自己的肖像、有权禁止他人使用自己的肖像。

四、老年人肖像权益保障

(一) 未经许可不得使用他人肖像

案例

老王因年老体弱，患有多种慢性疾病，经人介绍，参加了某公司举办的一个大型健康咨询活动。在咨询过程中，老王听信健康咨询员的介绍，购买了大量保健品，吃了以后无任何作用，其老伴经常数落老王花了冤枉钱。某日，邻居拿来一张保健品广告，上面有老王的照片，并声称服了此保健品很有效果。老王看后，目瞪口呆。他不知道自己在参加健康咨询活动时被人拍照，并且自己的肖像被用在广告中。老王一怒之下，将某公司和保健品厂商告上法庭。

肖像权是指自然人对再现自身形象的画像、雕刻或者照片等所享有的专有支配权，自然人可以自己支配和使用，若他人使用则必须得到本人的同意。而在现实生活中，随意使用他人肖像的情况时有发生。上面介绍的就是一个典型的侵害肖像权案例。《中华人民共和国民法典》第 1019 条规定：未经肖像权人同意，不得制作、使用、公开肖像权人的肖像，但是法律另有规定的除外。未经肖像权人同意，肖像作品权利人不得以发表、复制、发行、出租、展览等方式使用或者公开肖像权人的肖像。

1. 侵害肖像权责任构成的首要条件，是肖像使用

一般情况下，不论侵权人是否用于商业目的，只要未经肖像权人同意，随意制作、使用、公开他人肖像，即可能构成侵权。同时，这一规定还能有效应对随着科技进步出现的诸如 AI 换脸、人脸伪造等新技术、新手段侵害肖像权的行为，保护信息技术发展过程自然人的肖像权。

2. 肖像的使用确实未经本人同意

强调“本人同意”，而且这种同意必须明确、具体。若本人为无民事权利能力人或限制民事权利能力人，比如幼儿、精神病患者等，则须经本人的法定代理人同意。通过肖像权使用合同赋予他人肖像使用权时，一定要对肖像的使用范围、使用方式、使用期限、报酬等进行明确约定，避免产生纠纷，损害自己的肖像权。在本案中，无论是某公司将照片卖给保健品厂商，还是保健品厂商将照片印在广告单上，都未经老王同意，他们的这种行为构成侵权。

《中华人民共和国民法典》第 995 条规定：“人格权受到侵害的，受害人有权依照本法和其

他法律的规定请求行为人承担民事责任。受害人的停止侵害、排除妨碍、消除危险、消除影响、恢复名誉、赔礼道歉请求权，不适用诉讼时效的规定。”根据《最高人民法院关于确定民事侵权精神损害赔偿责任若干问题的解释》的规定，自然人的肖像权遭受非法侵害，向人民法院起诉请求赔偿精神损害的，人民法院应当依法予以受理。根据以上规定，法院支持了老王的诉讼请求。如果老王还因此遭受其他的损失，比如，与对方协商过程中或提起诉讼过程中支出的费用，同样可以要求对方赔偿。

（二）死者肖像同样受法律保护

案例

刘某某的母亲陈女士是著名演员，是老一辈艺术家的杰出代表，患癌症医治无效去世。正当陈女士的亲属沉浸在失去亲人的痛苦中时，为陈女士治疗的某医院却迫不及待地挂出一条写有“惋惜巨星坠落，关心女性健康”的大横幅，上面印着陈女士生前照片，并介绍了该医院的医疗设备和水平。之后，医院感觉宣传范围还太小，又将标语和陈女士的照片张贴在××路公交车上。

陈女士的儿子刘某某发现后，想到母亲已经去世，却还得不到安息，非常愤怒。他找到医院，指责医院这种行为是侵害他母亲的肖像权，而医院声称“老人已经死亡，其所有的权利义务都随之而去，谈不上侵害其利益，况且陈女士的确是死于癌症，医院利用陈女士的影响，宣传关注女性健康也符合社会利益”。刘某某遂向人民法院起诉，要求医院停止侵害、赔礼道歉、赔偿精神损失等。

《中华人民共和国民法典》第 994 条规定：死者的姓名、肖像、名誉、荣誉、隐私、遗体等受到侵害的，其配偶、子女、父母有权依法请求行为人承担民事责任；死者没有配偶、子女且父母已经死亡的，其他近亲属有权依法请求行为人承担民事责任。《最高人民法院关于确定民事侵权精神损害赔偿责任若干问题的解释》规定：自然人死亡后，他人以侮辱、诽谤、贬损、丑化或者违反社会公共利益、社会公德的其他方式，侵害死者姓名、肖像、名誉、荣誉，其近亲属因此遭受精神痛苦，向人民法院起诉请求赔偿精神损害的，人民法院应当依法予以受理。换句话说，如果其近亲属没有人提出起诉，侵权行为就无法立案，也得不到处理。肖像代表着肖像权人的人格尊严与名誉等，它不仅包含物质利益，更重要的是精神利益。当他（她）离开人世时，这种精神利益不会随呼吸的停止戛然而止，人们依然会记得这个人，依然会评价、想念这个人。生前知名度越高的人，这种精神利益的影响会越大、持续的时间会越长。所以，对死者肖像的保护，实质上也是对与其密切关联的生者权益的保护。如果法律不重视死者肖像保护，任何人都可以随意使用死者肖像，那么不仅会造成社会秩序的混乱，还会对死者的家属和亲友造成精神和心理的伤害。

这个案例还有一点要弄明白：那家医院声称“陈女士的确是死于癌症，医院利用陈女士的影响，宣传关注女性健康也符合社会利益”。有人可能会认为：那家医院的作为并未因此侮辱、诽谤死去的著名演员，不构成侵权。其实，向民众宣传预防癌症是经常的、社会化的行为，并非一朝一夕、一家医院的事，这家医院擅自张贴陈女士的肖像大肆宣扬，其实就是利用名人效应，以营利为目的，为自己大做广告，有侵权之虞，这也是陈女士的儿子感到非常愤怒、精神受到损害的原因。

《最高人民法院关于确定民事侵权精神损害赔偿责任若干问题的解释》规定：自然人的肖像权遭受非法侵害，向人民法院起诉要求赔偿精神损害的，人民法院应当依法予以受理。自然人死亡后，死者家属可以根据该条规定向法院起诉，法院也可以据此要求行为人停止侵害、赔礼道歉并赔偿精神损失。

（三）老年人肖像权与其他权益冲突的解决

案例

退休老人周某丧偶多年，后来在儿女的撮合下，与李某喜结良缘。他们年逾古稀而不失浪漫，在春源摄影社拍了婚纱照后，还与另外几位老人一同举行了集体婚礼。婚后某一天，周某在电视里看到某电视台报道他们几对老人的婚礼，不到两分钟的荧屏画面，周某夫妻的形象多次出现。接着，周某又发现他与老伴的婚纱照竟然出现在某杂志上，还标明获得某摄影竞赛的二等奖，获奖者是为他们照相的春源摄影社摄影师张某。

周某想：电视台播出，就意味着自己的肖像被使用了，电视台无论如何也应该事先征求我本人的意见。张某更不像话——我的照片怎么成了他的作品？跟张某交涉，张某称该照片是他的创作，所以享有该照片的著作权并有权对外公开、展示和参加竞赛。周某实在搞不明白，他的照片，怎么别人也有了使用权？

肖像权是自然人享有的以其肖像所体现的人格利益为内容的专有民事权利，体现的人格利益包含精神利益和物质（财产）利益。所以，《中华人民共和国民法典》第 1018 年第 1 款规定：“自然人享有肖像权，有权依法制作、使用、公开或者许可他人使用自己的肖像。”

但是，肖像权人对自己肖像享有的专有权利又有相对性，法律强调：他人使用时未经本人同意且以营利为目的，才构成对肖像权的侵害。除此之外，法律准许在特殊情况下，可以不必经肖像权人的同意而自由使用其肖像，具体情况如下：（1）政治家、演员及其他公众人物在公开露面时，不得反对他人拍照；（2）时事新闻报道而使用自然人的肖像，如参加可以引起公众兴趣的集会、仪式的自然人，因其肖像权淹没在集会、仪式之中，不得主张肖像权；（3）有特殊新闻价值的人，不得反对记者的善意拍照，如特别幸运者或者特别不幸者、重大事件的当事人或者在场人等，均属这种情况；（4）展览先进人物照片，或对自然人实施的不文明行为进行拍摄、公布和予以善意批评，不得主张肖像权；（5）在各种媒体上刊登寻人启事而使用的其影像资料，不得主张肖像权；（6）在风景区创作风景画、照，人物仅作为点缀，或者拍摄照片将他人摄入照片中，不算侵害肖像权；（7）为通缉逃犯而印制、散发其照片，以及司法人员为司法证据目的而拍摄犯罪嫌疑人，不得反对。

本案中，周某原来还有一个问题搞不明白：春源摄影社的摄影师张某声称该照片是他的创作，他享有该照片的著作权并有权对外公开、展示和参加竞赛。人们通常认为这可能是肖像权与著作权的冲突，周某当初也这么认为，所以他不知道该怎么办。其实，周某夫妇当时去春源摄影社拍结婚照，一方出钱，另一方出具发票、承诺服务内容（专门拍摄），产生契约关系。服务结束，春源摄影社及其摄影师张某应该将服务内容全数交给顾客。张某另外留有照片，就属于违约，春源摄影社及其摄影师应该承担违约责任。此外，张某拿周某夫妇的结婚照去发表，这跟春源摄影社及张某本人的职业行为是分不开的，这种做法客观上就是为春源摄影社和这个摄影社摄影师的拍摄水平做广告宣传。根据法律规定，以营利为目的，未经自然人同意利用其肖像做广告、商标、装饰橱窗等，应当认定为侵害肖像权的行为。因春源摄影社及其摄影师违约、侵害肖像权在先，张某发表作品有著作权在后，故不存在周某侵害著作权的问题。

肖像权和著作权是两个不同的概念，两者的权利内容也各不相同：肖像权是肖像权人对自己肖像享有再现、使用或许可他人使用的权利；著作权则是体现著作权人对作品的支配权。这里的问题在于张某作品的全部内容是周某夫妇的头像，作品发表前应该征得周某夫妇的同意。没有其同意，作品已发表在某杂志上，就构成了对周某夫妇肖像权的侵害。周某夫妇有权要求某杂志社、张某停止侵权行为，并赔偿损失。

最后要说的是，周某夫妇结婚照侵权事件同时可以引出对违约的责任追究、对肖像权被侵害的责任追究，但每项权利都有其行使的范围、方法，当两项权利的行使范围重叠时，两项权利中就有一项不能行使，即其中一项权利的实现须以另一项权利代表的利益的放弃为条件。权利冲突后，必然要求立法者或法官予以协调，决定权利的取舍。协调权利冲突的原则有人身利益优先于财产利益等。本案中，周某夫妇向春源摄影社及其摄影师张某追究侵权责任以及向某杂志社追究精神和财产损失的赔偿，也适用该原则。

同步训练

根据情境导入中的案例，请为高老师起草一份向孙某索赔的民事起诉状。教师示教后，学生分组训练。

任务三

老年人名誉与隐私权益保障

情境导入

市民唐大妈反映，前不久她到医院参加免费体检，在做B超和妇科检查时，因为毫无遮挡，自己“春光大泄”，令她很尴尬，直至现在还有心理阴影。唐大妈说，B超检查不分男女，同在一个房间，两个床位之间没有任何遮挡。她躺下做检查时，排队等候的三个男子就在旁边看着，不仅没有回避，头也不侧一下。进行妇科检查时，裤子都是要脱掉的，虽然是一个人一个人地闭门检查，可检查完毕，唐大妈的裤子还没来得及穿上，医护人员就把门打开喊人进来了。唐大妈越想越烦闷，来到你所在的老年人法律服务中心向你抱怨和咨询。

任务描述

请你根据唐大妈的情况，帮助分析医院侵害了她什么权利，并提供解决方案。

相关知识

一、名誉权

所谓名誉权，是自然人依法享有的对自己所获得的客观社会评价排除他人侵害的权利。它为自然人自尊、自爱的安全利益提供法律保障。名誉权主要表现为名誉利益支配权和名誉维护权。自然人有权利用自己良好的声誉获得更多的利益，有权维护自己的名誉免遭不正当的贬低，有权在名誉权受侵害时依法追究侵权人的法律责任。

《中华人民共和国民法典》第1024条第1款规定：“民事主体享有名誉权。任何组织或者个人不得以侮辱、诽谤等方式侵害他人的名誉权。”所谓名誉，从字面上来理解就是指特定自然人、法人及非法人组织的名望、声誉。也就是说，特定自然人、法人及非法人组织的品德、才干、信誉等在社会中所获得的社会评价。

名誉直接关系到特定自然人、法人及非法人组织的人格尊严，它是民事主体进行民事活动乃至其他社会活动的基本条件。法人的名誉代表其社会信誉，这种信誉是法人在比较长的时间内在它的整个活动中逐步形成的，特别是企业法人的名誉，反映了社会对它在生产经营等方面表现的总体评价。法人的名誉往往对其生产经营和经济效益产生重大的影响，名誉权是民事主体的一项重要的人身权利。因此，除了我国宪法、刑法和一些行政法规很重视对这项权利的保护之外，《中华人民共和国民法典》第1024条在确认自然人、法人及非法人组织享有名誉权的同时，又以禁止性法律规范规定了禁止用侮辱、诽谤等方式损害特定自然人、法人及非法人组织的名誉。

二、名誉侵权的形式

（一）侮辱

侮辱是指故意通过言语、文字或者行为举止等方式贬低他人人格、毁损他人名誉的行为。侮辱行为的主观状态应当是故意，其方式可以是言语、书面文字或者行为举止，也可以是上述几种方式的混合。以书面、口头等形式宣扬他人的隐私，或者捏造事实公然丑化他人人格，以及用侮辱等方式损害他人名誉，造成一定影响的，应当认定为侵害公民名誉权的行为。

（二）诽谤

诽谤是指故意或者过失地散布有关他人的虚假事实，导致他人名誉降低或者毁损的行为。诽谤的主观状态可以是故意，也可以是过失；其方式可以是言语、书面文字或者其他任何使虚假事实散布开来的方式。

在文学作品中故意使用他人真实姓名，或者未写明真实姓名和地址但对人物特征的描写有明显的指向或者影射他人，小说内容存在侮辱、诽谤情节，致使他人名誉受到损害的，作者和出版社均可能构成对名誉权的侵害。

（三）新闻报道严重失实，致他人名誉受到损害

新闻单位根据国家机关职权制作的公开的文书和实施的公开的职权行为所做的报道，其报道客观准确的，不应当认定为侵害他人名誉权；其报道失实，或者前述文书和职权行为已公开纠正或拒绝更正报道，致使他人名誉受到损害的，应当认定为侵害他人名誉权。《中华人民共和国民法典》第1025条规定：“行为人为公共利益实施新闻报道、舆论监督等行为，影响他人名誉的，不承担民事责任，但是有下列情形之一的除外：（1）捏造、歪曲事实；（2）对他人提供的严重失实内容未尽到合理核实义务；（3）使用侮辱性言辞等贬损他人名誉。”

因提供新闻材料引起的名誉纠纷，认定是否构成侵权，应区分以下两种情况：(1) 主动提供新闻材料，致使他人名誉受到损害的，应当认定为侵害他人名誉权。(2) 因被动采访而提供新闻材料，且未经提供者同意公开，新闻单位擅自发表，致使他人名誉受到损害的，对提供者一般不应认定为侵害名誉权；虽系被动提供新闻材料，但发表时得到提供者同意或者默许，致使他人名誉受到损害的，应当认定为侵害名誉权。

消费者对生产者、经营者、销售者的产品质量或者服务质量进行批评、评论，不应当认定为侵害他人名誉权；但借机诽谤、诋毁，损害其名誉的，应当认定为侵害名誉权。新闻单位对生产者、经营者、销售者的产品质量或者服务质量进行批评、评论，内容基本属实，没有侮辱内容的，不应当认定为侵害其名誉权；主要内容失实，损害其名誉的，应当认定为侵害其名誉权。

三、老年人名誉权益保障案例分析

（一）当面谩骂、羞辱老教授侵犯名誉案

案例

张教授和小王是邻居，因对楼道公共部分的使用有矛盾而经常发生争执，积怨已久。2023年3月的一天，张教授前往某浴室洗澡。他刚脱掉衣服准备洗澡，发现小王正在一旁穿衣。张教授未予理睬，径直从小王身边走过去。小王便在张教授身后破口大骂，言语污秽，不堪入耳，浴室其他人员纷纷驻足围观。张教授洗好澡后，在旁人的帮助下穿好衣服转身离开，岂料小王依然跟随其后不停谩骂、羞辱，并一直跟到浴室外，持续时间长达两个小时。当时正值下班高峰，来往人员也一拨一拨上前围观。张教授气得浑身发抖，直至张教授报警，民警将小王带进派出所，这场闹剧才停止。

公安机关按照《中华人民共和国治安管理处罚法》，对小王作出了罚款的处罚，而张教授因为此事而变得终日精神恍惚，于是家属向法院提起诉讼，提出小王侵害了张教授的名誉权，要求小王赔偿精神损害赔偿金，合计人民币 5 000 元。

张教授的亲属认为，张教授平时在邻居和学生中均受到尊敬，被小王辱骂后，人格上受到侮辱，导致精神萎靡不振。因此，除了派出所对小王的处罚外，还要求小王赔偿精神损害赔偿金。而小王认为自己已经受到公安部门的处罚，不应该再受到法院的处罚。最后，法院的判决还是支持了张教授的诉讼请求，小王赔偿张教授精神损害赔偿金人民币 1 000 元。

在司法实践中，名誉侵权是指客观上具有明显损害他人名誉的事实并且造成了一定的后果。张教授的这起案例中，小王先在浴室这个公共场所对张教授进行辱骂，之后又在下班的高峰时间继续谩骂，造成众多过路群众的围观。从场合的选择上来看，其中包括了张教授的主要

社会交际圈，这足以影响到张教授的名誉；从谩骂的内容来看，内容污秽不堪，足以使得张教授的名誉降低；从造成的直接后果来看，张教授因此精神受到严重刺激。综合以上几个方面，可以认定小王构成了侵犯张教授的名誉权。

《中华人民共和国民法典》第1024条规定："民事主体享有名誉权。任何组织或者个人不得以侮辱、诽谤等方式侵害他人的名誉权。"第995条规定："人格权受到侵害的，受害人有权依照本法和其他法律的规定请求行为人承担民事责任。受害人的停止侵害、排除妨碍、消除危险、消除影响、恢复名誉、赔礼道歉请求权，不适用诉讼时效的规定。"以上承担民事责任的方式，可以单独适用，也可以合并适用。人民法院审理民事案件，除适用上述规定外，还可以予以训诫、责令具结悔过，收缴进行非法活动的财物和非法所得，并可以依照法律规定处以罚款、拘留。

其中，赔礼道歉可以书面或者口头方式进行，内容须事先经人民法院审查。恢复名誉、消除影响的范围，一般应与侵权所造成的不良影响的范围相当。自然人、法人因名誉权受到侵害要求赔偿的，侵权人应该赔偿侵权行为造成的经济损失；自然人提出精神损害赔偿要求的，人民法院可以根据侵权人的过错程度、侵权行为的具体情节、给受害人造成精神损害的后果等情况酌定。

本案中小王被公安部门处罚以后，法院再受理裁决，是因为公安部门的处罚主要在于小王的违法行为造成了群众围堵，影响了社会治安。

（二）网上的名誉诋毁行为构成名誉侵权

案例

在幼儿教育界德高望重的刘某退休后闲居无事，便接受附近一家幼儿园的邀请，担任园长一职。

有一天，她的孙子在网上搜索奶奶刘某的名字，无意间发现某网站上有关于刘某的讨论帖。孙子将此事告诉奶奶。刘某出于好奇，点击进入查看，便看到了让她震惊的一幕。在该网站上，有题为"幼儿园全体教职员工要求集体罢免粗暴、变态园长刘某事件""幼儿园园长可谓罪孽深重""幼儿园惊人事件"等多个帖子，对刘某的人格及工作方式进行了与事实不相符的描述。许多家长看了网站上的那些帖子，对刘某的人品、能力产生怀疑，严重影响了她的正常生活和工作。刘某曾经向发布帖子的网站投诉，要求删帖，并且提供了帖子链接。但是，该网站未予回应，上述帖子依然存在，并且还不断增加新的帖子。无奈之下，刘某向法院提起了名誉权侵权诉讼，状告该网站的不作为行为侵害了她的名誉权。由于该网站承认了错误，并立即删除了描述不实的帖子，最后案件以双方和解告终。

本案的焦点在于：侵害刘某的发帖行为并非出自该网站，该网站是否依然构成对刘某名誉

权的侵害。国务院颁布的《互联网信息服务管理办法》规定：互联网信息服务提供者不得制作、复制、发布、传播含有侮辱或者诽谤他人、侵犯他人合法权益的信息；互联网信息服务提供者发现其网站传输的信息明显属于上述内容的，应当立即停止传输，保存有关记录，并向国家有关机关报告。

由此可见，网站经营者对其经营的网站是有法定管理义务的。网站通过网络平台的方式营利，对网民通过其网站论坛发表的信息和评论有合理的审核义务。本案中，网民在论坛上发表帖子，不仅所述内容与事实大有出入，而且带有侮辱性质的谩骂，由此便构成了对原告名誉权的侵害。被告发现这些帖子应该及时删除却没有删除，这种不作为的行为客观上使上述帖子得以传播，也构成对原告名誉权的侵害。

在庭审中，该网站提出，它有几千个社区论坛，每天会出现约 3 万个新帖，管理人员很难逐个查看，一般只能根据关键字进行监管，因此难免有漏网之鱼。这也是该网站最后承认了错误并立即删除了描述不符合事实的帖子、案件以双方的和解告终的原因所在。

随着网络科技的普及，人们可以通过网络来表达自己的主张、抒发自己的情感。在网络上大家可以自由发表自己的言论，但是也应该掌握“度”，若超过“度”，不仅会造成对他人名誉权的侵害，严重的还要承担相应的刑事责任。

（三）张贴字报并在微信群侵犯名誉权纠纷案

案例

原告周某某（1960 年出生）与被告叶某某均为某某集团老年健康协会义工组成员，无偿为协会提供场地管理、经费收支、活动开展等工作。周某某在协会门口宣传栏上张贴选举下一届义工组的通知。次日，被告叶某某在通知旁边张贴字报称“原告周某某的粘贴行为为个人行为且独断专行、作为协会财务谋私利”等。被告叶某某随后在“老有所乐”微信群里发表言论“周某某个人目无组织，我行我素，专横霸道”“要看清周某某的丑恶嘴脸”等不雅言论。经查明该微信群由老年健康协会 45 名会员组成。周某某诉至法院主张被告侵害其名誉权，请求被告向其道歉并赔偿精神损失。

法院经审理认为，被告因对协会改选事宜产生不同意见，采取张贴字报并在微信群里发表不当言论的行为，通过对周某某品德的负面评价，并且微信发言中还包含了辱骂的字眼，确实贬损了周某某的人格。因其张贴字报位置系涉案协会的宣传栏处，微信发言系在几十人组成的微信群中，往来协会参加活动人员以及微信群成员均会看到前述贬损内容，故叶某某张贴字报和微信发言的行为客观上会降低周某某的社会评价，该行为属于侵害名誉权的行为，依法应承担相应的民事责任。遂判决叶某某立即停止对周某某名誉权的侵害，在老年健康协会门口公告栏处张贴道歉书向原告公开赔礼道歉，并赔偿精神损害抚慰金 1 000 元。

名誉权是一种重要人格权，关系到民事主体的社会评价及受尊重程度。《中华人民共和国老年人权益保障法》第78条明确要求不得侮辱、诽谤老年人，当老年人名誉受到侵害时应当充分保护自己，通过加强沟通协商、申请调解、使用司法手段等积极维护自身权益。本案警示每个人应当对自己所表达内容的真实性、客观性负责，切不可为发泄情绪、博人眼球而无所顾忌地表达观点甚至逾越法律“红线”。

（四）发视频诋毁他人侵犯名誉权纠纷案

案例

2023年5月，李某（现年69岁）的儿媳打电话告诉李某，同村村民张某（现年68岁）在抖音上发布视频，称李某手脚不干净，偷东西。李某年岁已高，不熟悉智能手机的功能，也不常看抖音，听儿媳说网上发抖音很多人都能看到，遂与丈夫一起前往派出所报案。

经公安机关查证后得知张某在抖音上发布的视频内容纯属捏造。公安机关调查介入过程中，张某第一时间删除了该捏造视频，但未向李某赔礼道歉和消除影响。故李某诉至法院要求张某消除影响、恢复名誉。

法院经审理认为，张某在未有证据证明李某有偷盗行为的情形下，在网络上随意捏造李某偷盗东西的事实，并通过抖音发布散播关于李某的不实信息，给李某带来不良社会影响，造成李某的名誉权受损。张某的行为构成侵权，存在明显的故意。结合双方当事人的身份职业、影响范围、行为目的、方式、后果等因素，李某要求张某承担赔礼道歉、消除影响等侵权责任，有事实和法律依据，法院予以支持。2023年8月，法院依法判决张某向李某书面赔礼道歉。

近年来，“抖音”“快手”等短视频App成为人们日常生活中记录和分享自己生活的平台，但这些短视频平台并非法外之地，如果说了不该说的话，发了不该发的视频，就有可能触碰法律的红线，从而承担相应的法律责任。广大网民在享受网络自由表达便利的同时，每个人都要对自己的一言一行负责，要分清法律的界限，切勿以身试法。

老年人的名誉一旦遭受损害，应该义无反顾地拿起法律武器，予以有力反击。不管出于什么目的，诽谤、诋毁他人都是一种恶习，涤荡这种恶习，整个社会才会进一步走向和谐、安宁。

（五）自然人去世后名誉仍受保护

案例

著名的武术家、我国当代高僧海灯法师病逝后，敬某某分别在海南《金岛》杂志和北京《报告文学》上发表《海灯法师神话的破灭》《海灯现象——八十年代的一场造神运动》两篇文章，公开称“海灯的许多经历都由他说了算”“海灯后来把年龄越说越大，海灯的年龄和他的身世一样，成了巴蜀之谜，海灯的武功不是靠他本人确有的功夫，而是靠记者宣传和领导支持”“海灯的二指禅是假的，一些忠实的信徒纷纷寄赠供奉，使海灯全家成了先富起来的人”等。文章还称“海灯是一个长期隐瞒政治历史、处处弄虚作假的出家人和民间武师。海灯和范某某自吹自擂、弄虚作假”。海灯法师的养子及弟子范某某认为敬某某的文章及言论的基本内容失实、贬低了海灯及自己的人格，遂向成都市中级人民法院状告敬某某侵害海灯及他本人的名誉权。成都市中级人民法院一审判决敬某某败诉。敬某某对一审判决不服，向四川省高级人民法院提起上诉，四川省高级人民法院审理此案后作出了终审裁决：(1) 维持成都市中级人民法院判决的第一项、第四项，即敬某某立即停止对海灯法师及弟子范某某名誉的侵害，驳回敬某某反诉的请求。(2) 敬某某于该判决生效后一个月内在公开发行的省级以上的非专业性报纸上为海灯消除影响、恢复名誉，为范某某消除影响。

名誉作为社会公众对自然人或法人的品德、声誉、形象的综合评价，往往具有很重要的意义，它是自然人、法人人格的一种体现。所以，自然人、法人的人格尊严受法律保护，法律禁止任何人用侮辱、诽谤等方式损害自然人、法人的名誉。本案涉及诽谤，这种故意捏造事实并进行散布、破坏他人名誉的行为，贬损了他人的人格。它同侵害名誉的其他行为如侮辱、泄露他人隐私等相比，最大的特点在于随意捏造事实、无中生有。如果诽谤的行为达到一定的严重程度，即构成刑法上的诽谤罪，那就不仅仅是道歉与赔偿了，还要承担刑事责任。

《中华人民共和国民法典》第 994 条规定：死者的姓名、肖像、名誉、荣誉、隐私、遗体等受到侵害的，其配偶、子女、父母有权依法请求行为人承担民事责任；死者没有配偶、子女且父母已经死亡的，其他近亲属有权依法请求行为人承担民事责任。虽然名誉权作为民事权利始于出生而终于死亡，但名誉作为对自然人的一种社会评价并不会随着自然人的死亡而消失。从这个意义上说，死者的名誉也应受法律保护。死者名誉受到侵害的，其近亲属有权向法院起诉。

延伸阅读

名导去世遭人诽谤，遗孀不遗余力讨回公道

2008 年 10 月 17 日下午，著名导演谢某参加浙江省上虞市春晖中学百年校庆活动，入住上虞国际大酒店，当天在酒店自助餐厅用晚餐后回客房休息，次日凌晨 1 时许，因心源性猝死逝世于酒店客房内。正当大家对这位享誉中外影坛的公众人物的逝世深表惋惜时，2008 年 10 月 19 日至 10 月 23 日，宋某某连续发表文章，造谣生事，胡诌谢某与某著名演员在海外育有私生子。10 月 28 日，宋某某还将自己欺世惑众的博客文章上传到其开设的搜狐博客、腾讯网博客中。此后，其仍以誓不罢休的架势，连篇累牍重复造谣，恶意攻击中伤。

正当宋某某兴风作浪、搅得很多人疑惑不解时，2008 年 10 月 28 日、11 月 4 日，刘某某也

在搜狐博客上撰文传播新的谣言，对谢某的死大泼污水，与宋某某沆瀣一气，甚至信誓旦旦地说“是其亲眼看见”，“愿出庭作证”。2008 年 12 月 19 日及 2009 年 5 月 5 日，刘某某又在搜狐博客上鼓吹“宋某某的 22 大精准预言”“宋某某 15 大预言件件应验”。宋某某和刘某某除了发表博客文章外，还接受众多媒体的采访。

谢某卓越的导演成就在全国乃至全世界都产生了很深远的影响，他的知名度很高。宋某某和刘某某的博文发表后，受到网友的广泛关注和转帖，这给谢某的名誉造成了极坏的影响。谢某的遗孀徐某某面对这些胡作非为的恶劣行径，向法院起诉，要求宋某某和刘某某停止对谢某名誉权的侵害，公开赔礼道歉，并要求赔偿财产损失和精神损失。

上海市静安区人民法院审理后，认定宋某某和刘某某发表的博文严重损害谢某名誉，构成共同侵权，判决：（1）被告宋某某、刘某某立即停止对谢某名誉的侵害；（2）被告宋某某、刘某某于该判决生效之日起十日内连续十天在新浪、搜狐、腾讯、网易网站首页，在《华西都市报》《新京报》《成都商报》《生活报》《天府早报》《扬子晚报》醒目位置刊登向原告徐某某公开赔礼道歉的声明（致歉声明内容须经本院审核同意），消除影响，为谢某恢复名誉；（3）被告宋某某、刘某某于该判决生效之日起十日内，赔偿原告徐某某经济损失人民币 89 951.62 元；（4）被告宋某某、刘某某于该判决生效之日起十日内，赔偿原告徐某某精神损害抚慰金人民币 20 万元。

被告宋某某和刘某某不服一审判决，上诉至上海市第一中级人民法院。二审法院经审理，驳回上诉，维持原判。判决生效后，在法院的监督下，2010 年 6 月 18 日，被告宋某某和刘某某在法院指定的媒体上公开道歉，为谢某恢复名誉，并向原告徐某某赔偿了经济损失和精神损失。

本案是典型的侵害死者名誉的案件，人民法院不仅为谢某恢复了名誉，还责令被告向原告赔偿经济损失和精神损失，态度非常鲜明，措施也很坚决。

（六）女儿受诽谤自杀，母亲索赔

案例

小乔的父亲去世早，乔大妈含辛茹苦地供小乔读完大学，但小乔一毕业就随男友去外地工作了。乔大妈苦口婆心地劝她，小乔却像吃了秤砣铁了心一般固执，不愿回来。冷战、拉锯战、糖衣炮弹，乔大妈用尽浑身解数还是徒劳。就在乔大妈几乎放弃的时候，小乔自己回来了。

原来，男友工作几年后，越来越体会到“柴米油盐酱醋茶”的辛酸，在残酷的现实面前，他听从家里的安排，抛弃了小乔，与其他人订了婚。失魂落魄、孤苦伶仃的小乔于是只好回到妈妈身边。乔大妈怕女儿想不开，时刻陪在她的身边。在妈妈的开导下，小乔的情绪逐渐好转，而在此时她却发现自己怀孕了。为了彻底告别过去，小乔在妈妈的鼓励下选择了人流。

然而，让乔大妈一生后悔的事情发生了：她与邻居曹某曾经为琐事多次吵架而不相往来。

这天，因为倒垃圾的事，两人又吵了起来，引来小区很多人围观。小乔想息事宁人，过去劝妈妈回家，曹某误以为小乔是来帮忙欺负自己的，便破口大骂、信口雌黄："在外面这么多年，不知道怀了谁的野种，跑回来破坏小区的风水，别在这里要威风。"在众人诧异、怀疑的目光中，小乔当场崩溃，大哭着跑回家中。乔大妈咽不下这口气，当场与曹某打了起来。后来110赶来，带两人回警局做了笔录。等乔大妈回到家中时，发现小乔已经自杀身亡了。小乔在遗书中写道："原以为一切就可以这么过去，原以为自己可以撑着走下去。现在看来，我还是逃不过。人言可畏，我宁愿用死亡换清白、用死亡躲避流言蜚语。我亲爱的妈妈，不要责怪女儿的不孝，好好照顾自己，好好活下去。——不孝的小乔。"

乔大妈痛不欲生、追悔莫及，决心要为小乔讨个说法。她认为是曹某直接害死了小乔，曹某应以故意杀人罪承担刑事责任。但律师认为曹某的故意杀人罪不成立，乔大妈只能退一步，向法院提起民事诉讼，要求曹某登报道歉，为小乔恢复名誉，并赔偿精神损害赔偿费50万元。

法院审理后认为，曹某捏造事实，当众侮辱、诽谤小乔，致使小乔自杀身亡，造成了严重后果，同时给小乔的亲人带来极大的精神痛苦，因此判定支持原告的诉讼请求，曹某登报道歉，为小乔恢复名誉，并赔偿精神损害赔偿费20万元。

本案主要涉及两个问题：一是曹某是否应承担刑事责任；二是精神损害赔偿费的数额如何确定。

首先，我们可以确认，曹某的行为没有构成故意杀人罪。虽然小乔的死与曹某的辱骂有直接的关系，但是直接结束小乔生命的是她自己而非曹某。主观上，曹某没有杀人的故意；客观上，曹某没有杀人的行为，所以不构成故意杀人罪。

那么，曹某的行为是否构成诽谤罪呢？诽谤指故意捏造并散布虚构的事实，足以贬损他人人格，破坏他人名誉，情节严重的行为。本案中，曹某的确捏造事实，并在大庭广众之下辱骂小乔，问题的关键在于围观的群众是否相信了曹某的话、对小乔的评价是否降低了。对这个问题"仁者见仁，智者见智"，存在很大争议。小乔转身离去并接着自杀的原因除了曹某的羞辱外，还因为她刚刚经历失恋的打击，至于周围人对她的评价是否降低了还有待调查取证。

关于精神损害赔偿，从很多案子的最后判决来看，赔偿额都不一样。因此，很多人都想知道法院作出这类裁判的标准是什么。《最高人民法院关于确定民事侵权精神损害赔偿责任若干问题的解释》确定了精神损害赔偿的适用范围和适用方法，对于具体的计算方式没有做明确规定，只规定了精神损害的赔偿数额应根据以下因素来确定：（1）侵权人的过错程度，法律另有规定的除外；（2）侵权行为的目的、方式、场合等具体情节；（3）侵权行为所造成的后果；（4）侵权人的获利情况；（5）侵权人承担责任的经济能力；（6）受诉法院所在地的平均生活水平。因此可以说，我国法律并没有规定精神损害赔偿的标准，法院在确定赔偿费数额的时候根据上述几个因素自主裁量，由此才导致许多案子的精神损害赔偿额不同。从法理上讲，人的精神损害是无法赔偿的，失去亲人的痛苦、被人辱骂的痛苦用金钱也无法弥补，但只有通过金钱惩罚才能给予受害人救济，这也是无奈之举。

精神损害没有高低贵贱之分，但是，因为发生事由不同，损害的程度也不同。比如，丧子比辱骂、侵害肖像权等会带来更多的痛苦，因此，精神损害赔偿额也会较高。

四、隐私权

隐私权是指自然人享有的私人生活安宁与私人信息、秘密依法受到保护，不被他人非法侵扰、知悉、收集、利用和公开的一种人格权，而且权利主体对他人在何种程度上可以介入自己的私生活、对自己是否向他人公开隐私以及公开的范围和程度等具有决定权。它包括如下含义：第一，隐私权的主体只能是自然人。隐私权是基于自然人的精神活动而产生，法人作为组织体并没有精神活动，故无隐私可言。法人对其经营活动的信息享有的权利可依商业秘密不受侵犯而得到保护。第二，隐私的内容包括私人生活安宁和私人生活信息。只要未经公开，自然人不愿意公开、披露的信息都构成隐私的内容，自然人就此享有隐私权。第三，侵害隐私权的方式通常包括侵扰自然人的生活安宁，探听自然人的私生活秘密，或在知悉他人隐私后，向他人披露、公开，或者未经许可进行使用。

《中华人民共和国民法典》第1032条规定："自然人享有隐私权。任何组织或者个人不得以刺探、侵扰、泄露、公开等方式侵害他人的隐私权。隐私是自然人的私人生活安宁和不愿为他人知晓的私密空间、私密活动、私密信息。"任何自然人都有自己的秘密，包括自己的经历、财产、婚姻、病情等，这些不损害国家、他人利益的秘密应该受到法律的保护。

（一）隐私权的主要种类

隐私权赋予权利人对私人生活的控制权，这种控制权包括防御他人窃取个人隐私与是否向他人公开隐私及公开范围的决定权。隐私权的常见类型包括以下四种。

1. 个人生活自由权

个人生活自由权，也称个人生活安宁权，权利主体按照自己的意志从事或不从事某种与社会公共利益无关或无害的活动，不受他人干预、破坏或支配，包括普通人的私生活不受非法窥视和骚扰、住宅不受侵犯等。保障自然人个人生活的安宁显然是为了维护民事主体的起码人格，特别是人格尊严，所以是隐私权制度的重要内容。

2. 个人生活信息保密权

个人生活信息的内容相当广泛，从家庭成员、亲属关系、交际关系、财产状况，到个人的身高、体重、病史、婚恋史、身体缺陷、健康状况、爱好等。权利主体有权禁止他人非法知悉、使用、披露或者公开个人生活信息。例如，未经权利人的许可，任何人不得以任何方式向第三人披露权利人的身体上隐秘的缺陷；不得占有、阅知权利人私生活信息的物质载体，如翻阅他人的日记本、存折等。

3. 个人通信秘密权

权利主体有权对个人信件、电报、电话、传真及谈论的内容加以保密，禁止他人非法窃听或窃取。隐私权制度的发展在很大程度上是与现代通信的发达联系在一起的，信息处理及传输技术的飞速发展使个人通信的内容可以轻而易举地被窃听或窃取，因而，保障个人通信的安全已成为隐私权的一项重要内容。

4. 个人隐私利用权

权利主体有权依法按自己的意志利用其隐私从事各种满足自身需要的活动，如利用个人的生活情报资料撰写自传、利用自身形象或形体满足绘画或摄影的需要等，他人对这些活动不能非法予以干涉。但自然人对自己隐私的使用，不得违反法律的强制性规定，不得违背社会公序良俗，不得损害第三人的利益。例如，权利主体不得在公众场合展示自己的身体上隐秘部位的缺陷；不得任意使用与第三人隐私或者名誉有关的隐私。

（二）隐私权的基本权利内容

根据隐私权的特征，隐私权包括以下四项权利。

1. 隐私隐瞒权

隐私隐瞒权是指权利主体对于自己的隐私进行隐瞒，不为人所知的权利。这种隐瞒，不是不诚实的表现，而是维护自己的人格利益的需要。个人隐私一旦不经隐瞒泄露出去，可能有损其人格尊严，难以保护其人格利益。

2. 隐私利用权

隐私利用权是指权利主体积极利用自己的隐私，以满足自己精神、物质等方面需要的权利。

3. 隐私维护权

隐私维护权是指权利主体对于自己的隐私所享有的维护其不可侵犯性的权利，在受到非法侵犯时可以寻求公力与私力救济。

4. 隐私支配权

隐私支配权是指权利主体对自己的隐私有权按照自己的意愿进行支配。

（三）禁止实施的侵害隐私权行为

《中华人民共和国民法典》第1033条规定了六种禁止实施的侵害隐私权的行为。法律另有规定的或者获得隐私权人明确同意的行为，无论涉及何种隐私，都不属于侵犯隐私权的行为。

（1）以电话、短信、即时通信工具、电子邮件、传单等方式侵扰他人的私人生活安宁。这些骚扰电话、骚扰短信、骚扰电邮等侵害了个人的生活安宁，构成了对隐私权的侵害。

（2）进入、拍摄、窥视他人住宅、宾馆房间等私密空间。隐私权保护的私密空间包括具体的私人空间和抽象的私人空间。前者如个人住宅、宾馆房间、旅客行李、学生书包、个人通信等，后者专指日记，即思想空间。凡是对私密空间进行搜查、进入、窥视等，都构成对隐私权的侵害。

（3）拍摄、窥视、窃听、公开他人的私密活动。私密活动是一切个人的、与公共利益无关的活动，如日常生活、社会交往等。对此进行拍摄、窥视、窃听、公开，都构成侵害私人活动。

（4）拍摄、窥视他人身体的私密部位。身体的私密部位也属于隐私，是身体隐私，如生殖器和性感部位。拍摄或者窥视他人身体私密部位，构成对隐私权的侵害。

（5）处理他人的私密信息。私密信息是关于自然人个人的隐私信息，获取、删除、公开、买卖他人的私密信息，构成对隐私权的侵害。

（6）以其他方式侵害他人的隐私权。这是兜底条款，凡是侵害私人生活安宁、私密信息、私密活动、私密空间、身体隐私等的行为，都构成对隐私权的侵害。

除此之外，《中华人民共和国民法典》第 1039 条还规定："国家机关、承担行政职能的法定机构及其工作人员对于履行职责过程中知悉的自然人的隐私和个人信息，应当予以保密，不得泄露或者向他人非法提供。"

五、老年人隐私权益保障

（一）摄像头下，老年人的隐私权如何被尊重

案例

年近八旬的吴阿姨是一位常年居住在老年公寓的老人。3 年前，老伴去世后，居住在外地的儿女为避免母亲独自一人忧思过度，与吴阿姨商量后，将其送入当地一家口碑较好的老年公寓。该老年公寓有数十位老人入住，每 3 位老人配备一名工作人员，平日里老人能得到较为周全的照顾。3 年来，吴阿姨也已经适应了集体生活，与员工、老伙伴均相处融洽。然而最近，吴阿姨却颇为苦恼。原来她居住的老年公寓在每位老人的房间里安装了摄像头，监控范围除了房间里的独立卫生间外，其他位置一览无余。在公寓的办公室里，值班人员可以看见公寓里所有的实时监控画面，老年人在房间换衣服、擦洗身体等都可能进入值班人员的视线。对此，吴阿姨认为自己的隐私权受到了侵犯，希望老年公寓拆除摄像头。

隐私权是一种基本人格权利，是指自然人享有的私人生活安宁与私人信息秘密依法受到保护，且不被他人非法侵扰、知悉、收集、利用和公开的权利。权利主体对他人在何种程度上可以介入自己的私生活，对自己的隐私是否向他人公开及公开的人群范围、程度等具有决定权。根据《养老机构管理办法》第 28 条"养老机构应当在各出入口、接待大厅、值班室、楼道、食堂等公共场所安装视频监控设施，并妥善保管视频监控记录"、第 32 条"养老机构及其工作

人员应当保护老年人的个人信息和隐私”的规定，安装视频监控设施的场所并不包括居住的房间。由此可见，本案中，老年公寓在未经入托老人及其家属同意的情况下，在老人居住的房间内安装摄像头的行为涉嫌侵犯了老年人的隐私权。

（二）老年人的隐私权不容他人侵犯

案例

屈阿婆是张某的养母。早年，张某刚出生即被收养，屈阿婆辛劳一生，在养女张某身上倾注了无数的心血，终于把张某抚养成人。多年来，养母女之间一直关系融洽。然而，邻居吴阿婆因与屈阿婆有矛盾，在张某结婚以后，向张某泄露了收养秘密，导致屈阿婆与养女张某之间产生隔阂，张某便渐渐疏远了养母屈阿婆。

隐私是指自然人个人不愿向他人公开或为他人知悉的与公共利益、群体利益无关的个人信息，包括夫妻生活、社会交往、身体的秘密、个人的住室、日记本、通信等。我国许多法律、法规对保护隐私权都有明确规定。

对隐私权的侵犯主要表现为擅自公布或宣扬他人的隐私，一种是通过非法刺探、调查后对所获得的他人的隐私加以散布；另一种是因业务、职务关系或其他合法手段获得他人的隐私而加以散布。

《中华人民共和国民法典》第1110条规定：“收养人、送养人要求保守收养秘密的，其他人应当尊重其意愿，不得泄露。”这一规定的目的在于稳定收养关系，维护收养关系当事人的权益。事实上更多的是收养人要求保守收养秘密，收养人希望养子女与其关系像亲生的一样，绝不希望抚养多年并建立起深厚感情的子女离自己而去。本案中的吴阿婆就侵害了屈阿婆的隐私权。侵害隐私权的，可根据我国法律规定，要求侵害人停止侵害、恢复原状、消除影响、赔礼道歉。另外，对违反社会公共利益、社会公德侵害他人隐私，致人精神损害后果严重的，受害人可以向人民法院起诉请求精神损害赔偿。

（三）擅自调查老年人背景，抖私事，会侵犯他人隐私权

现实生活中，有些人喜欢探听他人隐私、泄露他人隐私，这种做法扰乱了人们的正常生活，甚至制造出许多麻烦，酿成严重后果。

案例

丁某出生在大户人家，年轻时长得水灵乖巧、人见人爱。虽然家教极严，她还是与管家的儿子两情相悦，偷偷谈起了恋爱。为逃避家长的管制，他们一起离家出走，岂料最后还是被家人抓了回来。然后，丁某被迫嫁给了对她爱慕已久的丈夫。婚后，丈夫对丁某非常宠爱，几十

年如一日地包揽了所有的家务活，让丁某感到非常幸福。

3年前，丈夫突然中风去世，这让丁某悲痛万分。半年前，婚姻介绍所介绍了一位退休教授王某给丁某。王教授早年丧妻，独自抚养三个女儿，女儿长大后远嫁他方，王教授也越来越感到空虚无聊。因为年龄相仿，家庭背景也相似，相处一段时间后双方都感觉不错，于是准备去民政局领证，举行简单仪式后就搬到一起生活。周围一些相处得很好的姐妹们都羡慕丁某这么快就找到了称心如意的另一半。然而，就在他们即将去登记的时候，王教授突然一反常态，对丁某开始冷若冰霜，而且取消了之前所有的安排。丁某对这一变化始料未及，她想不明白王教授的态度为什么一夜之间来了个一百八十度大转弯。丁某的儿子更是气愤不已，为母亲打抱不平。在他看来，王教授出尔反尔，分明是玩弄感情。于是，他决定为母亲讨个说法。

丁某的儿子来到王教授家，责问他为何始乱终弃。王教授道出了其中缘由。原来，王教授的女儿为父亲着想，在他认识丁某后，即找人私自调查了丁某的背景，不仅查明了丁某不太会做家务、有点小姐脾气，而且连丁某最不愿提起的那段往事也被翻了出来。王教授知道丁某年轻时曾与人私奔后，产生看法，才决定与丁某分手。

丁某得知后羞愧难当，觉得难以面对儿子，因为儿子从来不知道这件事。丁某的儿子对王教授一家的做法非常气愤。几十年前的旧事没有人愿意提起，再说那也是母亲的私事，别人怎么可以说查就查呢？这分明是侵犯了母亲的隐私权。于是他来到法院，想起诉王某一家，但很快被丁某制止。丁某无论如何也不愿意儿子再对这件事纠缠下去，认为拖的时间越长，知道这件事的人就越多，对自己的伤害反而越大。

关于隐私权被侵犯的问题，老年人因为传统思想重、忌讳的事情多，遇到侵害往往会选择息事宁人。息事宁人固然保险，但难免会助长他人的不正之风。如果像案例中的王某那样，只是自己知晓而不向外张扬，那还可以；万一王某利用丁某不愿张扬的心理，实施其他违法行为，最后受害的还是丁某。因此，该出手时就出手，维护自己的权益刻不容缓。

隐私权是自然人对私人信息、私生活和其他一切私人秘密所享有的不被他人非法获悉、侵扰、利用的权利。权利人对自己的隐私享有保密、不予公示和保持沉默的权利。除法律另有规定或涉及公共利益外，任何组织和个人不得强制权利人公开披露其隐私；未经权利人认可同意，任何组织或个人不得非法侵入、刺探他人隐私。

下列行为会构成对他人隐私权的侵害：

（1）非法刺探、调查个人的身体资料、生活经历、财产、社会关系、家庭状况、婚恋状况、家庭住址、电话号码、政治倾向、心理活动、两性生活、疾病史及其他个人私生活情报的行为。

（2）监听、监视私人活动，强力干涉他人从事某种活动或不从事某种活动，监视私人与他人的交往，监视、监听夫妻性生活，私人跟踪、骚扰他人安宁生活的行为。

（3）私自侵入住宅，窥视居室内的情况，偷看日记，借他人沐浴、上厕所之机偷看他人身体，私翻箱包，私拆信件的行为。

（4）非法公开他人隐私的行为。

在本案中，王教授的女儿擅自找人调查丁某的背景，并将其年轻时与人私奔的事抖出来，明显侵害了丁某的隐私权。当然，如果丁某因为不愿声张而放弃起诉王教授，也是法律允许的。

（四）公用楼道私装摄像头，会侵犯他人隐私权

案例

张老先生居室对面住着一对年轻夫妇小王和小李。年轻人偏爱新奇、古怪的东西，连门铃也要装得标新立异、与众不同。电影《功夫熊猫》热播后，小王家的门铃便换成了一只憨态可掬的熊猫。按钮装在熊猫肚子上，客人按下按钮后，笨拙的熊猫立马变得灵活无比、大展拳脚，嘴里还大叫着“来者何人？请等待开门”。在等待的时间里，看着可爱的熊猫手舞足蹈，倒也让人开心。然而好景不长，门铃装上不久，烦恼也接踵而至。小区里有很多孩子，每天放学回家后就在小区里乱转。没过多久，孩子们发现了这只可爱的熊猫门铃。自此，他们每天放学回家后就三个一群、五个一伙地来按小王家的门铃。看到手舞足蹈的熊猫，孩子们笑得前俯后仰，待小王一开门又一哄而散。如此反复，小王夫妇狼狈不堪、疲于应付。

原本把熊猫门铃卸下即万事大吉，偏偏小王又极其固执，不愿妥协。他挨家挨户地告知这些孩子的父母，希望他们能看好这些淘气鬼。但没想到，他们都不认账，认为自家的孩子不可能那样。一气之下，小王在楼道里安装了摄像头，想拍下孩子偷按门铃的证据，让那些家长无话可说。但这样一来，张老先生一家进进出出的活动就全被摄像头拍下来了。每次进出家门，看到摄像头那红色的“小眼睛”像盯贼一样盯着自己的时候，张老先生心里不知有多难受。张老先生找小王想说服他把摄像头卸下，但小王表示，摄像头装在楼道里，只会拍下大家进出的画面，不会影响到个人的隐私，而且摄像头还可以防火防盗，是一件好事，没理由拆除。

小王的态度激起了张老先生的不满。在咨询律师后，他把小王告到了法院，要求小王拆除摄像头并赔礼道歉。法院审理后认为，个人在公共场所安装摄像头需经有关部门批准，张、王两家的房屋是一梯二户结构，共用楼道，小王没有经过批准，也未征得张坤同意，擅自在共用部位安装摄像头，对共用部位进行监控，超越了法律赋予业主的相关权限，侵犯了相邻业主的隐私权，所以判令小王拆除摄像头。

本案的主要争议在小王擅自安装摄像头的行为是否侵犯了张老先生的隐私权。首先，小王安装摄像头的目的很明确，是拍摄乱按门铃的孩子们，而不是监视张老先生及其家人的活动或者刺探他们家的秘密，其主观上没有恶意。其次，小王的行为只是让张老先生主观感受上难以接受“红眼睛”盯着自己，小王也未刺探到张老先生家的任何秘密或隐私，未给张老先生造成任何实质上的损害。

综合以上两点考虑，小王的行为似乎并不构成直接侵权，但为什么法院判决张老先生胜诉

呢？法理依据何在？

隐私权是人格权的一种，在法律性质上属于绝对权，任何人都因此负有尊重他人隐私的义务。我国法律没有单独规定隐私权受法律保护，一般情况下，是将其与名誉权联系起来保护的。

小王安装摄像头时虽然主观上不是直接针对张老先生，没有恶意，但不得由此影响他人。例如：某人可以在家里随意播放任何音乐，这是他的权利和自由，任何人无权干涉。但是播放音乐时必须顾及他人感受，不能影响他人的生活。如果半夜两点钟还将音量开到最大、播放劲爆的舞曲，就势必影响邻居们休息。在自己家中尚且要受约束，更何况是在共用楼道安装摄像头？小王有义务想到自己的行为会对张老先生家的生活产生影响，正确的做法应该是在安装前征求张老先生的意见，取得其同意后再安装。而且，张老先生提出异议后，小王还坚持己见、不肯拆除，这就构成故意了。因此，小王在主观上是有过错。

从法律上看，小王的行为对张老先生及其家人的隐私权，至少客观上已经构成了一种威胁，而且这是一种潜在的造成实际损害的可能，小王家为此应该承担民事责任，承担的方式为消除危险、排除妨害。法院判决小王拆除摄像头，亦即责令其消除对隐私权损害的危险，排除对隐私权行使的妨害。如果造成实际损失，还要给予赔偿。比如小王侵犯了张老先生的隐私权，并造成了一定的坏的影响，还要根据实际情况酌情赔偿损失。

这个案例告诉我们一个简单的事实：权利应该自由行使，但要在一定的范围内行使，超出这个范围就有可能侵犯他人权利。在行使自己的权利时也应顾及他人感受，“己所不欲，勿施于人”，这样大家才能和睦相处。

（五）保姆随意探听、散布东家隐私，是违法行为

案例

王某和老伴今年都六十多岁了，身体还算硬朗，但毕竟上了年纪，很多活做起来有点力不从心。去年老伴在买菜的路上摔了一跤，休养了好几个月。康复后，女儿丽丽坚持给两位老人请了保姆。两位老人一生勤俭，心想能自己做的活尽量不请人做；他们还听说很多家庭都是保姆惹气，好保姆很难找，所以心里不怎么乐意，但碍于女儿一片孝心，不好推却，还是接受了。

保姆李某，三十多岁，外地人，嘴巴很甜，会哄人开心，手脚也算勤快，做的饭菜很合老人胃口。王某夫妇比较满意。但慢慢地，老两口发现家里日常支出越来越多，特别是饭菜这一块。后来才觉察是小李暗中做了手脚。为了不撕破脸皮，王某只在小李面前暗示了一下，小李心里自然明白，后来也收敛了一些。但家里各种吃的、喝的、用的，难免被“顺手牵羊”。俗话说：“明枪易躲，家贼难防。”鉴于现在的保姆难找，换一个也不一定会好，王某和老伴选择了睁一只眼闭一只眼，但放纵的后果往往是带来更大的伤害。

一天，王某和老伴晚饭后散步时遇到了好友张某。闲谈中，张某关切地问：“你们家丽丽的事怎么样了？一定要离婚吗？”王某和老伴听了非常惊愕。

原来，丽丽的丈夫有了外遇，现在两人正在闹离婚。对这件事，老两口一直守口如瓶，从未向人提及，张某怎么就知道了呢？好在他们与张某是老朋友，追问后才得知这一切都是保姆小李的“功劳”。前一阵子，女婿有了外遇，丽丽多次回娘家哭诉，俗话说“隔墙有耳”，更何况小李就在自己家里呢。小李摸清事情来龙去脉后就迫不及待地将王某女儿女婿的事告诉了其他做保姆的姐妹和自己认识的人，这些人又争先恐后、添油加醋地告诉更多的人。这真叫“好事不出门，坏事传千里”，没过多久，整个小区的人都知道了，只有王某一家还蒙在鼓里。

既然大家都知道了，也没什么可隐瞒的。王某和女儿气愤之余，毅然向法院起诉，请求法院责令：(1) 保姆小李停止侵权，赔礼道歉；(2) 赔偿一年来小偷小摸造成的财产损失 2 万元；(3) 赔偿精神损害 20 万元。法院审理后认为，保姆小李利用工作之便获知原告隐私后四处传播，侵犯了原告的隐私权，给原告造成了一定的精神损害，判定被告向原告赔礼道歉并支付精神损害赔偿金 2 万元。至于原告的第二项诉讼请求，因为原告没确凿的证据举证，法院不予支持。

这个案件的案情比较简单，侵犯隐私权的事实明确，保姆的行为属于非法公开他人隐私。保姆小李利用工作之便得悉王某家的秘密后四处宣扬，将王某女儿女婿的事公开，由此侵犯了王某尤其是其女儿丽丽的隐私权。

这个案子，有两个问题很值得我们思考：一是保姆的能力与思想素质。现在社会上有不少家政公司，家政公司不仅肩负介绍、推荐工作的责任，还有从业务、思想上培训合格保姆的义务。现在的问题是家政行业的工作远远跟不上整个社会对保姆的质和量的需求。在这种情况下，不仅如何选择保姆成为很多老年人必须面对、解决的问题，而且如何从关心的角度出发，善意帮助和启发保姆在思想文化上进步，尤其是加强其对相关法律常识的了解，也显得很迫切、很重要。如果老年人自己都不注重思想文化上的进步追求，缺少相关的法律意识和法律知识，往往问题就出来了。二是应该增强防范意识。例如，家庭的经济财产，大的方面也许严格保密，但日常开支的钱，有的雇主对保姆很放得开，不闻不问。对有些保姆而言，这样做是行得通的；但对有些保姆来说，这样做反而害了她。本案中，王某到最后才提出保姆小李一年来小偷小摸造成了他的财产损失，但却拿不出确凿证据，就说明了这个问题。法律是用证据说话的，谁主张谁举证，举证不能时，那只能让主张者自己承担财产损失的责任。

人们常言“清官难断家务事”，保姆虽然不是家庭成员，但因为保姆的特殊地位，一旦发生财产纠纷，麻烦程度堪比家务事。所以雇主只能在日常生活中多留心，既不要瞎猜疑，发现后也不要姑息纵容。

同步训练

根据情境导入中的案例，请为唐大妈提供一些维护权益的建议。教师示教后，学生分组训练。

教学做一体化训练

● 重要概念

生命健康权　人身损害赔偿标准　姓名权　肖像权　名誉权　隐私权

● 课后讨论

1. 人身损害有哪些赔偿项目？其标准如何确定？
2. 老年人人身损害赔偿案件的证据如何收集？
3. 姓名权有哪些内容？
4. 肖像权有哪些内容？
5. 老年人如何维护自身的姓名权与肖像权？
6. 名誉侵权有哪些形式？
7. 名誉侵权的构成要件是什么？
8. 隐私权的主要种类和基本内容是什么？

● 课后自测

一、单项选择题

1. 在自然人的权利中，最基本、最重要的权利是（　　）。
   A. 人身权利　　B. 生命健康权
   C. 人格尊严权　　D. 名誉权
2. 下列行为属于侵害他人生命健康权的是（　　）。
   （1）虐待老年人　（2）非法使用童工　（3）虐待、遗弃未成年人
   （4）诽谤他人
   A.（1）（2）（3）　　B.（2）（3）（4）
   C.（1）（2）（4）　　D.（1）（3）（4）
3. 下列行为中不属于侵犯自然人姓名权的是（　　）。
   A. 某广告商未征求陈某的意见，就把他的肖像印在广告上
   B. 马某为了表达对王某的不满，当着王某的面把王某的相册撕毁
   C. 某影楼虽与周某打过招呼，但在没有得到周某的答复时就把他的照片摆在了橱窗里
   D. 交警队把拍摄到的闯红灯的人及其行为在电视台曝光
4. 擅自将他人的肖像用作广告或杂志的封面或印在挂历上的行为属于（　　）。
   A. 侵犯他人姓名权的行为
   B. 侵犯他人肖像权的行为
   C. 侵犯他人生命健康权的行为
   D. 侵犯他人人格尊严权的行为
5. 冯女士的母亲2023年10月6日去世，当时家属认为是由于医院的失职造成了其死亡，因此曾与医院发生纠纷。10月7日，媒体对此事进行了

报道，并配发了一张其母在医院抢救时的照片。可在2023年12月7日，家人发现这张照片竟然出现在一则药品的广告上，冯女士决定向法院起诉。对于这家生产药品的厂家来说，其行为侵犯了自然人的（　　）。

A. 名誉权　　B. 人格权　　C. 肖像权　　D. 生命健康权

6. 下列属于隐私的是（　　）。

（1）身体缺陷　（2）住宅　（3）书包　（4）私人信件　（5）电话号码　（6）电子邮件

A.（1）（2）（3）（4）（5）（6）　B.（1）（2）（4）（5）

C.（2）（3）（4）（5）（6）　D.（1）（4）（5）（6）

7. 下列行为属于侵犯自然人隐私权的是（　　）。

A. 借口关心他人而传播他人不愿意公开的秘密

B. 李某把王某的犯罪行为拍下来向公安机关反映

C. 某新闻媒体播放反映张某工作情况的录像

D. 委托他人在报纸上刊登征婚广告

8. 老王因自己的手表丢失，怀疑是同养老院的老曾所为，便要搜查老曾的衣服口袋，老王的这一行为被工作人员发现后及时制止。老王的行为（　　）。

A. 是非法的，因为这是侵犯老曾人身自由权的行为

B. 是合法的，因为这是维护自己财产权的行为

C. 是非法的，因为这是侵犯老曾名誉权的行为

D. 是合法的，因为这是老王找回手表的有效方式

9. 老唐家阳台的花盆被风刮倒掉下楼，正好把路过的邻居张某砸伤，老唐当时不在家。对此，老唐是否应负法律责任？（　　）

A. 不负，因为他当时不在家

B. 要负，因为这侵犯了公民的生命健康权

C. 不负，因为这并非他故意所为

D. 要负，因为这危害了公共安全

10. 根据虐待的定义，下列不构成虐待的是（　　）。

A. 王某的父亲得了病，但是王某却以治疗不会有效果为由任其发展至病危

B. 李某常使用体罚来教育调皮的儿子，还常常关他禁闭

C. 张某经常用言语侮辱妻子，有时还会殴打妻子

D. 超市老板经常对员工搜身，并常常无故要求加班

11. 根据治安管理处罚法的规定，下列情形中属于虐待行为的是（　　）。

A. 王某偶尔一次将12周岁的儿子打致轻微伤

B. 张某经常打骂自己的母亲但都没有造成较重伤害

C. 李某将妻子打致轻伤

D. 张某对他的徒弟经常打骂

12. 下列关于虐待老人的定义描述准确、完整的是（　　）。

A. 在本应充满信任的任何关系中发生的1次或多次致使老年人受到伤害或处境困难的行为，或以不采取适当行动的方式致使老年人受到伤害或处境困难的行为

B. 在本应充满信任的任何关系中发生的1次或多次致使老年人受到伤害的行为，或以不采取适当行动的方式致使老年人受到伤害的行为

C. 在任何理应相互信任的关系中，导致老人受到伤害或痛苦的单次或重复行为，或缺乏适当行动

D. 在本应充满安全感的任何关系中发生的多次致使老年人受到伤害的行为，或以不采取适当行动的方式致使老年人受到伤害的行为

13. 2011年12月19日，联合国大会通过第66/127号决议，指定哪一日为认识虐待老年人问题世界日？（　　）

A. 9月9日　　B. 6月15日

C. 7月18日　　D. 6月16日

14. 以下哪项行为不属于虐待老人的行为？（　　）

A. 穿清洁的衣物　　B. 强迫进食

C. 禁闭　　D. 恐吓

15. 小李（19岁）的父亲病故后，母亲带着他改嫁到王家。继父令小李改姓王，小李就是不答应，两人的关系由此紧张起来，小李的母亲也十分为难。对此，下列看法正确的是（　　）。

A. 小李应该姓王，继父有权给他改名

B. 姓名一经确定，任何人不得更改

C. 小李的继父可以持户口本到户籍管理部门直接办理

D. 小李已是成年人，继父无权给他改名

二、多项选择题

1. 下列说法中，属于侵犯自然人肖像权的有（　　）。

A. 某摄影中心为招揽生意，私自张贴某人照片

B. 某报社在新闻图片中使用了某人肖像

C. 某公司私自把某人肖像印在挂历上

D. 在寻人启事上使用被寻找人的肖像

2. 下列选项中，属于不尊重他人隐私或侵犯他人隐私权行为的有（　　）。

A. 在银行柜台前设置1米线

B. 小林的妈妈偷看他的日记
C. 警方为尽快抓捕犯罪嫌疑人，将其照片、姓名及相关信息通过媒体公开
D. 网站将其注册会员的照片、电话号码、家庭住址等信息整理成册卖给信息公司

3. 现实生活中，有些人借口关心别人，把别人不愿意向外透露的家庭情况四处散布，这种行为是（　　）。
A. 侵犯隐私权的违法行为，也是不道德的行为
B. 无意行为，不必计较
C. 不懂法的情况下发生的，可以原谅
D. 使人与人之间关系不和的行为

4. 老年人名誉权被侵犯后应当去哪个法院起诉？（　　）
A. 被告住所地人民法院
B. 侵权行为实施地人民法院
C. 侵权结果发生地人民法院
D. 原告住所地人民法院

三、案例分析题

1. 冷某（女），1933 年出生，患有老年骨质疏松症。2017 年入住老年康复中心，双方签订了入住合同。2023 年 2 月 15 日 8 时左右，冷某在其所入住的房间内摔倒，中心工作人员立即致电冷某在外地工作的儿子小王，小王于当天晚上来到康复中心将冷某送至医院救治，冷某被诊断为骨折。冷某诉至法院，要求老年康复中心赔偿七万余元的损失。

诉讼中，小王称中心工作人员联系他时未将冷某的情况说清楚，只是说其腿疼，延误了治疗。既然花钱将老人安置在康复中心，康复中心就应该将老人照顾好，发生了伤害，康复中心应及时送医。康复中心认为，冷某的跌倒是其自身身体原因所致，中心没有过错。冷某跌倒后，中心第一时间通知了家属。若是特殊的心脑血管疾病，中心会直接拨打 120 送医治疗，其他情况是否送医由家属决定。

问题：老年康复中心是否需要赔偿？

2. 2023 年 2 月 9 日晚上，周某在苏州市吴江区某小区家里，因孩子学习问题和其母亲胡某某发生纠纷，后采用拳打脚踢的方式殴打其母亲胡某某，致其受伤。经法医鉴定，被害人胡某某胸部损伤属人体轻伤一级。

问题：周某违反了哪些法律？

3. 李某的老伴去世以后，为了尽早继承父母的房屋和积蓄，其儿子和

儿媳合谋，经常对李某使用暴力。开始是恶言恶语，拳打脚踢，后来发展到不给饭吃，儿子经常为一点小事就破门而入，打骂李某，并抢夺、破坏屋内的财物。

问题：李某应如何保护自己的权利？

项目六

老年人社会保险权益保障

学习目标

知识目标

1. 掌握我国养老保险的基本模式
2. 掌握城镇职工基本养老保险的相关规定
3. 掌握城镇职工基本医疗保险的相关规定
4. 了解新型农村合作医疗的发展及趋势

能力目标

1. 能够协助老年人参与并享受养老保险
2. 能够协助老年人参与并享受基本医疗保险

素养目标

1. 培养社会保险意识，推动社会保障体系建设
2. 树立正确的社会保险观念，推动社会保险各项政策落实

任务一

老年人养老保险权益保障

情境导入

李先生已经到了退休年龄，可是他的基本养老保险只缴了12年，没有达到养老保险累计缴费至15年的要求。他该怎么办?

任务描述

请你针对李先生的养老金问题给出合理的建议，并附上相关的法律依据。

相关知识

党的二十大报告提出发展多层次、多支柱养老保险体系，进一步明确了养老保险制度的发展方向。养老保险是实现老百姓“老有所养”坚实的制度保障。在人口负增长与老龄化叠加交汇的背景之下，政府或市场主导的单一支柱养老都难以应对人口结构转型的挑战。发展多层次、多支柱养老保险体系被视为积极应对人口老龄化的有效政策工具。截至2023年年底，全国参加基本养老保险10.66亿人。

一、养老保险

（一）养老保险的含义

养老保险有广义和狭义之分。狭义的养老保险专指作为社会保障重要手段的基本养老保险。严格意义上来说，养老保险应当从广义上进行理解。广义的养老保险是指公民为保障晚年基本生活而根据国家的法律法规，按照强制或自愿的原则缴纳养老保险费，并在达到国家规定的解除劳动义务的年限或者因年老丧失劳动能力退出劳动岗位后，定期领取保险金的养老方式。

这一概念主要包含以下三层含义：

（1）养老保险是在法定范围内的老年人完全或基本退出社会劳动生活后才自动发生作用的。这里所说的“完全”，是以劳动者与生产资料的脱离为特征的；所说“基本”，指的是参加生产活动已不成为其主要社会生活内容。需强调说明的是，法定的年龄界限（各国有不同的标准）是切实可行的衡量标准。

（2）养老保险的目的是保障老年人的基本生活需求，为其提供稳定可靠的生活来源。保险的重要功能之一就是分担风险，降低个人或家庭承担的风险。养老保险旨在分担因年龄增加而造成收入减少、生活困难的风险，化解社会矛盾。

（3）养老保险是以保险为手段来达到保障的目的。养老保险是世界各国较普遍实行的一种社会保障制度，一般具有以下几个特点：1）由国家立法，强制实行，企业单位和个人都必须参加，符合养老条件的人可向社会保险部门领取养老金。2）养老保险费用来源，一般由国家、单位和个人三方或单位和个人双方共同负担，并实现广泛的社会互济。3）养老保险具有社会性，影响很大，享受人多且时间较长，费用支出庞大。因此，养老保险必须设置专门机构，实行现代化、专业化、社会化的统一规划和管理。

（二）我国养老保险制度的发展历程

我国的养老保险以1951年2月26日政务院颁布的《中华人民共和国劳动保险条例》为起点，经历了几十年风风雨雨，其发展可概括为四个阶段：（1）1951—1965年为养老保险制度的创建阶段。该阶段以政务院颁布的《中华人民共和国劳动保险条例》为标志，主要工作是着手建立全国统一的养老保险制度，并逐步趋向正规化和制度化。（2）1966—1976年是养老保险制度严重破坏阶段。当时中国社会保险事业遭受到严重破坏，社会保险基金统筹调剂制度停止，相关负担全部由各企业自理，社会保险变成了企业保险，正常的退休制度中断。（3）1977—1990年为养老保险制度恢复和调整阶段。此阶段我国采取渐进的方式对养老保险进行了调整，恢复了正常的退休制度，调整了养老待遇计算办法，部分地区实行了退休费统筹制度。（4）1991年到现在是养老保险制度实施创新改革阶段。本阶段主要是创建了适应中国国情、有中国特色的社会统筹与个人账户相结合的养老保险模式，改变了计算养老金办法，建立了基本养老金增长机制和实施了基本养老金社会化发放，最终基本建成我国多层次养老保险体系。

在我国实行养老保险制度改革以前，基本养老金也称退休金、退休费，是一种最主要的养老保障待遇。即国家有关文件规定，在劳动者年老或丧失劳动能力后，根据他们对社会所作的贡献和所具备的享受养老保险资格或退休条件，按月或一次性以货币形式支付的保险待遇，主要用于保障职工退休后的基本生活需要。

1991年6月，国务院颁布了《关于企业职工养老保险制度改革的决定》（国发〔1991〕33

号），正式宣告以《中华人民共和国劳动保险条例》为基础的“国家养老保险模式”的时代结束了，养老保险统筹摆脱了“单位保险”的束缚，并且要求“逐步建立起基本养老保险与企业补充养老保险和职工个人储蓄性养老保险相结合的制度。改变养老保险完全由国家、企业包下来的办法”。“国家、企业、个人三方共同负担，职工个人也要缴纳一定的费用”，形成了“三支柱”养老保险体制。随着经济的发展，我国将逐步建立起基本养老保险与企业补充养老保险和职工个人储蓄性养老保险相结合的制度。1993 年，《中共中央关于建立社会主义市场经济体制若干问题的决定》，正式提出建立“统账结合”的养老保险模式：“城镇职工养老和医疗保险金由单位和个人共同负担，实行社会统筹和个人账户相结合”。1995 年 3 月，《关于深化企业职工养老保险制度改革的通知》颁布，全国范围内开始试行“社会统筹与个人账户相结合”的基本养老保险制度，首次提出了“个人账户”概念，标志着我国养老保险制度的全面创新。

1997 年 7 月，国务院《关于建立统一的企业职工基本养老保险制度的决定》颁布，正式向全国推广“社会统筹与个人账户相结合”的养老保险模式，这一政策的颁布标志着我国养老保险制度的建设走上了规范化的道路。2010 年 10 月，第十一届全国人民代表大会常务委员会第十七次会议通过了《中华人民共和国社会保险法》（以下简称《社会保险法》），该法明确了国家财政有为社会保险提供资金支持的责任。

2014 年 12 月 23 日，国务院副总理马凯代表国务院向第十二届全国人大常委会第十二次会议作了关于统筹推进城乡社会保障体系建设工作情况的报告。报告中首次明确，机关事业单位养老保险制度改革方案，已经国务院常务会议和中央政治局常委会审议通过。

2015 年 1 月 14 日，国务院发布的《国务院关于机关事业单位工作人员养老保险制度改革的决定》（国发〔2015〕2 号）明确指出，建立基本养老金正常调整机制。根据职工工资增长和物价变动等情况，统筹安排机关事业单位和企业退休人员的基本养老金调整，逐步建立兼顾各类人员的养老保险待遇正常调整机制，分享经济社会发展成果，保障退休人员的基本生活。

（三）我国养老保险的类型

广义的养老保险形式多样，按照我国目前的养老保险模式，我国的养老保险主要有以下几类。

1. 基本养老保险

基本养老保险是社会保障制度的重要组成部分，是社会保险重要的险种之一。基本养老保险在我国主要适用于城镇职工。2010 年《社会保险法》颁布实施，根据该法律，职工应当参加基本养老保险，由用人单位和职工共同缴纳基本养老保险费。无雇工的个体工商户、未在用人单位参加基本养老保险的非全日制从业人员及其他灵活就业人员也可以参加基本养老保险，由个人缴纳基本养老保险费。

2. 城乡居民养老保险

城乡居民养老保险是享受城镇职工养老保险以外的城市居民或农村居民享受的社会养老保险。城乡居民养老保险和城镇职工养老保险并列，二者只能享受一种。

3. 企业补充养老保险

企业补充养老保险是指企业按规定缴纳基本养老保险费后，根据自身经济实力，在国家规定的实施政策和实施条件下为本企业职工所建立的一种辅助性的养老保险。它居于多层次的养老保险体系中的第二层次，由国家宏观指导、企业内部决策执行。企业补充养老保险与基本养老保险既有区别又有联系。其区别主要体现在两种养老保险的层次和功能不同，其联系主要体现在两种养老保险的政策和水平相互联系、密不可分。

4. 个人养老金

个人养老金是指政府政策支持、个人自愿参加、市场化运营、实现养老保险补充功能的制度。个人养老金实行个人账户制，缴费完全由参加人个人承担，自主选择购买符合规定的储蓄存款、理财产品、商业养老保险、公募基金等金融产品，实行完全积累，按照国家有关规定享受税收优惠政策。

2022 年 4 月 21 日，国务院办公厅发布《关于推动个人养老金发展的意见》，明确参加人每年缴纳个人养老金的上限为 12 000 元。11 月 4 日，五部门联合发布《个人养老金实施办法》。11 月 25 日，人力资源和社会保障部宣布，个人养老金制度启动实施。

个人养老金的参加人应当是在中国境内参加城镇职工基本养老保险或者城乡居民基本养老保险的劳动者。金融行业平台为金融监管部门组织建设的业务信息平台。参与金融机构包括经中国银行保险监督管理委员会确定开办个人养老金资金账户业务的商业银行，以及经金融监管部门确定的个人养老金产品发行机构和销售机构。

5. 商业养老保险

商业养老保险是以获得养老金为主要目的的长期人身险，是年金保险的一种特殊形式，又称退休金保险，是社会养老保险的补充。商业养老保险的被保险人，在交纳了一定的保险费以后，就可以从一定的年龄开始领取养老金。

二、基本养老保险

案例

张某 1997 年大学毕业，在一家工厂就业，当时工厂领导对他讲，为了将来更好地养老，每月扣除工资的 25%来缴养老保险费。张某想：年轻时生活稍微节俭点，多缴点养老保险费，老了退休金多一点，生活会更有保障，于是按照企业的说法连续扣了 5 年保险费。最近，他听说企业这样扣缴养老保险费不对。

他想知道：企业到底错在哪里？怎样扣缴才是合理的？

（一）基本养老保险的含义和特点

所谓基本养老保险，是国家和社会根据法律和法规，为解决劳动者在达到国家规定的解除劳动义务的劳动年龄界限或因年老丧失劳动能力退出劳动岗位后的基本生活而建立的一种社会保险制度。基本养老保险有以下几个特点：

（1）由国家立法，强制实行，企业单位和个人都必须参加，符合养老条件的人可向社会保险部门领取养老金。

（2）基本养老保险费用来源，一般由国家、单位和个人三方或单位和个人双方共同负担，并实现广泛的社会互济。

（3）基本养老保险具有社会性，影响很大，享受的人数多且时间较长，费用支出庞大。

（二）基本养老保险的对象

按照《社会保险法》的相关规定，基本养老保险的参保对象包括以下几类。

1. 职工

职工是参加基本养老保险的主力，职工的基本养老保险由国家、企业和个人共同负担筹集资金，采取社会统筹和个人账户相结合的基本模式。

2. 灵活就业人员

灵活就业人员是指以非全日制、临时性、季节性、弹性工作等灵活多样的形式实现就业的人员，包括无雇工的个体工商户、非全日制从业人员及律师、会计师、自由撰稿人、演员等自由职业者等。灵活就业人员可以自愿参加基本养老保险，保险费由个人全部承担。

3. 事业单位职工

事业单位有管理类、公益类、经营类等，事业单位工作人员实行退休养老制度，费用由国家或者单位负担，个人不缴费，养老金标准以本人工资为基数，按照工龄长短计发。目前，事业单位工作人员养老保险制度改革与事业单位分类改革在部分地区推行，现承担行政职能的事业单位执行公务员的养老保险制度，从事生产经营的事业单位执行企业职工养老保险制度，公益性事业单位实行单独的事业单位养老保险制度，制度模式与企业职工养老保险一样。

4. 公务员和参照《中华人民共和国公务员法》管理的工作人员

目前，我国公务员和参照《中华人民共和国公务员法》管理的工作人员实行退休养老，费用由国家负担，个人不缴费，养老金标准以个人工资为基数，按工龄长短计发。

（三）基本养老保险的模式

基本养老保险的模式有多种类型，主要包括：（1）现收现付制，即基本养老保险费由雇主和雇员共同承担，保险费收入全部用于当期养老金的支付，以支定收，实现现收现付；（2）积累制，即建立完全积累的个人账户，个人缴纳的养老保险费全部记入个人账户，资金用于投资取得收益，个人退休后养老金的多少取决于其个人账户的积累额；(3) 部分积累制，即现收现付制度和部分积累的相结合，在现收现付基础上建立个人账户，实行部分积累，我国目前采取该模式。

我国实行社会统筹和个人账户相结合的模式。基本养老保险基金和待遇分为两部分：一部分是用人单位缴纳的基本养老保险费，计入基本养老统筹基金，用于支付职工退休时社会统筹部分养老金，统筹基金用于均衡用人单位的负担，实行现收现付，体现社会互助共济。另一部分是个人缴纳的基本养老保险费，记入个人账户，用于负担退休后个人账户养老金的支付，主要体现个人责任。

从筹资方式上看，我国基本养老保险基金主要由用人单位和个人缴费组成，此外国家和统筹地区政府也会给予一定的补贴。

（四）基本养老保险费的缴纳

1. 缴费基数和缴费比例

(1) 用人单位的缴费基数和缴费比例。

根据《社会保险法》、《中华人民共和国劳动法》（以下简称《劳动法》）、《中华人民共和国劳动合同法》（以下简称《劳动合同法》）等相关法律法规的规定，用人单位负有为其职工缴纳基本养老保险等社会保险的义务。用人单位应当按照国家规定的本单位职工工资总额的比例缴纳基本养老保险费，计入基本养老保险统筹基金。

关于缴费基数，大部分地区以企业工资总额为缴费基数，如辽宁省、吉林省、河南省、浙江省等；部分地区以全部职工缴费工资之和为基数，如北京市、天津市、深圳市等。用人单位缴纳基本养老保险费的比例，一般不超过企业工资总额的20%，具体比例由省、自治区、直辖市人民政府确定。以北京市为例，《北京市基本养老保险规定》明确规定企业以全部城镇职工缴费工资基数之和作为企业缴费工资基数，按照20%的比例缴纳基本养老保险费。其计算公式为：

企业缴费额＝核定的企业职工工资总额×20%

(2) 职工个人的缴费基数和缴费比例。

职工应当按照国家规定的本人工资的比例缴纳基本养老保险费，记入个人账户。

按照北京市相关规定，城镇职工以本人上一年度月平均工资为缴费工资基数，按照8%的比例缴纳基本养老保险费，全额记入个人账户。缴费工资基数低于本市上一年度职工月平均工资60%的，以本市上一年度职工月平均工资的60%作为缴费工资基数；超过本市上一年度职工月平均工资300%的部分，不计入缴费工资基数，不作为计发基本养老金的基数。其计算公式为：

职工个人缴费额＝核定缴费基数×8%

(3) 灵活就业人员的缴费基数和缴费比例。

无雇工的个体工商户、未在用人单位参加基本养老保险的非全日制从业人员及其他灵活就业人员参加基本养老保险的，应当按照国家规定缴纳基本养老保险费，分别计入基本养老保险统筹基金和个人账户。灵活就业人员参加基本养老保险的缴费基数为当地上年度职工月平均工资，缴费比例为20%，其中8%记入个人账户。其计算公式为：

灵活就业人员缴费额＝核定缴费基数×20%

2. 缴费方式

（1）申请办理社会保险登记。

缴费单位必须向当地社会保险经办机构办理社会保险登记，参加社会保险。登记事项包括单位名称、住所、经营地点、单位类型、法定代表人或者负责人、开户银行账号及国务院劳动保障行政部门规定的其他事项。

（2）申报社会保险费数额并缴纳。

缴费单位必须按月向社会保险经办机构申报应缴纳的社会保险费数额，经社会保险经办机构核定后，在规定的期限内缴纳社会保险费。缴费单位和缴费个人应当以货币形式全额缴纳社会保险费。缴费个人应当缴纳的社会保险费，由所在单位从其本人工资中代扣代缴。

（五）基本养老保险的账户管理

基本养老保险实行社会统筹与个人账户相结合的模式。基本养老保险基金由用人单位和个人缴费及政府补贴等组成。

职工个人账户养老金由职工缴纳的基本养老保险费组成，应当遵循以下规定：

（1）个人账户养老金不得提前支取。

个人账户养老金是个人工作期间为退休后养老积蓄的资金，是基本养老保险待遇的重要组成部分，是国家强制提取的，退休前个人不得提前支取。

（2）个人账户记账利率与同期银行定期存款利率一致。

个人账户养老金从缴费到退休后支取长达数十年，通货膨胀的风险无法避免。若个人账户养老金不能实现保值增值，通货膨胀会降低其购买力，造成个人账户资金的贬值。因此，目前个人账户资金按照同期银行定期存款利率计息。

（3）个人账户养老金余额可以继承。

个人账户养老金具有强制储蓄性质，属于个人所有，个人死亡的（包括退休前和退休后），个人账户养老金余额可以继承。

（六）基本养老保险待遇的享受

1. 享受养老保险待遇的条件

（1）必须达到法定退休年龄。

我国目前关于退休的年龄规定是：男年满60周岁，女工人年满50周岁，女干部年满55周岁。2024年9月13日第十四届全国人民代表大会常务委员会第十一次会议通过《全国人民代表大会常务委员会关于实施渐进式延迟法定退休年龄的决定》，自 2025 年 1 月 1 日起施行。实施渐进式延迟法定退休年龄坚持小步调整、弹性实施、分类推进、统筹兼顾的原则，用 15 年时间，逐步将男职工的法定退休年龄从原 60 周岁延迟至 63 周岁，将女职工的法定退休年龄从原 50 周岁、55 周岁分别延迟至 55 周岁、58 周岁。

案例

王某身份证上的出生时间为 1964 年，而他的军人退伍证上的出生年份为 1965 年。眼看着就快退休了，他不知退休时以哪个时间为准。

他想知道：应该按照哪个时间认定他的退休年龄？

本案例涉及如何认定退休年龄的问题。

劳动和社会保障部 1999 年发布的《关于制止和纠正违反国家规定办理企业职工提前退休有关问题的通知》（劳社部发〔1999〕8 号）中规定：当本人身份证与档案记载的出生时间不一致时，以本人档案最先记载的出生时间为准。要加强对居民身份证和职工档案的管理，严禁随意更改职工出生时间和编造档案。

本案例中，王某的退休年龄应以他本人档案中最先记载的出生时间为准。

（2）累计最低缴费满 15 年。

缴费年限包括视同缴费年限和实际缴费年限。固定职工在实行企业和职工个人共同缴纳基本养老保险费制度之前，按国家规定计算为连续工龄的时间，都可以作为“视同缴费年限”，并且可以与实际“缴费年限”合并计发养老保险金。另外，机关事业单位正式职工调入企业后，应参加企业职工基本养老保险，其原有的工作年限视同缴费年限；复员退伍军人、城镇下乡知识青年被招为合同制工人，且参加了基本养老保险的，其军龄及下乡期间按国家规定计算为连续工龄的年限，可视同缴费年限。根据国务院发布的《关于深化企业职工养老保险制度改革的通知》的规定，实行个人缴费制度前，职工的连续工龄可视同缴费年限。视同缴费年限可以与实际缴费年限合并计算发放基本养老保险金。

缴费满 15 年是享受基本养老保险待遇的“门槛”，但并不代表缴满 15 年就可以不缴费，只要职工与用人单位建立劳动关系，就应按规定缴费。职工达到法定退休年龄但缴费不足 15 年的，可以一次性补缴或者继续缴费满 15 年后享受基本养老保险待遇；也可以采取转入城乡居民社会养老保险的办法，解决其养老保障问题。

《全国人民代表大会常务委员会关于实施渐进式延迟法定退休年龄的决定》规定，从 2030 年 1 月 1 日起，将职工按月领取基本养老金最低缴费年限由 15 年逐步提高至 20 年，每年提高 6 个月。

2. 基本养老保险待遇

参加基本养老保险的个人，达到法定退休年龄时累计缴费满 15 年的，按月领取基本养老金。基本养老金由统筹养老金和个人账户养老金组成。基本养老金根据个人累计缴费年限、缴费工资、当地职工平均工资、个人账户金额、城镇人口平均预期寿命等因素确定。

（1）统筹养老金。统筹养老金来自由用人单位缴费和财政补贴等构成的社会统筹基金，根据个人缴费年限、缴费工资、当地职工平均工资等因素确定。其计算公式为：

社会统筹养老金=[（参保人员退休时当地上年度月平均工资+本人指数化月平均缴费工资）/2]×个人累计缴费年限×1%

（2）个人账户养老金。个人账户养老金月标准为个人账户储存额除以计发月数，计发月数根据职工退休时个人账户金额、城镇人口平均预期寿命和本人退休年龄等因素确定。

以北京市为例，基本养老金由基础养老金和个人账户养老金组成。其中基础养老金月标准以本市上一年度职工月平均工资和本人指数化月平均缴费工资的平均值为基数，缴费每满1年发给1%。个人账户养老金月标准为个人账户储存额除以国家规定的计发月数。

（3）参加基本养老保险的个人因病或者非因工死亡的，其遗属可以领取丧葬补助金和抚恤金；在未达到法定退休年龄时因病或者非因工致残完全丧失劳动能力的，可以领取病残津贴。其所需资金从基本养老保险基金中支付。

（4）国家已建立基本养老金正常调整机制。国家会根据职工平均工资增长、物价上涨情况，适时提高基本养老保险待遇水平。

3. 基本养老金的申领手续

（1）当参保职工符合退休条件时，用人单位持职工已签字的“职工养老保险手册”到社保分中心打印“养老保险个人账户储存额及平均工资指数情况单”。

（2）到劳动保障行政部门办理退休待遇审批手续。

（3）将经审批后的城镇企业职工退休审批表、居民身份证复印件、工资指数单、经劳动局认定的提前退休的资格证明等材料送交社保分中心，进行退休待遇审核；同时填报社会保险退休人员登记变动名册、社会保险退休人员居住地址信息名册。

（4）退休人员按规定时间到社保分中心领取养老金专用存折，同时进行指纹采集。

（5）退休人员凭养老金专用存折每月就近到代发机构领取养老金。

（七）基本养老保险关系的转移接续

案例

胡某曾在8个城市工作过，并且都缴纳了养老保险，如果达到法定退休年龄时，他的基本养老金该如何领取？

基本养老保险关系转移接续难是我国现行基本养老保险制度存在的突出问题之一。基本养老保险关系不能转移接续，缴费年限不能累计计算，严重影响了职工尤其是农民工参保的积极性。

《社会保险法》第19条规定："个人跨统筹地区就业的，其基本养老保险关系随本人转移，缴费年限累计计算。个人达到法定退休年龄时，基本养老金分段计算、统一支付。具体办法由国务院规定。"由于各统筹地区收入水平差距较大，缴费基数差距也较大，如果不分段计算，可能导致不公平或劳动者选择收入较高的地区退休，故有必要实行分段计算。所谓分段计算，是指参保人员以本人各年度缴费工资、缴费年限和待遇取得地对应的各年度在岗职工平均工资计算其基本养老保险金。为方便参保人员领取基本养老金，《社会保险法》规定了统一支付原则，即无论参保人员在哪里退休，退休地的社保经办机构应将各统筹地区的缴费年限和相应的养老保险待遇分段计算出来，将养老金统一支付给参保人员。

基本养老保险关系转移接续的具体方法如下：

（1）参保人员跨省流动就业的，由原参保所在地社会保险经办机构（以下简称社保经办机构）开具参保缴费凭证，其基本养老保险关系应随同转移到新参保地。参保人员达到基本养老保险待遇领取条件的，其在各地的参保缴费年限合并计算，个人账户储存额（含本息，下同）累计计算；未达到待遇领取年龄前，不得终止基本养老保险关系并办理退保手续；其中出国定居和到中国香港、澳门、台湾地区定居的，按国家有关规定执行。

（2）参保人员跨省流动就业转移基本养老保险关系时，按下列方法计算转移资金。

1）个人账户储存额：1998年1月1日前按个人缴费累计本息计算转移，1998年1月1日后按记入个人账户的全部储存额计算转移。

2）统筹基金（单位缴费）：以本人1998年1月1日后各年度实际缴费工资为基数，按12%的总和转移；参保缴费不足1年的，按实际缴费月数计算转移。

（3）参保人员跨省流动就业，其基本养老保险关系的转移接续按下列规定办理。

1）参保人员返回户籍所在地（指省、自治区、直辖市）就业参保的，户籍所在地的相关社保经办机构应为其及时办理转移接续手续。

2）参保人员未返回户籍所在地就业参保的，由新参保地的社保经办机构为其及时办理转移接续手续。但对男性年满50周岁和女性年满40周岁的，应在原参保地继续保留基本养老保险关系，同时在新参保地建立临时基本养老保险缴费账户，记录单位和个人全部缴费。参保人员再次跨省流动就业或在新参保地达到待遇领取条件时，将临时基本养老保险缴费账户中的全部缴费本息转移归集到原参保地或待遇领取地。

3）参保人员经县级以上党委组织部门、人力资源社会保障行政部门批准调动，且与调入单位建立劳动关系并缴纳基本养老保险费的，不受以上年龄规定限制，应在调入地及时办理基本养老保险关系的转移接续手续。

（4）跨省流动就业的参保人员达到待遇领取条件时，应按下列规定确定其待遇领取地。

1）基本养老保险关系在户籍所在地的，由户籍所在地负责办理待遇领取手续，享受基本养老保险待遇。

2）基本养老保险关系不在户籍所在地，但在其基本养老保险关系所在地累计缴费年限满10年的，在该地办理待遇领取手续，享受当地基本养老保险待遇。

3）基本养老保险关系不在户籍所在地，且在其基本养老保险关系所在地累计缴费年限不满10年的，将其基本养老保险关系转回上一个缴费年限满10年的原参保地办理待遇领取手续，享受基本养老保险待遇。

4）基本养老保险关系不在户籍所在地，且在每个参保地的累计缴费年限均不满10年的，将其基本养老保险关系及相应资金归集到户籍所在地，由户籍所在地按规定办理待遇领取手续，享受基本养老保险待遇。

（5）参保人员转移接续基本养老保险关系后，符合待遇领取条件的，以本人各年度缴费工资、缴费年限和待遇领取地对应的各年度在岗职工平均工资计算其基本养老金。

（6）参保人员跨省流动就业的，按下列程序办理基本养老保险关系转移接续手续。

1）参保人员在新就业地按规定建立基本养老保险关系和缴费后，由用人单位或参保人员向新参保地社保经办机构提出基本养老保险关系转移接续的书面申请。

2）新参保地社保经办机构应在15个工作日内审核转移接续申请，对符合《城镇企业职工基本养老保险关系转移接续暂行办法》规定条件的，向参保人员原基本养老保险关系所在地的社保经办机构发出同意接收函，并提供相关信息；对不符合转移接续条件的，向申请单位或参保人员作出书面说明。

3）原基本养老保险关系所在地社保经办机构应在接到同意接收函的15个工作日内，办理好转移接续的各项手续。

4）新参保地社保经办机构在收到参保人员原基本养老保险关系所在地社保经办机构转移的基本养老保险关系和资金后，应在15个工作日内办结有关手续，并将确认情况及时通知用人单位或参保人员。

三、城乡居民基本养老保险

城乡居民基本养老保险是社会养老保险的重要组成部分，属于国家养老保险制度。城乡居民养老保险是在2009年进行的新型农村社会养老保险和2011年进行的城镇居民社会养老保险试点基础上，于2014年将二者合并而成统一的城乡居民基本养老保险制度。

（一）新型农村社会养老保险（简称新农保）

新农保是继取消农业税、农业直补、新型农村合作医疗等政策之后的又一项重大惠农政策。采取个人缴费、集体补助和政府补贴相结合的模式，其中中央财政将对地方进行补助。2009年9月1日，国务院发布了《关于开展新型农村社会养老保险试点的指导意见》（国发〔2009〕32号），从2009年起开展新农保试点。新农保是以解决农村居民老有所养为主要目标，实行个人缴费、集体补助、政府补贴相结合的保障制度，实行社会统筹与个人账户相结合，与家庭养老、土地保障、社会救助等其他社会保障政策措施相配套，保障农村居民老年基本生活。2009年试点覆盖面为全国10%的县（市、区、旗），以后逐步扩大试点，在全国普遍实施，2020 年之前基本实现对农村适龄居民的全覆盖。

（二）城镇居民社会养老保险（简称城居保）

2011 年 6 月 7 日，国务院发布了《关于开展城镇居民社会养老保险试点的指导意见》（国发〔2011〕18 号），明确提出按照加快建立覆盖城乡居民的社会保障体系的要求，逐步解决城镇无养老保障居民的老有所养问题。城镇居民养老保险试点的基本原则是“保基本、广覆盖、有弹性、可持续”。该类型养老保险已于 2011 年 7 月 1 日启动试点工作，实施范围与新型农村社会养老保险试点基本一致，2012 年基本实现城镇居民养老保险制度全覆盖。

（三）统一的城乡居民基本养老保险制度（简称城乡居民养老保险）

2014 年 2 月 26 日，国务院发布了《关于建立统一的城乡居民基本养老保险制度的意见》，按照党的十八大精神和十八届三中全会关于整合城乡居民基本养老保险制度的要求，依据《社会保险法》有关规定，在总结新型农村社会养老保险和城镇居民社会养老保险试点经验的基础上，决定将新农保和城居保两项制度合并实施，在全国范围内建立统一的城乡居民基本养老保险制度。

1. 参保范围

城乡居民社会养老保险参保范围及对象是年满 16 周岁（不含在校生）、未参加城镇职工基本养老保险的城乡居民，可以在户籍地自愿参加城乡居民社会养老保险。

2. 基金筹集

城乡居民养老保险基金由个人缴费、集体补助、政府补贴构成。

（1）个人缴费。

参加城乡居民养老保险的人员应当按规定缴纳养老保险费。缴费标准目前设为每年 100 元、200 元、300 元、400 元、500 元、600 元、700 元、800 元、900 元、1 000 元、1 500 元、2 000 元 12 个档次，省（自治区、直辖市）人民政府可以根据实际情况增设缴费档次，最高缴费档次标准原则上不超过当地灵活就业人员参加职工基本养老保险的年缴费额，并报人力资源和社会保障部备案。人力资源和社会保障部会同财政部依据城乡居民收入增长等情况适时调整缴费档次标准。参保人自主选择档次缴费，多缴多得。

（2）集体补助。

有条件的村集体经济组织应当对参保人缴费给予补助，补助标准由村民委员会召开村民会议民主确定，鼓励有条件的社区将集体补助纳入社区公益事业资金筹集范围。鼓励其他社会经济组织、公益慈善组织、个人为参保人缴费提供资助。补助、资助金额不超过当地设定的最高缴费档次标准。

（3）政府补贴。

政府对符合领取城乡居民养老保险待遇条件的参保人全额支付基础养老金，其中，中央财政对中西部地区按中央确定的基础养老金标准给予全额补助，对东部地区给予50%的补助。

地方人民政府应当对参保人缴费给予补贴，对选择最低档次标准缴费的，补贴标准不低于每人每年30元；对选择较高档次标准缴费的，适当增加补贴金额；对选择500元及以上档次标准缴费的，补贴标准不低于每人每年60元，具体标准和办法由省（自治区、直辖市）人民政府确定。对重度残疾人等缴费困难群体，地方人民政府为其代缴部分或全部最低标准的养老保险费。

3. 建立个人账户

国家为每个参保人员建立终身记录的养老保险个人账户，个人缴费、地方人民政府对参保人的缴费补贴、集体补助及其他社会经济组织、公益慈善组织、个人对参保人的缴费资助，全部记入个人账户。个人账户储存额按国家规定计息。

4. 养老金待遇

城乡居民养老保险待遇由基础养老金和个人账户养老金构成，支付终身。

（1）基础养老金。中央确定基础养老金最低标准，建立基础养老金最低标准正常调整机制，根据经济发展和物价变动等情况，适时调整全国基础养老金最低标准。地方人民政府可以根据实际情况适当提高基础养老金标准；对长期缴费的，可适当加发基础养老金，提高和加发部分的资金由地方人民政府支出，具体办法由省（自治区、直辖市）人民政府规定，并报人力资源和社会保障部备案。

（2）个人账户养老金。个人账户养老金的月计发标准，目前为个人账户全部储存额除以139（与现行职工基本养老保险个人账户养老金计发系数相同）。参保人死亡，个人账户资金余额可以依法继承。

5. 养老金待遇的领取条件

参加城乡居民养老保险的个人，年满60周岁、累计缴费满15年，且未领取国家规定的基本养老保障待遇的，可以按月领取城乡居民养老保险待遇。

新农保或城居保制度实施时已年满60周岁，在《关于建立统一的城乡居民基本养老保险制度的意见》印发之日前未领取国家规定的基本养老保障待遇的，不用缴费，自《关于建立统一的城乡居民基本养老保险制度的意见》实施之月起，可以按月领取城乡居民养老保险基础养老金；距规定领取年龄不足15年的，应逐年缴费，也允许补缴，累计缴费不超过15年；距规定领取年龄超过15年的，应按年缴费，累计缴费不少于15年。

城乡居民养老保险待遇领取人员死亡的，从次月起停止支付其养老金。有条件的地方人民政府可以结合本地实际探索建立丧葬补助金制度。社会保险经办机构应每年对城乡居民养老保险待遇领取人员进行核对；村（居）民委员会要协助社会保险经办机构开展工作，在行政村（社区）范围内对参保人待遇领取资格进行公示，并与职工基本养老保险待遇等领取记录进行比对，确保不重、不漏、不错。

6. 制度衔接

参加城乡居民养老保险的人员，在缴费期间户籍迁移、需要跨地区转移城乡居民养老保险关系的，可在迁入地申请转移养老保险关系，一次性转移个人账户全部储存额，并按迁入地规定继续参保缴费，缴费年限累计计算；已经按规定领取城乡居民养老保险待遇的，无论户籍是否迁移，其养老保险关系不转移。

城乡居民养老保险制度与职工基本养老保险、优抚安置、城乡居民最低生活保障、农村五保供养等社会保障制度以及农村部分计划生育家庭奖励扶助制度的衔接，按有关规定执行。

7. 管理运营

将新农保基金和城居保基金合并为城乡居民养老保险基金，完善城乡居民养老保险基金财务会计制度和各项业务管理规章制度。城乡居民养老保险基金纳入社会保障基金财政专户，实行收支两条线管理，单独记账、独立核算，任何地区、部门、单位和个人均不得挤占挪用、虚报冒领。各地要在整合城乡居民养老保险制度的基础上，逐步推进城乡居民养老保险基金省级管理。

城乡居民养老保险基金按照国家统一规定投资运营，实现保值增值。

四、老年人养老保险权益保障实务

案例

因工龄漏计而未发放的养老金差额可否要求补发？

老人刘某红是甲省职工，于 1984 年参加工作，2022 年退休后依法有权领取基本养老金。2022 年，被告甲省人力资源和社会保障厅将刘某红参加工作年份登记为 1987 年，2023 年被告核定后，确认漏计了刘某红参加工作的年份，予以了重新登记，但并未向原告刘某红补发因漏计而未发放的养老金差额。刘某红先用邮件催促被告补发差额，邮件状态显示为到达被告邮箱后，直至 2024 年 6 月刘某红仍没有得到被告的答复。

问题：刘某红有无权利要求补发养老金差额？如有的话，可以采取什么措施？

《中华人民共和国老年人权益保障法》第 34 条规定，老年人依法享有的养老金、医疗待遇和其他待遇应当得到保障，有关机构必须按时足额支付，不得克扣、拖欠或者挪用。甲省人力资源和社会保障厅不予补充发放刘某红的基本养老金差额，没有合法理由和正当事由。刘某红可以依法向人民法院起诉，请求判令被告甲省人力资源和社会保障厅足额补发他应得的养老金差额部分。

案例

被判刑老年人能否享受养老金？

几年前，老罗到了退休年龄，单位给他办理了退休手续，从此赋闲在家。但是好景不长，

2023 年 8 月的一天，老罗因涉嫌写匿名信诽谤他人，被逮捕了。

后来法院认定老罗构成诽谤罪，判处有期徒刑一年，缓刑两年。老罗不服，提起上诉。2023 年 12 月 12 日，中院作出终审判决，维持原判。老罗每月的养老金分为两部分，一部分是社保局发的 2 470 元，另一部分是单位发的 2 615 元。还在关押期间，老罗就发现社保局停发了自己的养老金，单位不仅不发养老金，甚至连其他一些待遇都没有了。老罗找到社保局，社保局工作人员说："你被判刑了，按照规定，应当停发养老金，将来释放才可以继续发。"老罗又去找单位交涉，但次次空手而返。

问题：社保局和单位是否应该发给老罗养老金？

退休人员在正常情况下，根据规定领取养老金，是没有任何问题的，但是如果退休人员因实施违法行为可能被判刑，或者因为犯罪已经被判刑，还能正常领取养老金吗？根据《关于退休人员被判刑后有关养老保险待遇问题的复函》（劳社厅函〔2001〕44 号）和《关于对劳社厅函〔2001〕44 号补充说明的函》（劳社厅函〔2003〕315 号）的规定，要具体分析，主要分为被判刑前、服刑中、服刑后 3 种情况和 4 种需要注意的情形。

3 种情况如下所述。

第一种情况：被判刑前。

退休人员如果涉嫌犯罪被通缉，或者在押未定罪的情况下，根据文件规定，退休人员暂时停止享受养老金待遇，如果最后被宣布无罪，那么此期间停止发放的养老金要进行补发。

第二种情况：服刑中。

服刑就意味着失去人身自由，相应的权利也会被剥夺。一旦退休人员被判刑，那么在服刑期间是没有养老金待遇的，而且在被定罪前涉嫌犯罪阶段停发的养老金也不会补发。

第三种情况：服刑后。

服刑期满后，意味着自由，养老保险待遇也就恢复了，可以按服刑前的标准继续发给基本养老金，并参加以后的基本养老金调整。这里需要注意一点，服刑后的养老金发放是以服刑前的标准发放，这期间如果发生了养老金上调等情况，服刑人员即使在出狱后，也是无法补充享受服刑期间上调部分的养老金，换句话说，服刑期间的一切养老待遇都会被剥夺，而且出狱后也不会补发。

此外，还有以下 4 种情形要注意：

一是退休人员在服刑或劳动教养期间死亡的，其个人账户储存额中的个人缴费部分本息可以继承，但遗属不享受相应待遇，如有关丧葬费和抚恤金待遇。

二是退休人员被判处管制、有期徒刑宣告缓刑和监外执行的，可以继续发给基本养老金，但不参与基本养老金调整。比如养老金的连涨，在这种情况下，是不能参加养老金调整的。

三是退休人员被判刑后暂予监外执行、假释期间，可以按被判刑前的标准继续发给基本养老金，但不参与基本养老金调整。

四是被撤销假释继续服刑的，从撤销之月起停止发放基本养老金，假释期满被宣告原判刑罚执行完毕的，继续按判刑前的标准发给基本养老金并参加下一年度的基本养老金调整。

从以上各种情况分析来看，养老金是否停发，有这么一种规律：吃“牢饭”期间，停发养老金；不吃“牢饭”，可以全部或部分享受养老金待遇。

案例

以代办“养老保险”为名实施金融诈骗案例

李某原是某乡镇社保部门临时工作人员，后被开除。2022年，李某结识王某，王某得知李某曾在社保部门工作，提出帮忙办理城镇职工养老保险的请求。李某明知无能力帮助他人办理补交职工养老保险，仍谎称可通过挂靠企业的方式办理，并通过王某介绍，以帮助他人办理职工养老保险、可领取职工养老保险金等为名，先后骗取包括多名老年人在内的8名被害人107万余元，所骗钱款除极少数为被害人缴纳灵活就业保险以获取被害人信任外，其余均用于个人挥霍。

本案是以代办“养老保险”为名侵害老年人合法权益的典型案件，此类金融诈骗主要表现为谎称认识社保局等部门工作人员或者冒充银行、保险机构工作人员，可以代办“提前退休”“养老保险”等，骗取老年人的保险费、材料费、好处费等。本案中，被害人本应通过当地人社部门咨询了解相关办理城镇职工养老保险的政策条件，但其认为“找关系”更加顺利和省钱，将保险费交由被告人代办，最终导致钱款被骗、个人养老保险断缴，自身合法权益受到侵害。

风险提示：人民法院提示老年人在办理养老、医疗保险时，应通过相关部门、网站、社区、村委会等了解国家和当地政策规定，到相关部门按照程序依规办理，不要轻易相信他人能代办养老保险而把费用交给他人；明知不符合办理条件的不要企图通过“找关系”“走后门”方式违规办理，不要轻信通过熟人可以省钱等谎言，避免让犯罪分子有机可乘。

同步训练

根据情境导入案例，请对李先生的养老金问题给出合理的建议。教师示教后，学生分组训练。

任务二

老年人基本医疗保险权益保障

情境导入

王大妈，合肥人，其儿子在北京工作。近几年，王大妈身体越来越不好，无法独自在合肥生活，因此儿子将她接到北京居住。可是儿子工作忙，没有精力照顾母亲，就把母亲送到某养老机构居住。王大妈身体不好，常常需要到医院看病和买药。由于王大妈常年生活在合肥，因此她所有的医疗保险关系都留存在了合肥，这给她在北京就诊和买药带来了很大的不便。

任务描述

如果你是王大妈的护理人员，请给王大妈提供合理的医疗保障建议。

相关知识

作为社会保险范畴内的医疗保险，是国家为公民提供的重要保障途径之一。其主要目的是化解公民及其家庭因疾病而需要承受重大经济负担的风险。其基本功能与其他社会保险具有一致性。党的二十大报告指出："深化医药卫生体制改革，促进医保、医疗、医药协同发展和治理。"

一、医疗保险

医疗保险是为补偿疾病所带来的医疗费用的一种保险，是职工生病、负伤、生育时由社会或企业提供必要的医疗服务或物质帮助的社会保险。医疗保险具有社会保险的强制性、互济性、社会性等基本特征。因此，医疗保险制度通常由国家立法强制实施，建立基金制度，费用由用人单位和个人共同缴纳，医疗保险金由医疗保险机构支付，以解决劳动者因患病或受伤害带来的医疗风险。

二、医疗保险的类型

医疗保险对于老年人有特殊的重要意义。老年群体相对于其他社会年龄群体而言，因自然原因而发生疾病的概率更高，对医疗保险的需求更为强烈。从我国目前医疗保险的开展情况来看，其可以分为以下类型。

（一）职工基本医疗保险

职工基本医疗保险是为补偿劳动者因疾病风险造成的经济损失而建立的一项社会保险制度。通过用人单位和个人缴费建立医疗保险基金，参保人员患病就诊发生医疗费用后，由医疗保险经办机构给予一定的经济补偿，以避免或减轻劳动者因患病、治疗等所带来的经济风险。职工基本医疗保险以城镇职工为主要保障对象。

（二）统一城乡居民基本医疗保险制度

城乡居民基本医疗保险制度是整合城镇居民基本医疗保险（简称城镇居民医保）和新型农村合作医疗（简称新农合）两项制度，建立的统一城乡居民基本医疗保险（简称城乡居民医保）制度，是为未参加职工医保的全体城乡居民提供基本医疗保障的制度安排。

（三）城乡居民大病保险

2012 年 8 月，《关于开展城乡居民大病保险工作的指导意见》公布实施，这意味着我国居民医疗保险工作又有了新的进展。随着全民医保体系的初步建立，人民群众看病就医有了基本保障，但由于我国的基本医疗保障制度特别是城镇居民基本医疗保险、新型农村合作医疗的保障水平还比较低，人民群众对大病医疗费用负担重反映仍较强烈。另外，虽然全民基本医保制度框架已经建立，但长期以来，大病保障仍然是我国医疗保障的“短板”，因病返贫、因病致贫的现象时有发生。在这样的背景下，未来我国需在大病医疗保险方面加大推进力度。

三、职工基本医疗保险

（一）职工基本医疗保险的参保范围

1998 年国务院发布了《关于建立城镇职工基本医疗保险制度的决定》（国发〔1998〕44 号），规定城镇所有用人单位，包括企业（国有企业、集体企业、外商投资企业、私营企业等）、机关、事业单位、社会团体、民办非企业单位及其职工，都要参加基本医疗保险。《社会保险法》也规定：职工应当参加职工基本医疗保险，由用人单位和职工按照国家规定共同缴纳基本医疗保险费。必须参加城镇职工基本医疗保险的单位和职工，既包括机关事业单位也包括城镇各类企业，既包括国有经济单位也包括非国有经济单位，既包括效益好的企业也包括困难企业。职工基本医疗保险是目前我国社会保险制度中覆盖范围最广的险种之一。

（二）职工基本医疗保险费的缴纳

1. 缴费比例

基本医疗保险费由用人单位和职工共同缴纳，体现国家社会保险的强制特征和权利与义务的统一。医疗保险费由单位和个人共同缴纳，不仅可以扩大医疗保险资金的来源，更重要的是明确了单位和职工的责任，可以增强个人自我保障意识。国家规定了用人单位缴费率和个人缴费率的控制标准：用人单位缴费率控制在职工工资总额的 6%左右，具体比例由用人单位确定，职工缴费率一般为本人工资收入的 2%。相关规定如下：

首先，各统筹地区要确定一个适合当地职工负担水平的个人基本医疗保险缴费率，一般为工资收入的 2%。其次，由个人以本人工资收入为基数，按规定的当地个人缴费率缴纳基本医疗保险费。个人缴费基数应以国家统计局规定的工资收入统计口径为基数，即以全部工资性收入包括各类奖金、劳动收入和实物收入等所有工资性收入为基数，乘以规定的个人缴费率，即为本人应缴纳的基本医疗保险费。最后，个人缴费一般不需个人到社会保险经办机构去缴纳，而是由单位从工资中代扣代缴。

以北京市为例，基本医疗保险费由用人单位和职工共同缴纳。职工按本人上一年月平均工资的 2%缴纳，如果本人月平均工资低于上一年北京市职工月平均工资的 60%，则以上一年北京市职工月平均工资的 60%为基数缴费；高于 300%的则以 300%为基数缴费。用人单位按全部职工缴费工资基数之和的 9%缴纳基本医疗保险费。已退休的人员不缴纳基本医疗保险费，但可以享受基本医疗保险待遇。

2. 个人账户

职工个人缴纳的基本医疗保险费，全部记入个人账户；用人单位缴纳的基本医疗保险费分为两部分，一部分用于建立统筹基金，一部分划入个人账户。

以北京市为例，个人缴费及企业缴费中按一定比例划入的部分，构成个人账户。员工参加基本医疗保险后，社会保险基金管理中心会为每一位员工在北京银行建立一个专为基本医疗保险服务的活期存款专用账户，该账户资金用于员工支付医疗费用，并由社会保险基金管理中心按月拨付（如发生企业欠费，欠费期间将不拨付），使用方法同一般存折，但只能用于取钱。

职工个人缴纳的基本医疗保险费全部记入本人的个人账户，单位缴纳的基本医疗保险费中的一部分会按照职工不同年龄划分档次注入个人账户。其具体比例如下：

（1）35 周岁以下的职工按本人缴费工资基数的 0.8%划入。

（2）35～45 周岁的职工按本人缴费工资基数的 1%划入。

（3）45 周岁至退休的职工按本人缴费工资基数的 2%划入。

（4）不满 70 周岁的退休人员按上一年北京市职工月平均工资的 4.3%划入个人账户。

（5）70 周岁以上的退休人员按上一年北京市职工月平均工资的 4.8%划入个人账户。

个人账户的资金为个人所有，每位职工将有一个医疗存折，个人账户的钱储存在里面，可以用来看病，可以结转使用和继承，其存储额每年参考银行同期居民活期存款利率计息。个人账户可支付下列医疗费用：（1）门诊、急诊的医疗费用；（2）到定点零售药店购药的费用；（3）基本医疗保险统筹基金起付标准以下的医疗费用；（4）超过基本医疗保险统筹基金起付标准，按照比例应当由个人负担的医疗费用。个人账户不足支付部分由本人自付。基本医疗保险个人账户的资金存储额按照当时银行活期存款利率计息。

（三）职工基本医疗保险待遇

1. 基本医疗保险待遇的享受

基本医疗保险支付范围仅限于规定的基本医疗保险药品目录、诊疗项目和医疗服务设施标准内的医疗费用。对提供基本医疗保险服务的医疗机构和药店实行定点管理；社会保险经办机构与基本医疗保险服务机构（定点医疗机构和定点零售药店）要按协议规定的结算办法进行费用结算。相关规定如下：

首先，参保人员要在基本医疗保险定点医疗机构就医、购药，也可按处方到定点零售药店外购药品；在非定点医疗机构就医和非定点药店购药发生医疗费用，除符合急诊、转诊等规定条件外，基本医疗保险基金不予支付。

其次，所发生的医疗费用必须符合基本医疗保险药品目录、诊疗项目、医疗服务设施标准的范围和给付标准，才能由基本医疗保险基金按规定予以支付；超出部分，基本医疗保险基金将按规定不予支付。

最后，对符合基本医疗保险基金支付范围的医疗费用，要区分是属于统筹基金支付范围还是属于个人账户支付范围。属于统筹基金支付范围的医疗费用，超过起付标准以上的由统筹基金按比例支付，最高支付到“封顶额”为止。“封顶额”以上费用则全部由个人支付或通过参加补充医疗保险、商业医疗保险等途径解决。起付标准以下的医疗费用由个人账户解决或由个人自付，个人账户有结余的，也可以支付统筹基金支付范围内应由个人支付的部分医疗费用。

2. 支付方式

职工基本医疗保险的统筹基金和个人账户应按照各自的支付范围分别核算，不得互相挤占。

（1）个人账户，用于支付门诊费用、住院费用中个人自付部分及在定点药店购物费用。

（2）统筹基金，用于支付住院医疗和部分门诊大病费用。统筹基金支付有起付标准和最高支付限额，起付标准原则上控制在当地职工年平均工资的 10%左右，最高支付限额原则上控制在当地职工年平均工资的 4 倍左右。起付标准以下的医疗费用，从个人账户中支付或由个人自付。起付标准以上、最高支付限额以下的医疗费用，主要从统筹基金中支付。

3. 参保职工退休后享受基本医疗保险待遇

参加职工基本医疗保险的个人，达到法定退休年龄时累计缴费达到国家规定年限的，退休后不再缴纳基本医疗保险费，按照国家规定享受基本医疗保险待遇；未达到国家规定年限的，可以缴费至国家规定年限。补缴费用包括其实际缴费年限与国家规定的最低缴费年限相差的期间内应当由用人单位和个人缴纳的全部医疗保险费用。目前，国家对最低缴费年限尚无统一规定，由各统筹地区根据本地情况自行确定，一般为男职工 30 年、女职工 25 年。经济较发达统筹地区规定的缴费年限比较短，如北京市规定，男职工为 25 年、女职工为 20 年。

4. 基本医疗保险费用的结算

基本医疗保险费用的结算一般采用直接结算制度。参保人员医疗费用中应当由基本医疗保险基金支付的部分，由社保经办机构与医疗机构、药品经营单位直接结算，即通常说的"直接结算"。该制度的确立，改变了过去先由参保人支付全部医疗费用然后再就其中应由基本医疗保险基金支付的部分到社保经办机构报销的做法，极大地方便了参保人员。

5. 异地就医

异地就医是指参加基本医疗保险的人员在自己所在的统筹地区以外的中国境内地区就医的情况。异地就医以职工退休后到异地居住的情况为主。目前，异地就医报销医疗费难是亟待解决的问题。

参保人员短期出差、学习培训或度假等期间，在异地发生疾病并就地紧急诊治发生的医疗费用，一般由参保地按参保地规定报销。

参保人员因当地医疗条件所限需异地转诊的，医疗费用结算按照参保地有关规定执行，并由参保地负责审核、报销医疗费用。有条件的地区可经地区间协商，订立协议，委托就医地审核。

异地长期居住的退休人员在居住地就医，常驻异地工作的人员在工作地就医，原则上执行参保地政策。参保地经办机构可采用邮寄报销、在参保人员较集中的地区设立代办点、委托就医地基本医疗保险经办机构代管报销等方式，改进服务，方便参保人员。

6. 不纳入基本医疗保险基金支付范围的费用

下列医疗费用不纳入基本医疗保险基金支付范围：

（1）应当从工伤保险基金中支付的。

（2）应当由第三人负担的。

（3）应当由公共卫生负担的。

（4）在境外就医的。

医疗费用依法应当由第三人负担，但第三人不支付或者无法确定第三人的，由基本医疗保险基金先行支付。基本医疗保险基金先行支付后，有权向第三人追偿。

四、统一城乡居民基本医疗保险制度

我国针对农村人口、城镇非就业人口分别建立了新型农村合作医疗、城镇居民基本医疗保险制度。制度建立以来，覆盖范围不断扩大，保障水平稳步提高，制度运行持续平稳，对健全全民基本医保体系、满足群众基本医疗保障需求、提高人民群众健康水平发挥了重要作用。

近年来，随着经济社会快速发展，两项制度城乡分割的负面作用开始显现，存在着重复参保、重复投入、待遇不够等问题。在总结城镇居民医保和新农合运行情况以及地方探索实践经验的基础上，党中央、国务院明确提出整合城镇居民医保和新农合两项制度，建立统一的城乡居民基本医疗保险制度。

（一）新型农村合作医疗

新型农村合作医疗是指由政府组织、引导、支持，农民自愿参加，个人、集体和政府多方筹资，以大病统筹为主的农民医疗互助共济制度。其采取个人缴费、集体扶持和政府资助的方式筹集资金。2002 年 10 月，《中共中央 国务院关于进一步加强农村卫生工作的决定》明确指出：要逐步建立以大病统筹为主的新型农村合作医疗制度。

1. 新型农村合作医疗制度的组织管理

（1）新型农村合作医疗制度一般采取以县（市）为单位进行统筹；条件不具备的地方，在起步阶段也可采取以乡（镇）为单位进行统筹，逐步向县（市）统筹过渡。

（2）按照精简、效能的原则，建立新型农村合作医疗制度管理体制。省、地级人民政府成立由卫生、财政、农业、民政、审计、扶贫等部门组成的农村合作医疗协调小组。各级卫生行政部门内部应设立专门的农村合作医疗管理机构，原则上不增加编制。

县级人民政府成立由有关部门和参加合作医疗的农民代表组成的农村合作医疗管理委员会，负责有关组织、协调、管理和指导工作。委员会下设经办机构，负责具体业务工作，其人员由县级人民政府调剂解决。根据需要在乡（镇）可设立派出机构（人员）或委托有关机构管理。经办机构的人员和工作经费列入同级财政预算，不得从农村合作医疗基金中提取。

2. 新型农村合作医疗制度的筹资标准

新型农村合作医疗制度实行个人缴费、集体扶持和政府资助相结合的筹资机制。

（1）农民个人每年的缴费标准不应低于 10 元，经济条件好的地区可相应提高缴费标准。乡镇企业职工（不含以农民家庭为单位参加新型农村合作医疗的人员）是否参加新型农村合作医疗由县级人民政府确定。

（2）有条件的乡村集体经济组织应对本地新型农村合作医疗制度给予适当扶持。扶持新型农村合作医疗的乡村集体经济组织类型、出资标准由县级人民政府确定，但集体出资部分不得向农民摊派。国家鼓励社会团体和个人资助新型农村合作医疗制度。

（3）地方财政每年对参加新型农村合作医疗农民的资助不低于人均10元，具体补助标准和分级负担比例由省级人民政府确定。经济较发达的东部地区，地方各级财政可适当增加投入。

3. 新型农村合作医疗制度的资金管理

农村合作医疗基金是由农民自愿缴纳、集体扶持、政府资助的民办公助社会性资金，要按照以收定支、收支平衡和公开、公平、公正的原则进行管理，必须专款专用、专户储存，不得挤占挪用。

（1）农村合作医疗基金由农村合作医疗管理委员会及其经办机构进行管理。农村合作医疗经办机构应在经管理委员会认定的国有商业银行设立农村合作医疗基金专用账户，确保基金的安全和完整，并建立健全农村合作医疗基金管理的规章制度，按照规定合理筹集、及时审核支付农村合作医疗基金。

（2）农村合作医疗基金中农民个人缴费及乡村集体经济组织的扶持资金，原则上按年由农村合作医疗经办机构在乡（镇）设立的派出机构（人员）或委托有关机构收缴，存入农村合作医疗基金专用账户；地方财政支持资金，由地方各级财政部门根据参加新型农村合作医疗的实际人数，划拨到农村合作医疗基金专用账户；中央财政补助中西部地区新型农村合作医疗的专项资金，由财政部根据各地区参加新型农村合作医疗的实际人数和资金到位等情况核定，向省级财政划拨。中央和地方各级财政要确保补助资金及时、全额拨付到农村合作医疗基金专用账户，并通过新型农村合作医疗试点逐步完善补助资金的划拨办法，尽可能简化程序、易于操作。要结合财政国库管理制度改革和完善情况，逐步实现财政直接支付。关于新型农村合作医疗资金具体补助办法，由财政部商请有关部门研究制定。

（3）农村合作医疗基金主要补助参加新型农村合作医疗农民的大额医疗费用或住院医疗费用。有条件的地方，可实行大额医疗费用补助与小额医疗费用补助相结合的办法，以提高抗风险能力，提高农民的受益面。对参加新型农村合作医疗的农民，年内没有动用农村合作医疗基金的，要安排进行一次常规性体检。各省、自治区、直辖市要制定农村合作医疗报销基本药物目录。各县（市）要根据筹资总额，结合当地实际，科学合理地确定农村合作医疗基金的支付范围、支付标准和额度，确定常规性体检的具体检查项目和方式，防止农村合作医疗基金超支或过多结余。

（4）加强对农村合作医疗基金的监管。农村合作医疗经办机构要定期向农村合作医疗管理委员会汇报农村合作医疗基金的收支、使用情况；要采取张榜公布等措施，定期向社会公布农村合作医疗基金的具体收支、使用情况，保证参加合作医疗农民的参与、知情和监督的权利。县级人民政府可根据本地实际，成立由相关政府部门和参加合作医疗的农民代表共同组成的农村合作医疗监督委员会，定期检查、监督农村合作医疗基金使用和管理情况。

农村合作医疗管理委员会要定期向监督委员会和同级人民代表大会汇报工作，主动接受监督。审计部门要定期对农村合作医疗基金收支和管理情况进行审计。

（二）城镇居民基本医疗保险

2007年，国务院发布了《关于开展城镇居民基本医疗保险试点的指导意见》，主要针对城镇非从业居民开展医疗保险保障。自2007年试点工作开展至今，城镇居民基本医疗保险制度已经在全国范围内推开，建立了以大病统筹为主的城镇居民基本医疗保险制度。

1. 参保范围

不属于城镇职工基本医疗保险制度覆盖范围的中小学阶段的学生（包括职业高中、中专、技校学生）、少年儿童和其他非从业城镇居民都可自愿参加城镇居民基本医疗保险。

2. 筹资水平

各地区根据当地的经济发展水平及成年人和未成年人等不同人群的基本医疗消费需求，并考虑当地居民家庭和财政的负担能力，确定筹资水平。需建立筹资水平、缴费年限和待遇水平相挂钩的机制。

3. 缴费和补助

城镇居民基本医疗保险以家庭缴费为主，政府给予适当补助。参保居民按规定缴纳基本医疗保险费，享受相应的医疗保险待遇，有条件的用人单位可对职工家属参保缴费给予补助。国家需对个人缴费和单位补助资金制定税收鼓励政策。

4. 费用支付

城镇居民基本医疗保险基金重点用于参保居民的住院和门诊大病医疗支出，有条件的地区已逐步试行门诊医疗费用统筹。

城镇居民基本医疗保险基金的使用坚持以收定支、收支平衡、略有结余的原则。各地区需合理制定城镇居民基本医疗保险基金起付标准、支付比例和最高支付限额，完善支付办法，合理控制医疗费用。需积极探索适合困难城镇非从业居民经济承受能力的医疗服务和费用支付办法，减轻他们的医疗费用负担。城镇居民基本医疗保险基金可用于支付规定范围内的医疗费用，其他费用可以通过补充医疗保险、商业健康保险、医疗救助和社会慈善捐助等方式解决。

（三）统一城乡居民基本医疗保险

2016年1月3日，国务院印发《关于整合城乡居民基本医疗保险制度的意见》，提出整合城镇居民基本医疗保险和新型农村合作医疗两项制度，建立统一的城乡居民基本医疗保险制度。该意见就整合城乡居民医保制度政策明确提出了“六统一”的要求，即统一覆盖范围、统一筹资政策、统一保障待遇、统一医保目录、统一定点管理、统一基金管理，使保障更加公平。城乡居民医保整合后，报销就高不就低、用药就宽不就窄、定点医院就多不就少，给参保者带来了实实在在的好处。

五、城乡居民大病保险

大病保险是对城乡居民因患大病发生的高额医疗费用给予报销，目的是解决群众反映强烈的“因病致贫、因病返贫”问题，使绝大部分人不会再因为疾病陷入经济困境。实施大病保险制度是党中央确定的筑牢民生底线，特别是针对困难群众的一个重要举措；是基本医疗保障制度的拓展和延伸；是对大病患者发生的高额医疗费用给予进一步保障的一项新的制度性安排。

2012 年 8 月，国家发展改革委等 6 个部门联合印发《关于开展城乡居民大病保险工作的指导意见》（发改社会〔2012〕2605 号），启动大病保险试点工作，明确大病保险是基本医疗保障制度的拓展和延伸，是在基本医疗保障的基础上，对大病患者发生的高额医疗费用给予进一步保障的一项制度性安排，其资金来源主要是从城镇居民医保、新农合基金中划出一定比例或额度作为大病保险资金。采取用城镇居民保险和新农合基金购买商业医疗保险的方式，建立城乡居民大病保险制度。对基本医疗保险报销后，个人医疗负担仍较大的城乡居民，合规部分的医疗费用给予不低于 50％的补偿。

2015 年 8 月，经国务院常务会议审议，国务院办公厅发布《关于全面实施城乡居民大病保险的意见》（国办发〔2015〕57 号），全面实施大病保险，对大病保险的基本原则和目标、完善大病保险筹资机制、提高大病保险的保障水平、加强医疗保障各项制度的衔接、规范大病保险承办服务、严格监督管理、强化组织实施等方面均作出了安排部署。

六、医疗保险的转移接续

基本医疗保险关系转移接续指的是为保障基本医疗保险参保人员在不同制度、不同统筹区域间流动时能够连续参保、基本医疗保险关系能够顺畅衔接而设计的一整套机制和办法。

为了保证城镇职工基本医疗保险、城镇居民基本医疗保险和新型农村合作医疗参保（合）人员流动就业时能够连续参保，基本医疗保障关系能够顺畅接续，保障参保（合）人员的合法权益，国家人力资源和社会保障部于 2010 年 7 月 1 日制定了《流动就业人员基本医疗保障关系转移接续暂行办法》，规定流动人员跨省就业时可以转移自己的医保关系，个人账户可以跟随转移划转。除医保关系可跨省转移之外，随参保人身份的变化，城镇企业职工基本医疗保险、城镇居民基本医疗保险、新型农村合作医疗三种不同类型的医疗保险关系，也可互相转移。进城打工的农民工，可在就业地参加职工基本医疗保险，回农村后可带回，转为新型农村合作医疗保险，而且不会中断。

为进一步加强基本医保关系转移接续管理，促进参保人员基本医保待遇连续享受，2021 年 11 月，国家医保局办公室与财政部办公厅联合印发了《基本医疗保险关系转移接续暂行办法》

（以下简称《办法》），规定了转移接续的适用人员范围、线上和线下申请方式、办理流程、有关待遇衔接等问题。

《办法》对转移接续的待遇衔接作出明确规定：一是职工医保参保人在转移接续前中断缴费3个月（含）以内的，可按转入地规定补缴职工医保费，缴费当月即可在转入地按规定享受待遇，中断期间的待遇可追溯享受；二是已连续2年（含）以上参保的，因就业等个人状态变化在职工医保和居民医保间切换参保关系，中断缴费3个月（含）以内的，可按转入地规定补缴基本医保费，缴费当月即可在转入地按规定享受待遇，中断期间的待遇可追溯享受；三是各统筹地区可根据自身情况，对中断缴费3个月以上的，设置不超过6个月的待遇享受等待期。

《办法》强调了职工医保缴费年限累计计算，具体缴费年限按照各地规定执行，要求各地不得将办理职工医保退休人员待遇与在当地按月领取基本养老金绑定。《办法》还明确要加强基本医疗保险关系转移接续管理，在转入地完成接续前，转出地应保存参保人员信息、暂停基本医保关系，并为其依规参保缴费和享受待遇提供便利。转移接续完成后，转出地参保关系自动终止。

为给参保人提供高效便捷的医保服务，《办法》规定参保人可以通过线上或线下方式申请办理基本医保关系转移接续。转出地和转入地经办机构均已上线全国统一的医保信息平台，且开通转移接续业务线上办理渠道的，申请人可通过国家医保服务平台首页下方的地方网厅入口提交申请，也可在转入地或转出地经办机构窗口申请。

七、老年人医疗保险权益保障实务

案例

单位未与职工签订劳动合同，老年人想了解能否享受医疗保险时，怎么办？

老苏10多年前进入当地一家企业工作，当时双方未签订劳动合同。老苏患病住院治疗，医疗期满后身体一直不太好，还在家里继续接受治疗。因为医疗费数额太大，老苏无力承担，于是老苏找到了企业领导，希望单位能为其报销医疗费。企业领导告诉他，因为双方从来没有签订过正式合同，拒绝为老苏报销医疗费，并说企业每月发放给老苏的工资已经包含了医疗补贴和养老补贴。老苏找到了当地的社会保险经办机构，了解到该企业一直没有为他缴纳医疗保险费。老苏心里非常难受，自己辛辛苦苦工作，最后连最基本的医疗保障都没有。

根据《劳动法》第72条的规定，用人单位和劳动者必须依法参加社会保险，缴纳社会保险费。《社会保险法》第58条第1款规定："用人单位应当自用工之日起三十日内为其职工向社会保险经办机构申请办理社会保险登记。未办理社会保险登记的，由社会保险经办机构核定其应当缴纳的社会保险费。”双方当事人虽未签订劳动合同，但双方存在事实劳动关系。由于企业未按国家规定参加社会保险，为老苏缴纳社会保险费，使老苏无法享受相关的医疗保险待遇，企业应当为此承担责任，即企业应当承担没有为老苏缴纳社会保险费而造成老苏多付医疗费用的责任。

本案中，企业提出的其每月发放给老苏的工资中已经包含了医疗补贴和养老补贴的说法是不成立的，社会保险具有法定性，必须依法向社会保险经办机构办理，而不能通过企业自己向职工发放医疗补贴和养老补贴的形式来完成。老苏可以申请劳动监察，要求企业为他一次性补缴社会保险。根据《最高人民法院关于审理劳动争议案件适用法律问题的解释（一）》第 1 条第 5 项的规定，劳动者以用人单位未为其办理社会保险手续，且社会保险经办机构不能补办导致其无法享受社会保险待遇为由，要求用人单位赔偿损失发生的纠纷，人民法院应予受理。

案例

企业破产后职工的医疗保险怎么办?

孟师傅是一家工厂的老职工，在这家工厂干了 20 多年，可是最近厂子却因为债务危机出现了经营困难，拖欠了医疗保险费，并且听说可能就要破产了。孟师傅非常担心，如果工厂破产了，自己将来的医疗没有保障了，那可怎么办啊?

城镇职工基本医疗保险是国家通过立法形式强制实施，由用人单位和劳动者按一定比例缴纳的保险费、建立社会医疗保险基金、支付劳动者医疗费用的一种医疗保险制度。用人单位每月都要按照一定的比例为职工缴纳医疗保险费用，以保证职工在患病时，社会保险机构对其所需要的医疗费用给予适当补贴或报销，使劳动者恢复健康和劳动能力。

而当企业破产时，这笔费用应该如何缴纳呢? 根据《企业破产法》第 113 条的规定，破产财产在优先清偿破产费用和共益债务后，依照下列顺序清偿：(1) 破产人所欠职工的工资和医疗、伤残补助、抚恤费用，所欠的应当划入职工个人账户的基本养老保险、基本医疗保险费用，以及法律、行政法规规定应当支付给职工的补偿金；(2) 破产人欠缴的除前项规定以外的社会保险费用和破产人所欠税款；(3) 普通破产债权。企业破产时，对职工的医疗保险费用必须给予保障。

孟师傅不用太担心自己将来的医疗保险问题，根据相关法律规定，如果他任职的工厂真的破产了，那么在破产时，会把基本医疗保险费用从破产财产中划入职工个人账户。

同步训练

根据情境导入案例，请给王大妈提供合理的医疗保障建议。教师示教后，学生分组训练。

● 重要概念

养老保险　基本养老保险　医疗保险　基本医疗保险

● 课后讨论

1. 我国养老保险的基本模式是什么？
2. 我国城镇职工基本养老保险有哪些相关规定？
3. 我国目前的医疗保险的类型有哪些？
4. 我国农村的医疗保险有哪些相关规定？

● 课后自测

一、单项选择题

1. 国家建立（　　），保障老年人的基本生活。
   A. 高龄老人津贴制度　　B. 社会保险制度
   C. 养老保险制度　　D. 老人补助制度
2. 老年人依法享有的养老金和其他待遇应当得到保障。有关组织必须（　　）支付养老金，不得无故拖欠，不得挪用。
   A. 按时　　B. 足额　　C. 按时足额　　D. 按月足额
3. 退休老年人的基本养老保险待遇和患大病的医疗费用，由（　　）按规定予以支付。
   A. 人民政府　　B. 民政部门
   C. 社会保险部门　　D. 老龄协会
4. 社会保障制度旨在满足人们（　　）水平的生活需要。
   A. 小康生活需要　　B. 基本生活需要
   C. 富裕生活需要　　D. 现代化生活需要
5. 随着社保体制的改革，社保体系建设资金的来源是（　　）。
   A. 单一的　　B. 多元化的
   C. 完全依靠税收　　D. 不明确
6. 参加基本养老保险的个人，达到法定退休年龄时累计缴费满（　　）年的，按月领取基本养老金。
   A. 5　　B. 10　　C. 15　　D. 20

二、多项选择题

1. 养老保障水平是衡量一个国家老龄事业发展的重要依据，我国将根据（　　）适时提高养老保障水平。
   A. 经济发展水平　　B. 职工平均工资增长情况
   C. 物价上涨状况　　D. 老年人的精神需要
2. 按照我国目前的养老保险模式，我国的养老保险主要有哪几类？（　　）

A. 基本养老保险　　B. 城乡居民养老保险
C. 新型农村社会养老保险　　D. 企业补充养老保险

3. 老年人有获得社会保障的权利，具体包括（　　）。
A. 医疗保障权　　B. 文化教育权
C. 生活保障权　　D. 婚姻自由权
E. 享受社会服务的权利

4. 广义的社会保障包括（　　）等，是各项社会生活保障制度的统称。
A. 社会保险　　B. 社会救济　　C. 社会优抚　　D. 社会福利

5. 新时期中国模式，借鉴国外实践的经验，提出（　　）的社会保障发展战略。
A. 广覆盖　　B. 保基本　　C. 单层次　　D. 可持续

6. 国家建立的基本社会保险制度中包括（　　）等险种。
A. 养老保险　　B. 意外伤害保险
C. 失业保险　　D. 医疗保险

7. 下列哪些人员可以参加基本养老保险，由个人缴纳基本养老保险费？（　　）
A. 无雇工的个体工商户
B. 未在用人单位参加基本养老保险的非全日制从业人员
C. 其他灵活就业人员
D. 被个体工商户雇佣的雇工

8. 城乡居民基本医疗保险实行个人缴费和政府补贴相结合，但（　　）等所需个人缴费部分，由政府给予补贴。
A. 享受最低生活保障的人
B. 丧失劳动能力的残疾人
C. 低收入家庭60周岁以上的老年人和未成年人
D. 失业人员

项目七

老年人参与社会发展和享受社会优待权益保障

学习目标

知识目标

1. 了解老年人参与社会发展的意义
2. 掌握老年人参与社会发展权益保障的主要内容
3. 掌握老年人享受社会优待的方式和基本要求
4. 了解老年人享受社会优待的主要内容

能力目标

1. 能够协助老年人参与社会发展
2. 能够协助老年人享受社会优待

素养目标

1. 培养参与社会发展的能力
2. 树立老年人享受社会优待权益的意识

任务一

老年人参与社会发展权益保障

情境导入

张某某是单位的技术骨干，今年59岁了，接近退休的年龄。他身体十分硬朗，头脑依旧十分灵活，不甘心在退休后仅仅过着喝茶聊天、不争朝夕的日子，仍然想发挥余热，利用自己掌握的技术为社会做些力所能及的贡献。但因他对老年人参与社会发展的相关法律政策不是很清楚，所以对自己退休后的生活有些迷茫。

任务描述

请你利用所学的知识为张某某解惑，并附上相关的法律政策规定。

相关知识

社会发展既指人类社会向前发展运动的过程，又指社会进步中社会经济的发展特别是社会生产力的发展。老年人参与社会发展，是我国提倡的“老有所为”的具体体现。《中华人民共和国老年人权益保障法》设专章保障老年人参与社会发展的权益。我国颁布的老龄事业发展计划或规划也都把鼓励老年人参与社会发展作为重要内容，并为发挥离退休高级专家和专业技术人员作用制定了专项政策。2021年11月24日，《中共中央 国务院关于加强新时代老龄工作的意见》正式将“老有所为”融入政策实施。其强调，要把积极老龄观、健康老龄化理念融入经济社会发展全过程，并将“促进老年人社会参与”单独作为一部分内容，给出了扩大老年教育资源供给、提升老年文化体育服务质量、鼓励老年人继续发挥作用的具体措施。

老年人参与社会发展是指国家重视和珍惜老年人的知识、经验和技能，尊重他们的优良品德，积极创造条件发挥老年人的专长和作用，鼓励和支持老年人融入社会，继续参与社会发展。众所周知，我国推进社会主义和谐社会建设，面临着“老龄人口比重上升，社会压力增大”的挑战，其不利影响主要表现在 2010 年后劳动年龄人口比重下降、老年赡养比率上升、劳动人口负担加重、劳动力成本提高、用于老年人的社会保障的支出加大、不利于扩大再生产等方面。在我国“未富先老”、老龄化提前来临并日益加剧的情况下，鼓励老年人参与社会发展，实现积极的老龄化已成为全社会的共识。

一、老年人参与社会发展的意义和作用

老年人参与社会发展，既是综合治理人口老龄化的客观需要，也是老年人实现人生价值、获取精神慰藉的重要途径，对于国家、社会、家庭和老年人自身都有重要而深远的意义。

（一）有利于提高老年人的生活质量，满足其自我实现、自我发展的需要

老年人如果量力而行适当参与社会活动，可在一定程度上缓解和避免孤独感、失落感，有利于自身的健康长寿。老年人经常参加或从事美化环境、帮困助弱等各类活动，可更好地实现自我价值，使晚年生活更加充实、更有意义。

（二）有利于充分发挥老年人力资源作用，为全面建成小康社会作出贡献

国民财富分为三个部分：一是生产资源，二是自然资源，三是人力资源。60～69 岁低龄、健康、有劳动能力的老年人是发展社会生产力的宝贵人力与人才资源。老年人力资源是不可多得的宝贵财富，具有很大优越性：第一，老年人无论是工作经验还是社会经验都是年轻人所不可比拟的。第二，老年人具有较强的敬业精神，对工作认真负责，兢兢业业，一丝不苟。第三，老年人集体主义、团队精神较强，甘于吃苦，乐于奉献。第四，老年人力资源贡献社会，通常以义务为主、获取报酬为辅。

（三）有利于维护社会稳定，促进社会和谐

随着人口老龄化的发展，老年人口将越来越多，老年人的文化素质也越来越高，民主参与意识越来越强，老年群体在社会发展中占据的地位将举足轻重。做好老年群体的工作，使他们思想稳定、生活安定，对于维护社会秩序、促进社会和谐发展具有不可忽视的重要作用。

二、老年人参与社会发展权益保障的主要内容

社会发展本身就是一个宽泛的概念，老年人参与社会发展的方式和途径也多种多样。《中华人民共和国老年人权益保障法》第 66 条规定：国家和社会应当重视、珍惜老年人的知识、技能、经验和优良品德，发挥老年人的专长和作用，保障老年人参与经济、政治、文化和社会生活。《中华人民共和国老年人权益保障法》第 69 条规定：国家为老年人参与社会发展创造条

件。《中华人民共和国老年人权益保障法》第70条规定：老年人参加劳动的合法收入受法律保护。任何单位和个人不得安排老年人从事危害其身心健康的劳动或者危险作业。

老年人具有较丰富的实践经验，他们之中许多人是经济建设的能手和各种专门管理人才，他们是中华民族物质文明和精神文明的创造者、继承者和传播者。他们长期积累的丰富工作经验往往为青年人所不及，这是他们的一种特殊优势。由于我国城市近年来离退休职工的迅速增长，政府十分注重发挥老年人的作用，积极鼓励并创造条件为老年人参与社会发展提供条件。

（一）老年人参与劳动权益保障

按照通常意义的理解，老年人一般是指60周岁以上的人。这就意味着，在我国劳动力退休保障体系下，老年人一般都是退出工作岗位的人群。但事实上，很多年富力强、具有一定知识和技能的老年人往往不甘于赋闲在家，或者因经济窘困不得不重新参与劳动中。据统计，20世纪90年代以来，中国老年人口的劳动参与率呈现上升趋势。第四次人口普查时60～64岁人口劳动力参与率为45.76%，65岁以上年龄组为19.27%；而第五次人口普查时这一数据提高为60～64岁年龄组为49.97%，65岁以上年龄组为25%。

案例

李先生是上海某汽车公司的高级技工，从1995年起一直在该公司工作。2022年5月，李先生年满60周岁，公司为其办理了退休手续。由于李先生在职期间工作认真负责、表现出色，深得领导赏识，所以公司希望他退休后继续留下来。双方经过协商一致后，于2022年7月20日签订了聘用合同，聘用期限自2022年8月1日起至2024年7月31日止，月薪3 500元。李先生很高兴自己的“余热”能得到发挥，可以继续从事自己喜欢的工作。不幸的是，2023年年底，李先生工作时意外受伤，住院治疗一个多月，花费近万元。出院后，他找公司领导要求给予工伤待遇，报销医疗费，公司却声称与李先生签订的不是劳动合同，李先生不能享受工伤待遇，随后又下发通知书，称“公司从鼓励创新、精简机构角度考虑，对技工队伍进行调整，经研究决定从2024年2月起不再聘用李××……”李先生不服公司的解聘决定，申请至劳动争议仲裁委员会。劳动争议仲裁委员会也认为其不属于工伤。类似这样的案例在实践中较多。与青壮年一样，老年人也参与劳动，通过劳动获得报酬，为何在维权过程中存在诸多的困难呢？

从根本上说，老年人不属于我国法律意义上的劳动者，无法获得《劳动法》《劳动合同法》等相关劳动法律法规的保障。《国务院关于工人退休、退职的暂行办法》第1条规定，男年满60周岁、女年满55周岁的，应当办理退休。《中华人民共和国劳动合同法实施条例》第21条也规定：劳动者达到法定退休年龄的，劳动合同终止。即《劳动合同法》所调整的劳动关系，只能是用人单位与未达到法定退休年龄的劳动者之间建立的劳动合同。超过法定退休年龄的老

年人从法律上说不能与用人单位签订劳动合同，即使签订了劳动合同也无法按照规定获得劳动保护。

这是不是意味着老年人参与劳动无法获得任何保障呢？当然不是。老年人付出劳动，当然有权利得到应有的保护，只不过不能通过劳动关系的相关法律予以保障，而是通过其他途径。老年人虽然不能与用人单位签订劳动合同，但一定要与对方签订聘用合同，明确聘用期间的工作内容、报酬、出现事故及其他待遇等权利和义务。

李先生的伤害事故该由谁承担责任？如果聘用合同中有约定，当然按约定处理；但李先生的聘用合同中恰恰没有约定，在这种情况下，可以参考中共中央办公厅、国务院办公厅 2005 年 2 月转发的《中央组织部、中央宣传部、中央统战部、人事部、科技部、劳动保障部、解放军总政治部、中国科协关于进一步发挥离退休专业技术人员作用的意见》（中办发〔2005〕9 号），该意见明确规定：离退休专业技术人员受聘工作期间，因工作发生职业伤害的，应由聘用单位参照工伤保险的相关待遇标准妥善处理；因工作发生职业伤害与聘用单位发生争议的，可通过民事诉讼处理。最高人民法院行政审判庭参照该文件，在 2007 年 7 月 5 日作出的《关于离退休人员与现工作单位之间是否构成劳动关系以及工作时间内受伤是否适用〈工伤保险条例〉问题的答复》（〔2007〕行他字第 6 号）中指出，“根据《工伤保险条例》第二条、第六十一条等有关规定，离退休人员受聘于现工作单位，现工作单位已经为其缴纳了工伤保险费，其在受聘期间因工作受到事故伤害的，应当适用《工伤保险条例》的有关规定处理”。据此，李先生可以向法院提起民事诉讼，要求聘用单位参照工伤保险的相关待遇标准妥善处理。

（二）老年人参与社会公益活动权益保障

在劳动力过剩的情况下，老年人再就业的机会毕竟受到各种因素的限制，而志愿服务者等社会公益内容则十分丰富，给老年人留下了发挥自身价值的广阔空间，如参与环境保护、社区服务、防灾赈灾、义诊支教、科普宣传、维护社会治安、指导开展社会文体活动、指导青少年成长、宣传党和国家方针政策等。政府机构和社会组织应当积极拓宽老年人社会参与的路径，支持鼓励老年志愿者参与社会公益活动。

1. 拓宽科技咨询渠道

离退休科技工作者和有技术专长的退休人员是我国老年人口的一支智力大军，以他们为主体的咨询服务组织已在全国各个区域兴起。老年科技工作者协会是其中的代表，它面向社会、面向基层，积极承担中小城市企业和乡镇企业的工程设计、技术攻关和产品开发工作。

2. 拓宽教育传授渠道

我国有大批的离退休教师，继续在教育战线上辛勤劳动。例如：重庆退休教师协会主办各类业余学校 165 所、开设 729 个班，在校学生 40 000 余人；云南高教老年科技者协会成立 8 年来，累计兴办各种培训班 114 个，培训各种人才 6 543 人。目前，离退休教师已经成为社会办学的一支主要力量。

3. 拓宽卫生健康渠道

例如，大连医疗卫生部门组织离退休医务工作者，自 1995 年以来，开办集体、个体医院 35 所，开设床位 2 636 张，吸纳离退休人员和下岗职工 1 200 人工作，串联门诊部 120 个，每天接纳门诊病人 3 600 人，吸收 1 000 余人继续工作。

4. 立足社区，建构“家门口”的老年社会参与平台

积极推进社区建设，把社会参与的平台建在老年人的家门口，是推进老年社会参与的最为现实的社区发展的力量源泉。社区组织是社区居民自我管理、自我教育、自我服务的群众性自治组织，可以为老年人的社会参与提供更为广阔的社会空间。这就意味着在老年人社会参与问题上社区有着其他任何单位无法比拟的优势。它拥有丰富的社会资源，能够提供多种社会参与的平台，满足不同兴趣、不同能力、不同经验老年人的需求，如成立老年协会、残疾人协会、书画社、保洁公司、家政服务公司、健康指导中心等。老年人在满足自身需要的同时也为自己带来了成就感、社会尊重感、社会价值感与意义感，这是其他组织或社团难以做到的。

5. 建立奖励机制

老年人的无偿付出是需要得到社会的承认和回报的，奖励机制是一种很好的方式。奖励的主体可以是政府，也可以是社会团体甚至是个人。奖励的内容以精神奖励为主，物质奖励为辅。凡是在配合居委会工作，维护社区秩序，维护和美化社区环境，扶贫、帮困、捐赠弱势群体，开展社区教育和宣传活动等方面有一定成绩的，都可以纳入奖励的范畴。

6. 加大投入，为社区老年志愿者活动提供经费支持

“兵马未动，粮草先行”，社区老年志愿者组织的日常运转需要一定的经费支持，而经费短缺问题已成为制约其发展的“瓶颈”。现实中，志愿者活动的经费主要来自基层居委会的支持，但在基层居委会财政困难的情况下，社区老年志愿者活动往往由于缺乏一定的财力支持而得不到实现。政府应从发展社区老年人社会保障事业的角度给老年志愿活动提供更多的经费支持和帮助。

（三）老年人参加基层老年群众组织权益保障

老年人参与社会发展，可以自发建立基层老年群众组织。老年人参与社会发展可以采取以下几种组织形式：

1. 老年学术组织

例如，老年科技工作者按照专业等自愿组织的学术性组织，如老年学学会、老年书画研究会、老年历史研究会、老年摄影学会等。

2. 老年自助、专业技术、服务性组织

这类组织主要是由老年人自己组织、自我管理、自我服务、自我教育的管理组织和专业协会，如退休工作者科技协会、退休教师协会、退休医生协会、退休法律工作者协会、老年体育

协会、老年大学等组织。组织退休的技术人员从事讲学、翻译、指导研究、人才培训、技术开放和技术咨询服务、医疗保健等专业技术活动，可为发挥老年人的作用提供用武之地。其中一些老年组织还为社会创造了十分可观的经济效益。在一些城镇由老年人自己组织的老年人协会、退休职工管理委员会、退休职工协会，一般从事社会服务活动，同时在老年人之间开展互助互济活动。

3. 生产经营型的老年组织

在一些企业，一些离退休的老职工自动组织起来参与开发新产品、技术攻关、修旧利废、维修设备、职工技术培训、咨询服务。其服务的范围主要有三类：第一类是在修理、洗染、食杂、饭店、旅店、照相等服务网点中面向社会开展便民服务；第二类是紧紧围绕企业的生产，承揽机械加工、设备维修、装备，为企业生产服务；第三类是承揽技术革新、设备改造、技术攻关项目，为社会和企业开展技术咨询服务。而在农村，有些老年人从事适度规模经营，壮大了集体经济；有些老年人带头学习科学技术，成为种植、养殖专业户。

4. 老年技术咨询服务组织

即指组织一些长期担任政府领导工作，具有丰富经验的老干部、老专家和大批科技工作者从事各种咨询服务工作。我国一些地区的政府机关积极吸收老同志参加政府的咨询委员会、咨询小组，对当地的重大社会问题、经济问题进行调查研究，提出可行性分析，拟订方案建议。如上海市政府咨询小组、天津市政府咨询委员会，这些咨询组织在重大的社会问题和经济问题的决策上为政府献计献策。

在德育方面，全国各地都有一批老干部、老工人、老战士和老知识分子，通过宣讲团、报告会、校外辅导员、举办业余学校、开办讲座、组织老年读书会等形式，对青少年进行爱国主义、社会主义和革命传统教育。全国已经有一百多万老年人参加了关心下一代协会的工作，为青少年的健康成长贡献力量。在智育方面，许多老教育工作者为发展教育事业，积极参与举办职工大学、夜大学、高考补习班及各种职业培训班，以提高青年一代的文化知识和科技水平，也有的自愿到边远地区或回到家乡，为改变当地教育落后面貌而开展科技兴农、科技扶贫，为社会培养了大批有用人才。

5. 老年文体组织

各地为了活跃老年人的文娱、体育活动，普遍成立了老年体育协会、老年合唱团、老年艺术队、老年秧歌队、老年太极拳学习班等，积极开展各种文化体育活动，活跃老年人的晚年生活。

三、老年人参与社会发展的设施保障

老年人参与社会发展，需要得到来自政府、社会多方面的支持和保障，其中无障碍设施建设是一项重要的内容。

近年来，国家颁布了《城市道路和建筑物无障碍设计规范》，制定了《无障碍设施建设工作“十五”实施方案》《民用机场旅客航站区无障碍设施设备配置技术标准》《铁路车站及枢纽设计规范》《铁路旅客车站建筑设计规范》《铁路站场客货运设备设计规范》等一系列标准规范，大中城市道路、车站、机场、商场、公交站点、住宅居住区和其他公共建筑的无障碍设施建设发展较快，老年人安居和参与社会生活的设施环境不断改善。

《中华人民共和国老年人权益保障法》也专章规范了“宜居环境”问题，强调国家在推进宜居环境建设中的主导作用，以为老年人提供安全、便利和舒适的环境为目的。各级人民政府在制定城市规划时，应根据人口老龄化的发展趋势、老年人口分布和老年人的特点，统筹考虑适合老年人的公共基础设施、生活设施、卫生设施和文化体育设施建设。同时，在工程建设标准体系、无障碍设施工程建设标准等方面需加强建设和规范，推进与老年人日常生活密切相关的公共服务设施的改造，力争为老年人创造无障碍的居住环境。

养老机构服务人员应当利用国家和社会提供的条件，协助老人参与社会。在这一过程中，应注意以下环节：第一，根据老人的能力和身体情况，选择合适的社会参与活动，以避免将老人置于危险的环境中；第二，充分发挥老年人的才智和积极性，既带动机构内的精神文明建设，又让老年人获得充分的自我价值感；第三，依托社会支持资源，为老年人开展社会活动创造良好平台。

四、老年人参与社会发展权益保障

案例

超出法定退休年龄的务工农民在工作期间受到伤害能否认定为工伤？

第三人杨某某系原告淄博市博山某某精密铸造厂的进城务工人员，2015 年 7 月 4 日 15 时左右，杨某某在单位生产车间内整理生产工具时，被从行车上掉落的铁斗砸伤左足，被告淄博市博山区人力资源和社会保障局依据申请于 2016 年 2 月 16 日作出博人社工决字〔2015〕345 号认定工伤决定书，认定为工伤。原告认为，第三人与原告之间并无任何形式的劳动合同，并且第三人工作时已经超过法定退休年龄，故双方为劳务关系，不能认定为工伤，因而诉至淄博市博山区人民法院请求撤销该认定工伤决定书。

我国《劳动法》只有禁止使用童工的规定，而对达到法定退休年龄仍然从事劳动的人员，未做禁止性规定。根据《最高人民法院行政审判庭关于超过法定退休年龄的进城务工农民因工伤亡的，应否适用〈工伤保险条例〉的请示的答复》（〔2010〕行他字第 10 号）的规定，用人单位聘用的超过法定退休年龄的务工农民，在工作时间内因工作原因伤亡的，应当适用《工伤保险条例》的有关规定进行工伤认定。

部分企业都存在着聘用超过法定退休年龄员工的现象，雇用这类人不受劳动关系约束（即双方为劳务关系)，由此不可避免带来一系列的用工风险和纠纷，如人身意外伤亡的赔偿和处理、工作时间和加班费问题、解除合同经济补偿问题、保险问题、带薪休假等。因此，企业在聘用超过法定退休年龄员工时，要注意加强生产中的各项预防措施和安全管理，避免发生各类工伤事故，尽量完善公司的各项规章制度，区分这些员工和公司的法律关系，及时签订相应的合同，来确保双方的权利最大化。

该案中，原告聘用的超过法定退休年龄的务工农民杨某某在工作时间和工作场所内，因工作原因受到事故伤害，符合《工伤保险条例》第 14 条第 1 项规定的法定情形，被告淄博市博山区人力资源和社会保障局依据调查核实的情况，认定第三人杨某某为工伤，事实清楚，证据确凿，适用法规正确，因此，应当认定为工伤。

同步训练

根据情境导入案例，请对张某某的退休生活给出合理的建议。教师示教后，学生分组训练。

任务二

老年人享受社会优待权益保障

情境导入

家住北京市东城区某街道的刘奶奶，今年 89 岁。她和老伴都是国有企业退休职工，三年前老伴因病去世。刘奶奶有两个儿子，都定居国外，几乎一年才能回来一次。刘奶奶生活基本可以自理，但近两年开始觉得力不从心。

任务描述

如果你是社区服务人员，该如何帮助刘奶奶享受当地的社会优待？

相关知识

老年人优待，是指针对老年人特殊群体，国家和社会给予的特别优待，是政府和社会在做好公民社会保障和基本公共服务的基础上，在医、食、住、用、行、娱等方面，积极为老年人提供的各种形式的经济补贴、优先优惠和便利服务，以方便老年人的日常生活，保障老年人的合法权益。做好老年人优待工作，是增进老年人福祉的重要举措，也是社会文明进步的重要标志。优待老年人，积极为老年人提供各种形式的服务，促进老年人共享经济社会发展成果，是贯彻落实习近平新时代中国特色社会主义思想的具体体现。

一、老年人优待遵循的原则

2005 年，全国老龄工作委员会办公室联合中宣部等出台了《关于加强老年人优待工作的意见》，就加强新形势下的老年人优待工作提出了指导性意见，在指导和推动全国优待工作方面取得了重要进展。2012 年 12 月 28 日，修订的《中华人民共和国老年人权益保障法》颁布，第五章专章规定了“社会优待”，强调政府及相关部门应根据经济社会发展情况和老年人的特殊需要，制定优待老年人的办法，逐步提高优待水平。2013 年，全国老龄工作委员会办公室、最高人民法院、中央宣传部、国家发展改革委等 24 个部门又联合发布了《关于进一步加强老年人优待工作的意见》（全国老龄办发〔2013〕97 号），提出要积极完善老年人优待政策、法规体系，让老年人更好地共享经济社会发展成果，不断提升老年人生活质量。根据以上意见，老年人社会优待应当遵循以下原则来开展：

第一，政府主导，社会参与。发挥政府在政策制定、督查检查、示范引领方面的主导作用，在社会保障、基本公共服务等方面积极为老年人提供优待，采取措施鼓励、引导社会力量参与优待工作。所谓政府主导是指政府应当在老年优待工作中发挥基础性的指导作用，包括培育老年人优待的社会氛围、制定相关的法律法规和政策规定、通过鼓励性政策引导社会参与等。所谓社会参与，是指社会组织、公民在政府指导下积极参与老年人优待工作，营造良好的社会氛围。

第二，因地制宜，积极推进。根据经济社会发展实际，合理确定优待范围、优待对象和优待标准。积极推进优待工作，坚持积极稳妥、循序渐进、稳步提升。老年人优待工作应当坚持立足于城乡和地区的经济社会发展实际，考虑不同老年人群的特点，因地制宜，分类指导。

第三，突出重点，适度普惠。从不同老年群体的实际需求出发，对各优待项目的服务对象进行细分，优先考虑高龄、失能等困难老年群体的特殊需要，逐步发展面向老年人的普惠性优待项目。

第四，统筹协调，和谐共融。统筹社会优待与社会保障、优待工作与老龄事业、物质帮助与精神关爱协调发展；统筹推进城乡老年人优待工作，加快发展农村老年人优待项目；统筹不同年龄群体的利益诉求，促进代际共融与社会和谐。

二、老年人享受社会优待的方式和基本要求

（一）老年人优待的方式

老年人优待可以采用多种方式，归纳起来可以有三种表现形式，即经济补贴、照顾和优先、优惠服务。

1. 经济补贴

给予老年人经济补贴即通过发放现金或实物等方式为老年人提供经济支持。这是很多地方政府在提供老年优待过程中采取的方式。例如，北京市建立了高龄津贴制度，对 90～99 周岁的老年人每月发给 100 元的高龄津贴，对百岁及以上的老年人每月发给 200 元的高龄津贴。

2. 照顾和优先

所谓照顾和优先，是指考虑到老年群体的特殊身体条件，为老年人提供有效的生活照料，以及在某些公共场合给予老年人优先待遇。例如，北京市关于老年人优待政策中规定，大、中型医疗机构对老年人就医提供“六优先”服务，即挂号、就诊、化验、检查、交费、取药优先服务。

3. 优惠服务

优惠服务是指为老年人提供某些服务项目，但是在服务费用上给予减免，这些优惠服务一般限于老年人有迫切需要的项目，如护理服务、医疗保健服务等。例如，北京市 65 周岁及以上老年人凭优待证件可以免费乘坐市域内地面公交车。

（二）老年人优待工作的基本要求

优待服务的对象为 60 岁及以上的老年人。在此基础上，各地可以根据不同老年群体的需求和本地实际情况，对各优待项目的服务对象进行细分。原则上，各省（自治区、直辖市）都应有覆盖本地老年人的统一优待办法，提倡地（市）、县（市、区）为老年人提供更多、更优惠的优待项目，鼓励把优待对象的范围扩展至外埠老年人。优待服务的内容要兼顾老年人的物质生活、精神文化生活、医疗保健及维护权益等多方面的需要，需注意照顾贫困、高龄、鳏寡孤独老年人及病残老年人等特殊群体的需求。

三、老年人享受的社会优待项目

《关于进一步加强老年人优待工作的意见》与 2005 年制定的《关于加强老年人优待工作的意见》相比，优待项目范围有了进一步的拓展。具体如下：

（一）政务服务优待

提供养老优待，旨在努力减轻老年人的经济负担，改善养老条件。《中华人民共和国老年人权益保障法》第 54 条规定：各级人民政府和有关部门应当为老年人及时、便利地领取养老金、结算医疗费和享受其他物质帮助提供条件。政务服务优待包括以下内容：

（1）各地在落实和完善社会保障制度和公共服务政策时，应对老年人予以适度倾斜。

（2）鼓励地方建立 80 周岁以上低收入老年人高龄津贴制度。

（3）政府投资兴办的养老机构，要在保障“三无”老年人、“五保”老年人服务需求的基础上，优先照顾经济困难的孤寡、失能、高龄老年人。

（4）各地对经济困难的老年人要逐步给予养老服务补贴。对生活长期不能自理、经济困难的老年人，要根据其失能程度等情况给予护理补贴。

（5）各地在实施廉租住房、公共租赁住房等住房保障制度时，要照顾符合条件的老年人，优先配租配售保障性住房；进行危旧房屋改造时，优先帮助符合条件的老年人进行危房改造。

（6）政府有关部门要为老年人及时、便利地领取养老金、结算医疗费和享受其他物质帮助，创造条件，提供便利。鼓励和引导公共服务机构、社会志愿服务组织优先为老年人提供服务。

（7）政府有关部门在办理房屋权属关系变更等涉及老年人权益的重大事项时，应依法优先办理，并就办理事项是否为老年人的真实意愿进行询问，有代理人的要严格审查代理资格。

（8）免除农村老年人兴办公益事业的筹劳任务。经农村集体经济组织全体成员同意，将未承包的集体所有的部分土地、山林、水面、滩涂等作为养老基地，收益供老年人养老，纳入国家和地方湿地保护体系及其自然保护区的重要湿地除外。

（9）政府有关部门要完善老年人社会参与方面的支持政策，充分发挥老年人参与社会发展的积极性和创造性。

（10）对有老年人去世的城乡生活困难家庭，减免其基本殡葬服务费用，或者为其提供基本殡葬服务补贴。对有老年人去世的家庭，选择生态安葬方式的，或者在土葬改革区自愿实行火葬的，要给予补贴或奖励。

（二）卫生保健优待

提供卫生保健优待，旨在努力减轻老年人的医疗费用负担，方便老年人享受医疗保健服务。《中华人民共和国老年人权益保障法》第 57 条就医疗机构应为老年人就医提供方便作出了规定。老年人就医应享有优先待遇，有条件的地方可以为老年人设立家庭病床，开展巡回医疗、护理、康复、免费体检等服务。卫生保健优待主要包括以下内容：

（1）医疗卫生机构要优先为辖区内 65 周岁以上常住老年人免费建立健康档案，每年至少提供 1 次免费体格检查和健康指导，开展健康管理服务。定期对老年人进行健康状况评估，及时发现健康风险因素，促进老年疾病早发现、早诊断、早治疗。积极开展老年疾病防控的知识宣传，开展老年慢性病和老年期精神障碍的预防控制工作。为行动不便的老年人提供上门服务。

（2）鼓励设立老年病医院，加强老年护理院、老年康复医院建设，有条件的二级以上综合医院应设立老年病科。

（3）医疗卫生机构应为老年人就医提供方便和优先优惠服务。通过完善挂号、诊疗系统管理，开设专用窗口或快速通道，提供导医服务等方式，为老年人特别是高龄、重病、失能老年人挂号（退换号）、就诊、转诊、综合诊疗提供便利条件。

（4）鼓励各地医疗机构减免老年人普通门诊挂号费和经济困难老年人诊疗费，提倡为老年人义诊。

（5）倡导医疗卫生机构与养老机构之间建立业务协作机制，开通预约就诊绿色通道，协同做好老年人慢性病管理和康复护理，加快推进面向养老机构的远程医疗服务试点，为老年人提供便捷、优先、优惠的医疗服务。

（6）支持符合条件的养老机构内设医疗机构，申请纳入职工基本医疗保险和城乡居民基本医疗保险范围。

（三）交通出行优待

公共交通是日常生活必不可少的部分，交通出行优待主要包括以下内容：

（1）城市公共交通、公路、铁路、水路和航空客运，要为老年人提供便利服务。

（2）交通场所和站点应设置老年人优先标志，设立等候专区，根据需要配备升降电梯、无障碍通道、无障碍洗手间等设施。对于无人陪同、行动不便的老年人给予特别关照。

（3）城市公共交通工具应为老年人提供票价优惠，鼓励对65周岁以上老年人实行免费，有条件的地方可逐步覆盖全体老年人。各地可根据实际情况制定具体的优惠办法，对落实老年优待任务的公交企业要给予相应经济补偿。

（4）倡导老年人投保意外伤害保险，保险公司对参保老年人应给予保险费、保险金额等方面的优惠。

（5）公共交通工具要设立不低于座席数10%的“老幼病残孕”专座。铁路部门要为列车配备无障碍车厢和座位，对有特殊需要的老年人订票和选座位提供便利服务。

（6）严格执行《无障碍环境建设条例》《社区老年人日间照料中心建设标准》《养老设施建筑设计规范》等建设标准，重点做好居住区、城市道路、商业网点、文化体育场馆、旅游景点等场所的无障碍设施建设，优先推进坡道、电梯等与老年人日常生活密切相关的公共设施改造，适当配备老年人出行辅助器具，为老年人提供安全、便利、舒适的生活和出行环境。

（7）公厕应配备便于老年人使用的无障碍设施，并对老年人实行免费。

（四）商业服务优待

“银发族”的消费新需求成为很多产品和服务创新的基础，老年人已成为商业服务的重要群体。商业服务优待主要包括以下内容：

（1）各地要根据老年人口规模和消费需求，合理布局商业网点，有条件的商场、超市可设立老年用品专柜。

（2）商业饮食服务网点、日常生活用品经销单位，以及水、电、暖气、燃气、通信、电信、邮政等服务行业和网点，要为老年人提供优先、便利和优惠服务。

（3）金融机构应为老年人办理业务提供便捷服务，设置老年人取款优先窗口，并提供导引服务，对有特殊困难、行动不便的老年人提供特需服务或上门服务。鼓励对养老金客户实施减费让利，对异地领取养老金的客户减免手续费。对办理转账、汇款业务或购买金融产品的老年人，应提示相应风险。

（五）文体休闲优待

提供文体休闲优待，旨在努力丰富老年人的精神文化生活。文体休闲优待主要包括以下内容：

（1）各级各类博物馆、美术馆、科技馆、纪念馆、公共图书馆、文化馆等公共文化服务设施，向老年人免费开放。减免老年人参观文物建筑及遗址类博物馆的门票。

（2）公共文化体育部门应对老年人优惠开放，免费为老年人提供影视放映、文艺演出、体育赛事、图片展览、科技宣传等公益性流动文化体育服务。关注农村老年人文化体育需求，适当安排面向农村老年人的专题专场公益性文化体育服务。

（3）公共文化体育场所应为老年人健身活动提供方便和优惠服务，安排一定时段向老年人减免费用开放，有条件的可适当增加面向老年人的特色文化体育服务项目。提倡体育机构每年为老年人进行体质测定，为老年人体育健身提供咨询、服务和指导，提高老年人科学健身水平。

（4）提倡经营性文化体育单位对老年人提供优待。鼓励影剧院、体育场馆为老年人提供优惠票价，为老年文艺体育团体优惠提供场地。

（5）公园、旅游景点应对老年人实行门票减免，鼓励景区内的观光车、缆车等代步工具对老年人给予优惠。

（6）老年活动场所、老年教育资源要对城乡老年人公平开放，公共教育资源应为老年人学习提供指导和帮助。贫困老年人进入老年大学（学校）学习的，给予学费减免。

（六）维权服务优待

提供维权服务优待，旨在让老年人享受及时、便利、优质、高效的法律服务、法律援助和司法救助。维权服务优待主要包括以下内容：

（1）各级人民法院对侵犯老年人合法权益的案件，要依法及时立案受理、及时审判和执行。

（2）司法机关应开通电话和网络服务、上门服务等形式，为高龄、失能等行动不便的老年人报案、参与诉讼等提供便利。

（3）老年人因其合法权益受到侵害提起诉讼，需要律师帮助但无力支付律师费用的，可依法获得法律援助。对老年人提出的法律援助申请，要简化程序，优先受理、审查和指派。各地可根据经济社会发展水平，适度放宽老年人经济困难标准，将更多与老年人权益保护密切相关的事项纳入法律援助补充事项范围，扩大老年人法律援助覆盖面。

（4）要健全完善老年人法律援助体系，不断拓展老年人申请法律援助的渠道，科学设置基层法律援助站点，简化程序和手续，为老年人就近申请和获得法律援助提供便利条件。

（5）老年人因追索赡养费、扶养费、养老金、退休金、抚恤金、医疗费、劳动报酬、人身伤害事故赔偿金等提起诉讼，交纳诉讼费确有困难的，可以申请司法救助，缓交、减交或者免交诉讼费。因情况紧急需要先予执行的，可依法裁定先予执行。

（6）鼓励律师事务所、公证处、司法鉴定机构、基层法律服务所等法律服务机构，为经济困难的老年人提供免费或优惠服务。

同步训练

以小组为单位，对北京、上海等地的老年人社会优待政策进行梳理和总结，形成小组报告并在班级汇报。

教学做一体化训练

重要概念

社会发展　社会优待

课后讨论

1. 国家和社会应当为老年人参与社会发展创造哪些条件？
2. 我国老年人宜居环境建设存在哪些不足？
3. 我国在老年人社会优待方面应当开展哪些工作？

课后自测

一、单项选择题

1. 国家应当为老年人参与社会物质文明与精神文明建设创造条件。根据社会需要和可能，鼓励老年人在自愿和量力的情况下，从事下列活动：(1) 参与维护社会治安、调解民间纠纷；(2) 依法参与科技开发和应用；(3) 传授文化和科技知识；(4) 对青少年和儿童进行社会主义、爱国主义、集体主义教育和艰苦奋斗等优良传统教育。（　　）

   A. (1) (2) (3) (4)　　B. (1) (2) (3)

   C. (2) (3) (4)　　D. (1) (3) (4)

2. 老年人参与社会发展的权利是指（　　）。

   A. 老年人有参与社会决策和贡献社会的权利

   B. 老年人有接受社会照顾的权利

C. 老年人有接受教育的权利

D. 老人有投票权

E. 老人有参与社区管理的权利

3. 各级医疗卫生部门应当为老年人就医提供方便，实行老年人（　　）的制度，并开展老年病防治的医学科学研究。

A. 就医方便　　B. 就医及时　　C. 就医保障　　D. 就医优先

4. 对常住在本行政区域内的外埠老年人应给予（　　）。

A. 不同待遇　　B. 同等优待　　C. 特殊优待　　D. 不确定待遇

5. 城市公共交通、公路、铁路、水路和航空客运，应当为老年人（　　）优待和照顾。

A. 提供　　B. 不提供　　C. 个别提供　　D. 部分提供

二、多项选择题

1. 老年人参与社会发展的权利表现为（　　）。

A. 国家和社会尊重老年人参与社会发展的权利

B. 国家和社会要为老年人参与社会发展创造条件

C. 国家和社会鼓励老年人参与有意义的社会活动

D. 国家和社会帮助老年人参与有意义的社会活动

E. 国家和社会参与老年人的各类社会活动

2. 老年人参与社会发展的主要组织形式有哪几种？（　　）

A. 老年学术组织

B. 老年自助、专业技术、服务性组织

C. 生产经营型的老年组织

D. 老年技术咨询服务组织

E. 老年文体组织

3. 国家和社会应当（　　）。

A. 重视老年人的知识、技能和革命、建设经验

B. 珍惜老年人的知识、技能和革命、建设经验

C. 尊重他们的优良品德

D. 发挥老年人的专长和作用

4. 各级人民政府和有关部门应对（　　）按照国家有关规定给予表彰或者奖励。

A. 维护老年人合法权益成绩显著的组织、家庭

B. 敬老、养老、助老成绩显著的组织、家庭、个人

C. 维护老年人合法权益成绩显著的个人

D. 对参与社会发展作出突出贡献的老年人

5. 地方各级人民政府根据当地条件，可以在某些方面对老年人给予优待和照顾。下列选项中属于优待和照顾的范围的是（　　）。

A. 纳税　　B. 游览

C. 乘坐公共交通工具　　D. 医疗

6. 老年宜居环境，主要指环境规划和建设应当符合老龄化发展要求，适应规模日益庞大的老年人口对以下（　　）方面的通用性和特殊性需要。

A. 城乡规划　　B. 公共基础设施

C. 社区环境　　D. 家居住宅

项目八

老年人诉讼权益保障

学习目标

知识目标

1. 掌握民事诉讼的基本制度
2. 掌握司法救助和法律援助的基本制度

能力目标

1. 能够协助老年人进行民事诉讼活动
2. 能够协助老年人申请司法救助和法律援助

素养目标

1. 培养依法维权的思维和能力
2. 树立帮助老年人依法维权的意识

任务一

老年人诉讼一般权益保障

情境导入

于老太有二子一女，长子李甲，次子李乙，女儿李丙。李甲、李丙均在外地工作，于老太有房屋6间，她与次子李乙一家住了3间，其余3间租给了王某居住。于老太死亡后，次子李乙独自料理了丧事，并将6间房屋卖给了王某而另购了新房居住。长子李甲得知后以李乙为被告要求兄弟二人平分财产。在诉讼过程中，李丙向该法院起诉要求分得遗产房。李甲则因病发去世，其儿子李丁要求参加诉讼。

任务描述

根据上述情境，请你为李丙、李丁分析他们应以何种身份参加诉讼。

相关知识

老年人享有作为我国公民应当享有的一切民事权利，同时在家庭中有受赡养、扶养的权利，作为特殊的社会群体享受国家社会的一系列社会保障和优待。《中华人民共和国宪法》作为国家根本法宣示了对老年人权益的保障，《中华人民共和国老年人权益保障法》作为专门法律对老年人享有的一般性权益和专属权益进行了细化规定。但是，在现实生活中，老年人往往受限于年龄和身体状况，在家庭和社会中处于较弱势的地位，使得合法权益易受侵犯。当自身权利受到侵犯时，老年人可以通过诉讼途径来救济自身权益。

党的二十大报告指出，中国式现代化是全体人民共同富裕的现代化。要围绕促进共同富裕，不断创新司法为民举措，提高司法服务水平。自觉践行以人民为中心的发展思想，坚决践行司法为民的宗旨，全力推进一站式多元纠纷解决和诉讼服务体系建设，为人民群众提供更加多元的解决纠纷的方式、更加高效便捷的诉讼服务。

一、诉讼的概念和类型

诉讼是指国家司法机关依照法定程序，解决纠纷、处理案件的专门活动。诉讼的功能不仅限于对过去发生的历史事实的发现，而更要通过诉讼的过程建立起过错与责任、犯罪与刑罚之间的联系，从而向公民传递一种应当如何行为的信息。根据诉讼所要解决的案件的性质及所依据的法律，诉讼可分为三种，即刑事诉讼、民事诉讼、行政诉讼。

刑事诉讼，是通过侦查、起诉（包括自诉）和审判活动等，适用刑事法律，解决被告人是否犯罪和处刑方面的问题。

民事诉讼，是指国家、集体和个人的各种民事权益，因受到侵害或者发生争议而产生纠纷，起诉到人民法院，人民法院按照法定程序，适用民事法律，对当事人争执的问题进行审理和裁判的全过程。在民事诉讼中，双方当事人地位平等。法院审理民事案件应先进行调解，一般只对调解无效的作出裁判。

行政诉讼，是指行政管理相对人不服行政机关所作的处理决定，依法起诉，人民法院适用行政法，按照行政诉讼法的规定予以审理和裁决的活动。

二、民事诉讼

在老年人权益维护中，民事诉讼相对于其他诉讼更为重要。随着人们法治观念的增强，越来越多的老年人已经知道使用法律的武器来保护自己的合法权益了，但是很多老年人对有关的法律知识还知道得不多。

（一）民事诉讼的条件

1. 起诉必备的实质条件

起诉是指公民、法人或者其他组织因自己的民事权益受到分割或者发生争议，而向人民法院提出诉讼请求，要求人民法院行使国家审判权予以保护的诉讼行为。根据《中华人民共和国民事诉讼法》第 122 条的规定，起诉必须符合以下条件：

第一，原告是与本案有直接利害关系的公民、法人或者其他组织。“与本案有直接利害关系”的含义是指与起诉案件的诉讼标的有直接的利害关系，简单地讲是指公民、法人或其他组织的财产权利或人身权或其他权益直接遭到他人的侵害或者直接与之发生了权利、义务归属的争执。

第二，有明确的被告。所谓明确的被告，是指原告起诉必须明确指出被告是谁，也就是要明确谁侵害了他的民事权益，或者谁与他发生了民事权益的争议。只有被告明确，诉讼方能成立。但是需明确的一点是，法律要求有明确的被告，重点在“有”字，而不论被告是否“正当”，也就是说即使当事人告错了人，选错了被告，并不妨碍诉讼的成立。

第三，有具体的诉讼请求和事实、理由。有具体的诉讼请求，是指原告要求人民法院予以确认或保护的民事权益的内容和范围应当明确、具体，请求人民法院保护什么、支持什么、反对什么应清楚、明白，不允许模模糊糊、模棱两可，否则，人民法院难以确定审判保护的对象和范围，因而难以提供审判保护的方法。事实和理由是指原告必须向人民法院陈述的“案件事实”和“证据事实”以及支持该诉讼请求的理由。法律要求原告持有事实、理由，就是要求原告说明民事法律关系发生、发展、变更、消灭的情况及所持的观点、理由并提供有关证据。至于原告所持观点是否正确、理由是否充分、证据是否确凿，法院在审查起诉阶段不问。

第四，属于人民法院受理民事诉讼的范围和受诉人民法院管辖，也就是说，应当属于由人民法院主管，人民法院依法有权对这一案件进行审判。而应当由行政机关或企业内部处理的纠纷则不属于人民法院管辖。

以上四项条件必须同时具备，即必须有原告，在起诉状中写明告的是谁、请求解决什么问题、根据是什么、理由有几条，同时还必须属于人民法院主管、属于民事诉讼范围。四者只有同时具备，起诉方能成立，如缺其一，起诉则不成立。

2. 起诉应具备的形式条件

（1）必须提交诉状。依据《中华人民共和国民事诉讼法》第 123 条的规定，起诉应当向人民法院递交起诉状，并按照被告人数提出副本。书写起诉状确有困难的，可以口头起诉，由人民法院记入笔录，并告知对方当事人。

（2）必须交纳诉讼费用。《中华人民共和国民事诉讼法》第 121 条规定：当事人进行民事诉讼，应当按照规定交纳案件受理费。财产案件除交纳案件受理费外，还应按照规定交纳其他费用。当事人交纳诉讼费用确有困难的，可按规定向人民法院申请缓交、减交或免交。

（二）民事诉讼当事人

民事诉讼当事人是指由于民事实体权利义务关系发生纠纷，以自己的名义进行诉讼，并受法院裁判约束的利害关系人。与原告相对的一方，被控侵犯原告权益，需要追究民事责任，并经法院通知其应诉的人，称为被告。对他人之间的诉讼标的有独立的请求权或虽无独立的请求权但是与案件的处理结果有法律上的利害关系，而参加他人之间正在进行的诉讼的人是第三人。不以自己的名义而以他人名义进行诉讼的人，如诉讼代理人不是民事诉讼当事人。虽然以自己的名义参与诉讼，但不受法院裁判约束，没有利害关系的人，如证人、鉴定人也不是民事诉讼当事人。民事诉讼当事人会因诉讼阶段和程序不同而称呼有所不同，在第一审的普通程序和简易程序中称原告、被告，在第二审程序中称上诉人、被上诉人。

1. 原告

案例

甲男与乙女经人介绍相识，恋爱一年后结婚。婚后甲男之母丙觉得乙女不会过日子，婆媳之间经常发生摩擦。开始甲男总是从中劝解，时间长了便感觉妻子对老人不孝，逐渐有些怨恨，后发展到小两口经常吵架甚至大打出手，家庭生活很不和谐。在此情况下，丙来到人民法院，向法院递交了一份诉状，要求人民法院判决儿子与儿媳离婚。请问法院是否应当受理？为什么？

民事诉讼当事人包括原告、被告和第三人。以自己的名义提起诉讼，请求法院保护其权益，因而使诉讼成立的人，称为原告。本案中丙不具备当事人的资格，她不是发生争议的法律关系（婚姻关系）的主体，故与案件没有直接利害关系，不能以自己的名义进行诉讼，不受人民法院裁判的约束。无论法院如何判决，在法律上均与丙无关，因此她不能作为本案的原告起诉。因此，人民法院不应当受理此案。

2. 被告

案例

2023 年 8 月 2 日，老年人江某在杏花饭店（经理赵某）设宴招待焦某、耿某等六位朋友。席间，服务员朴某误将装有碱水的瓶子当作白酒瓶送至席上。已有醉意的焦某打开碱水瓶猛喝一口，导致口腔和食道烧伤。事后，焦某花费医疗费 6 000 元。由于赵某、江某和朴某都不愿意赔偿焦某的损失，焦某准备向法院起诉。请问谁是本案的被告?

民事诉讼中的被告是指被诉称侵犯原告民事权益或与原告发生民事权益争议，被人民法院传唤应诉的人。被告与原告之间必须存在直接的民事法律上的利害关系。本案系民事侵权赔偿案件，杏花饭店是争议的侵权赔偿关系一方的主体。因为其工作人员在执行职务过程中致人损害，其应当对此承担民事责任。赵某、江某、朴某与焦某之间均不存在直接的法律上的利害关系，因而他们不应成为本案的被告。

3. 诉讼第三人

依据诉讼第三人参加诉讼的根据，可将诉讼第三人分为两种：有独立请求权的第三人和无独立请求权的第三人。

（1）有独立请求权的第三人。

案例

王甲将房屋四间卖给刘某，但刘某迟迟不付款。为此，王甲诉至法院要求刘某付款并付违约金。在诉讼中，王甲之弟王乙得知，向法院说明这四间房屋中有两间是他的，要求确认并请求返还房屋。请问该如何确定本案诉讼参加人的地位?

有独立请求权的第三人是指对原、被告争议的诉讼标的认为有独立的请求权，因而起诉参加已开始的诉讼中来的人。《中华人民共和国民事诉讼法》第 59 条第 1 款规定：对当事人双方的诉讼标的，第三人认为有独立请求权的，有权提起诉讼。

有独立请求权的第三人参加诉讼，必须具备以下三个条件：

第一，他人之间的诉讼正在进行。如他人之间对民事权益、经济权益有争议没有形成诉讼的，属于诉讼外的争议，诉讼外的争议如果侵害了第三人的利益，第三人有权作为原告提起诉讼，但不是要求参加诉讼。因为诉讼尚未开始，不涉及参加诉讼的问题，只有在他人之间的民事权益、经济权益的争议已经形成诉讼而诉讼程序又在进行中，第三人才能参加诉讼。

第二，对他人之间争议的诉讼标的全部或部分享有独立的实体权利。有独立请求权的第三人又可分为两种情况：一种是有全部独立请求权的第三人；另一种是有部分独立请求权的第三人。至于第三人对于原诉当事人之间的诉讼标的是否真正具有全部或者部分的独立请求权，则需在审理终结后才能确定。

第三，第三人参加诉讼，必须以本诉的双方当事人为共同被告。不以双方当事人为共同被告，只以一方当事人为被告，而与另一方当事人利益一致的，则不是有独立请求权的第三人。因为第三人既然对双方当事人争议的诉讼标的享有独立请求权，那么本诉当事人之间的诉讼实质上也就是和第三人的权益发生矛盾，不论原告一方胜诉或被告一方胜诉都会损害第三人的利益。因此，第三人参加诉讼必须针对双方当事人。以他们双方为共同被告，自己则处于原告的地位，享有原告的一切诉讼权利，承担原告的一切诉讼义务。

（2）无独立请求权的第三人。

案例

李某与赵某是邻居，李某委托张某包工包料保证质量砌一段墙，并付工钱、料钱 10 000 元。但该墙砌完后不到三天便倒塌了，并砸坏了赵某的财产，致使赵某遭受损失 5 000 元。赵某诉至法院要求李某赔偿损失。在诉讼中，李某称该墙是委托张某砌的，不到三天就倒了，纯属工程质量问题，张某应负责任，应为被告，故要求法院更换被告。请问李某的要求对不对？张某应否参加诉讼？

无独立请求权的第三人是指对争议中的诉讼虽然没有独立的请求权，但因案件的处理结果同他有法律上的利害关系，从而参加已开始的诉讼中来的人。无独立请求权的第三人参加诉讼，他的地位既不是原告也不是被告，而是具有独立诉讼地位的当事人。在诉讼中，为了维护自己的合法权利，他总是协助当事人一方进行诉讼，因为只要他协助的一方当事人胜诉，他自己的利益通常也就得到了维护。一般来说，他总是协助被告进行诉讼，但有时也存在协助原告进行诉讼的无独立请求权的第三人。在诉讼过程中，无独立请求权的第三人有权了解原告起诉、被告答辩的事实和理由，并向人民法院递交陈述意见书，陈述自己对该争议的意见。开庭审理时，人民法院应当用传票传唤其出庭。在庭审中，无独立请求权的第三人有权陈述意见、提供证据、参加法庭辩论。人民法院作出的裁判确定无独立请求权的第三人应当承担义务的，无独立请求权的第三人享有上诉权。

依据《最高人民法院关于适用〈中华人民共和国民事诉讼法〉若干问题的意见》第66条的规定，无独立请求权的第三人在一审中无权对案件的管辖权提出异议，无权放弃、变更诉讼请求或申请撤诉，但是有权申请或者由人民法院通知参加诉讼，有权委托诉讼代理人、提供证据、出庭、参加法庭辩论等，如果法院判决其承担民事责任的，该无独立请求权的第三人还有权提出上诉。

（三）民事诉讼代理人

民事诉讼代理人是指以当事人的名义，在一定权限范围内为当事人的利益进行诉讼活动的人。因代理权的不同可分为法定诉讼代理人和委托诉讼代理人。

案例

原告田某（女）与被告谢某（男）均系哑人，2020年10月经人介绍相识，2021年10月1日结婚，婚后生了一个女孩。因夫妻双方性格不合，经常发生争执。2023年田某向当地人民法院提起诉讼，要求与谢某离婚，并要求抚养女儿。人民法院受理案件后，认为原、被告均系哑人，于是分别通知原告之母席某与被告之父谢某某，分别作为原、被告法定代理人参加诉讼。经审理，在双方当事人未到庭的情况下达成调解协议："同意原告与被告离婚；女儿由原告田某抚养，被告谢某每月支付抚养费。"本案应当设法定代理人还是应当由当事人委托代理人？人民法院按照代理人的意思表示达成准予当事人离婚的调解协议是否成立？

---

1. 法定诉讼代理人

根据法律的直接规定而发生的诉讼代理，称为法定诉讼代理。依照法律规定取得并行使诉讼代理权的人，称为法定诉讼代理人。法定诉讼代理是为无诉讼行为能力的人在法律上设立的一种代理制度。法定诉讼代理与委托诉讼代理相比，具有以下几个特点：(1) 代理权产生的基础特殊。法定诉讼代理之所以发生，既不是基于当事人本人的意志，也不是基于代理人的意志，而是基于法律的规定。(2) 代理的对象特殊。法定诉讼代理是专门为无诉讼行为能力的人设立的一种诉讼代理制度，因此，法定诉讼代理人只能代无诉讼行为能力人进行诉讼。(3) 代理人的范围特殊。即法定诉讼代理人的范围只限于对被代理人享有亲权和监护权的人，其他人不能担任法定诉讼代理人。

2. 委托诉讼代理人

根据被代理人的授权委托而发生的诉讼代理，称为委托诉讼代理。接受被代理人的授权委托代为进行诉讼活动的人，称为委托诉讼代理人。委托诉讼代理人适用于代有诉讼行为能力的人进行诉讼。这是委托诉讼代理与法定诉讼代理的一个重要区别。委托诉讼代理与法定诉讼代理相比，主要有以下特点：(1) 诉讼代理权基于委托人的授权而产生；(2) 诉讼代理事项和诉讼代理权限，除法律有特别规定外由委托人决定；(3) 代理人和被代理人均有诉讼行为能力。

当事人、法定代理人可以委托1～2人作为诉讼代理人。律师、当事人的近亲属、有关的社会团体或者所在单位推荐的人、经法院许可的其他公民，都可以被委托为诉讼代理人。委托他人代为诉讼，必须向人民法院提交由委托人签名或者盖章的授权委托书。授权委托书必须记明委托事项和权限。诉讼代理人代为承认、放弃、变更诉讼请求，进行和解，提起反诉或者上诉，必须有委托人的特别授权。离婚案件有诉讼代理人的，本人除不能表达意思的以外，仍应出庭；确因特殊情况无法出庭的，必须向人民法院提交书面意见。

（四）民事诉讼法院管辖地

诉讼管辖是指各级法院之间以及不同地区的同级法院之间，受理第一审民事案件、经济纠纷案件的职权范围和具体分工。

1. 法院管辖的一般原则

《中华人民共和国民事诉讼法》第22条规定，对公民、法人或者其他组织提起的民事诉讼，由被告住所地人民法院管辖。我国的民事诉讼制度实行“原告就被告”原则，即提起民事诉讼由被告住所地人民法院管辖，被告住所地与经常居住地不一致的，由经常居住地人民法院管辖。

2. 级别管辖

案例

原告李某于2023年6月10日向某市中级人民法院递交起诉状称：被告宋某于2019年11月租用原告房屋两间，每月租金2 000元，租期3年。现租期已过，被告不同意搬离，原告要求被告迁出，收回房屋自用。中级人民法院告知原告本院对本案无管辖权，没有受理原告的起诉，让其到区人民法院起诉。李某想不通，认为中级人民法院的审判员水平高，更能公正审理案件，区人民法院的审判员水平不高，不愿去区人民法院起诉。本案应由哪级法院管辖？《中华人民共和国民事诉讼法》对级别管辖是如何划分的？

根据《中华人民共和国人民法院组织法》的规定，我国人民法院的设置分为四级，即基层人民法院、中级人民法院、高级人民法院和最高人民法院。这四级人民法院都有权审理一定范围的第一审民事案件。但由于它们各自的职能不同，所担负的审理第一审民事案件的任务不同，因而各自受理第一审民事案件的职权范围需要进行合理划分。《中华人民共和国民事诉讼法》第18条规定：“基层人民法院管辖第一审民事案件，但本法另有规定的除外。”据此，第

一审民事案件原则上由基层人民法院管辖。《中华人民共和国民事诉讼法》第19条规定：中级人民法院管辖下列第一审民事案件：（1）重大涉外案件；（2）在本辖区有重大影响的案件；（3）最高人民法院确定由中级人民法院管辖的案件。《中华人民共和国民事诉讼法》第20条规定：高级人民法院管辖在本辖区有重大影响的第一审民事案件。《中华人民共和国民事诉讼法》第21条规定：最高人民法院管辖下列第一审民事案件：（1）在全国有重大影响的案件；（2）认为应当由本院审理的案件。本案是一个比较简单的民事案件，不必由中级人民法院管辖。当事人的担心是不必要的，对区人民法院的审判如果不服，还可以上诉至中级人民法院。所以本案应由区人民法院管辖。

3. 指定管辖

案例

2024年5月，某市南区人民法院民事审判庭庭长于某搬家至南区某街15号居住，位于南区市民戴某的房屋后面，于某在靠近戴某房后屋檐处搭建了一间9平方米的厨房，严重影响了戴某家通风采光。戴某多次找于某，要求他拆除小厨房，但于某置之不理，双方发生纠纷。戴某决定起诉，由于戴某认为于某就在南区人民法院工作，担心南区人民法院的判决对其不利，就向该市北区人民法院起诉，要求排除妨害。北区人民法院收到戴某的民事诉讼后，经审查认为该案因不动产引起的纠纷，应由不动产所在地人民法院管辖，裁定不予受理，并告知戴某应向南区人民法院起诉。戴某无奈，只好将民事诉状交到南区人民法院。请问南区人民法院对此案该如何处理？

《中华人民共和国民事诉讼法》第38条规定：有管辖权的人民法院由于特殊原因，不能行使管辖权的，由上级人民法院指定管辖。所谓特殊原因，既包括自然的原因，如地震、水灾等，使有管辖权的人民法院无法行使管辖权，又包括人为的原因，如当事人申请审判人员回避，受诉人民法院不能组成合议庭对案件进行审理。遇有上述情况之一的，应由上级人民法院指定其辖区内的其他下级人民法院对案件行使管辖权。在本案中，按地域管辖的规定应由南区人民法院管辖，但由于南区人民法院有特殊原因——被告是该人民法院民事审判庭庭长，可能影响对案件的公正处理，因此依照法律规定，该案不能由南区人民法院管辖，应由南区人民法院的上级法院——市中级人民法院指定管辖。

4. 移送管辖

案例

A市西区某中学退休教师俞某与B市东区文化局退休干部崔某于2021年5月1日在B市结婚，当时双方户口仍在各自工作所在地没有变动。婚后双方有时住A市，但多数时间住在B

市。婚后因双方性格不合，感情不好，经常吵闹。崔某于 2024 年 1 月向 B 市东区人民法院起诉，要求与俞某离婚。东区人民法院受理该案后，发现被告俞某户籍所在地为 A 市，便将案件移送给 A 市西区人民法院。两个月后，A 市西区人民法院以“双方结婚地和经常居住地在 B 市”为由，又将案件退回 B 市东区人民法院。B 市东区人民法院向 B 市中级人民法院报告了这一情况，请示解决办法。B 市中级人民法院研究后，指定 B 市东区人民法院受理这一案件。请问该案究竟应归哪个法院管辖？上述的做法是否正确？

对公民提起的民事诉讼，由被告住所地人民法院管辖；被告住所地与经常居住地不一致的，由经常居住地人民法院管辖。《最高人民法院关于适用〈中华人民共和国民事诉讼法〉若干问题的意见》第 4 条规定：公民的住所地是指公民的户籍所在地。其第 5 条又规定：公民的经常居住地是指公民离开住所地至起诉时已连续居住一年以上的地方。但公民住院就医的地方除外。人民法院发现受理的案件不属于本院管辖的，应当移送有管辖权的人民法院，受移送的人民法院应当受理。受移送的人民法院认为受移送的案件依照规定不属于本院管辖的，应当报请上级人民法院指定管辖，不得再自行移送。人民法院之间因管辖权发生争议，由争议双方协商解决；协商解决不了的，报请共同上级人民法院指定管辖。

5. 专属管辖

案例

甲、乙二人系兄弟，早先兄弟俩曾共同出资在原籍 A 市修建一幢住宅，共同居住。后来，兄弟二人先后来到 B 市工作。甲的家属亦调到 B 市工作。乙的家属仍在 A 市工作，并住在原房中。2024 年 8 月，甲退休想回 A 市养老，要其弟乙腾出一部分房屋，乙不同意腾房，只愿补偿房屋价款。兄弟二人遂发生争议，甲准备诉请法院解决。请问本案应由哪个法院管辖？

专属管辖，是指法律强制规定某些案件只能由特定的人民法院管辖，其他法院无管辖权，当事人也不得协议变更管辖法院。根据《中华人民共和国民事诉讼法》第 34 条的规定，下列案件为专属管辖：（1）因不动产纠纷提起的诉讼，由不动产所在地人民法院管辖；（2）因港口作业中发生纠纷提起的诉讼，由港口所在地人民法院管辖；（3）因继承遗产纠纷提起的诉讼，由被继承人死亡时住所地或者主要遗产所在地人民法院专属管辖。也就是说，被继承人有两个以上住所的，在哪个住所内死亡，该住所地的法院对继承纠纷有管辖权。主要遗产所在地，应当根据不同的情况确定，比如，主要是对存款的继承发生纠纷的，存款地应为主要遗产地，存款在不同的地方的，数量最多的存款地为主要遗产所在地；如果是对家具、家用电器等动产继承发生纠纷，这些财产的相对集中的放置地为主要遗产地。当事人应当在对继承纠纷有管辖权的法院之间选择其中一个法院起诉。如果主要遗产地不好确定，可以在被继承人死亡时的住所地法院起诉。根据《中华人民共和国民事诉讼法》关于专属管辖的规定，如果继承纠纷涉及的

是房屋等不动产，只能在不动产所在地法院提起继承的诉讼。

6. 一般地域管辖的例外

一般地域管辖的“原告就被告”原则，在某些特殊情况下可能无法适用或者适用后将对原告、对法院极为不便。为此，《中华人民共和国民事诉讼法》规定了几种例外的情况由原告住所地人民法院管辖；原告的住所地与经常居住地不一致的，由经常居住地人民法院管辖。这些例外情况是：

（1）对不在中华人民共和国领域内居住的人提起的有关身份关系的诉讼。对于符合不在中国领域内居住、与身份有关的诉讼案件（如涉及婚姻关系、亲子关系、收养关系等案件），由原告住所地或者经常居住地人民法院管辖。

（2）对下落不明或者宣告失踪的人提起的有关身份关系的诉讼。在被告下落不明或者已经宣告失踪的情况下，根本无法确定其住所地或者经常居住地，由原告住所地或者经常居住地人民法院管辖，可以方便原告行使诉权。

（3）对被采取强制性教育措施的人提起的诉讼。被采取强制性教育措施的人由于离开了住所地或者经常居住地，集中在特定场所接受强制性教育，人身自由受到一定的限制。如果向被采取强制性教育措施地的人民法院起诉，对原告来说十分不便，法律规定由原告住所地或者经常居住地人民法院管辖。

（4）对被监禁的人提起的诉讼。被监禁的人，包括已决犯和未决犯，都丧失了人身自由，脱离了住所地或者经常居住地，不仅不便于原告向被告监禁地人民法院起诉，而且由被告监禁地人民法院管辖很可能造成其工作量过大，法律规定原告住所地或者经常居住地人民法院为有管辖权法院是比较恰当的。

除上述四种情况外，最高人民法院根据司法实践的需要，对“被告就原告”的适用进行了以下补充规定：

（1）追索赡养费案件的几个被告住所地不在同一辖区的，可以由原告住所地人民法院管辖。

（2）夫妻一方离开住所地超过一年，另一方起诉离婚的案件，由原告住所地法院管辖。

（3）非军人对军人提出的离婚诉讼，如果军人一方为非文职军人，由原告住所地或经常居住地人民法院管辖。

此外，根据最高人民法院的有关司法解释，涉及国外华侨的离婚案件的管辖有特殊性，应当根据具体情况确定由原告住所地或者被告住所地法院管辖。

（1）在国内结婚后定居国外的华侨，如定居国法院规定离婚诉讼必须由婚姻缔结地法院管辖，当事人向人民法院提出离婚诉讼的，由婚姻缔结地或一方在国内的最后居住地法院管辖。

（2）在国外结婚并定居国外的华侨，如定居国法院以离婚诉讼须由国籍所属国法院管辖为由不予受理，当事人向人民法院提出离婚诉讼的，由一方原住所地或在国内的最后居住地法院管辖。

（3）中国公民一方居住在国外，一方居住在国内，不论哪一方向人民法院提起离婚诉讼，国内一方住所地的法院都有管辖权。如国外一方在居住国法院起诉，国内一方向人民法院起诉的，受诉人民法院有权管辖。

（4）中国公民双方在国外但未定居，一方向人民法院起诉离婚的，应由原告或者被告原住所地的法院管辖。

（五）民事诉讼的时效期限

案例

尽管子女多年来对自己的衣食住行从不过问，但靠捡破烂勉强能够度日，因而谢女士一直没有在意。2024 年年初遭遇重病之后，见子女仍不予理会，谢女士遂决定通过起诉向子女索要多年来的赡养费。谢女士的起诉超过诉讼时效吗？

时效，是指一定的事实状态持续存在一定时间以后即发生一定后果的法律制度。民事诉讼时效是指权利人经过法定期限不行使自己的权利，依法律规定其胜诉权便归于消灭的制度。《中华人民共和国民法典》第 188 条规定："向人民法院请求保护民事权利的诉讼时效期间为三年。法律另有规定的，依照其规定。诉讼时效期间自权利人知道或者应当知道权利受到损害以及义务人之日起计算。法律另有规定的，依照其规定。但是，自权利受到损害之日起超过二十年的，人民法院不予保护，有特殊情况的，人民法院可以根据权利人的申请决定延长。"

法律上有诉讼时效的说法。父母子女的权利义务关系，是一种法定的基于身份关系而产生的权利义务关系。基于人身关系产生的具有财产内容的请求给付赡养费的诉讼，在身份关系存续、赡养条件存在期间，是不应适用诉讼时效制度的。据此，《中华人民共和国民法典》第 196 条第 3 项规定"请求支付抚养费、赡养费或者扶养费"的，请求权不适用诉讼时效的规定，也就是说索要赡养费不存在超过诉讼时效，"过期作废"的问题。

（六）民事起诉书应当记明的主要事项

民事起诉书是民事案件的原告为了维护其民事权益，就有关民事权利义务的纠纷，向人民法院提起诉讼，请求追究被告民事责任的一种书状。民事起诉书是依法维护民事原告合法权益的重要诉讼文书。

原告必须通过起诉书把案件的事实记叙清楚，把起诉的理由和法律根据讲明白，把起诉的目的和请求告诉人民法院，让法院了解原告对案件的看法、意见和要求，以便对案件进行审理。正因如此，民事起诉书是人民法院对案件进行审理或调解的依据和基础，写好民事起诉书对法院了解情况和正确处理案件是十分重要的。

民事起诉书的内容和结构由首部、正文、尾部组成，此外还有"附项"。

1. 首部

（1）标题文书上部正中写"民事起诉书"。（2）当事人基本情况。在原告和被告栏内，分别写明原告和被告的姓名、性别、年龄、民族、籍贯、文化程度、职业和住址。当事人的书写程序是：1）先写原告，有几个依次写几个。原告如有代理人，就写在其下一行。2）后写被告，有几个依次写几个。3）再写第三人，有几个依次写几个。原告、被告如果是企事业单位、机关、团体时，就在原告、被告栏内写明单位名称、地址，再写法定代表人姓名、职务。有委托代理人的，注明委托代理人姓名、单位和职务。

2. 正文

正文是民事起诉书的主要部分，包括请求事项、事实和理由。

（1）请求事项。即诉讼请求。要简明扼要地写出请求法院解决的民事权益的争议问题，也就是案由。即请求法院依法解决原告一方要求的有关民事权益争议的具体事项，如请求赔偿、偿还债务、履行合同等。

（2）事实。即双方争议的具体问题。要把争议的起因、经过、现状特别是争议的焦点具体地写清楚。叙述案情时，必须实事求是，如实反映案件事实。叙事要明确，与争议事实有直接关系的事实要详细叙述明白，与案件事实关系不大但又必须交代清楚的可以简要概括。

（3）理由。即诉讼请求的根据。其主要是列举证据，说明证据来源、证人姓名和住址，同时根据事实、依照法律有关规定分析论证。

总之，写正文部分时要注意以下问题：1）请求目的必须明确具体。2）提出的要求合情、合理、合法。3）写事实和理由时，着重写争议的焦点和实质性重点，阐明因果关系；写过程尽量概括，力避拖沓、空洞；分析必须有根据，引用法律必须准确。

3. 尾部

在正文之后，另起一行写明送达机关，而后在其右下方由具状人签名或盖章，注明具状的年、月、日。

4. 附项

附项是民事起诉书的附加部分。应具体写明民事起诉书副本的份数和证据的种类、名称、数量以及证人的姓名、住址等。

（七）上诉

上诉，是指当事人对人民法院所作的尚未发生法律效力的一审判决、裁定或评审决定，在法定期限内依法声明不服，提请上一级人民法院重新审判的活动。

依法提起上诉应当具备以下条件：（1）上诉人是依法享有上诉权或可依法行使上诉权的人。（2）被上诉人必须是第一审程序中的对方当事人、有独立请求权的第三人。（3）必须在法定期限内上诉。上诉的期限为判决书送达之日起 15 日内或裁定书送达之日起 10 日内。超过这个期限，判决、裁定发生法律效力，当事人不能再行使上诉权。（4）上诉必须通过原审或向二审人民法院递交上诉状。

（八）申请再审应符合的情形及其期限

再审是为了纠正已经发生法律效力的错误判决、裁定，依照审判监督程序，对案件重新进行的审理。法院对已经审理终结的案件依照再审程序再行审理，其目的是纠正已经发生法律效力但确属错误的判决或裁定。

当事人的申请符合下列情形之一的，人民法院应当再审：

（1）有新的证据，足以推翻原判决、裁定的；

（2）原判决、裁定认定的基本事实缺乏证据证明的；

（3）原判决、裁定认定事实的主要证据是伪造的；

（4）原判决、裁定认定事实的主要证据未经质证的；

（5）对审理案件需要的证据，当事人因客观原因不能自行收集，书面申请人民法院调查收集，人民法院未调查收集的；

（6）原判决、裁定适用法律确有错误的；

（7）审判组织的组成不合法或者依法应当回避的审判人员没有回避的；

（8）无诉讼行为能力人未经法定代理人代为诉讼，或者应当参加诉讼的当事人因不能归责于本人或者其诉讼代理人的事由未参加诉讼的；

（9）违反法律规定，剥夺当事人辩论权利的；

（10）未经传票传唤，缺席判决的；

（11）原判决、裁定遗漏或者超出诉讼请求的；

（12）据以作出原判决、裁定的法律文书被撤销或者变更的；

（13）审判人员审理该案件有贪污受贿、徇私舞弊、枉法判决行为的。

当事人申请再审，应当在判决、裁定发生法律效力后两年内提出；两年后据以作出原判决、裁定的法律文书被撤销或者变更，以及发现审判人员在审理该案件时有贪污受贿、徇私舞弊、枉法裁判行为的，自知道或者应当知道之日起三个月内提出。

而申诉不同于申请再审，申诉是当事人及其法定代理人的一项民主权利，不受时间、审级、条件和案件范围的限制。

（九）强制执行

民事诉讼程序的最后阶段是执行程序。强制执行是指法院按照法定程序，运用国家强制力量，根据执行文书的规定，强制民事义务人完成其所承担的义务，以保证权利人的权利得以实现。执行文书包括发生法律效力的民事判决书、裁定书以及依法应由法院执行的其他法律文书。它们一经确定，义务人就应自动履行；如拒不履行，权利人可申请法院强制执行。

《中华人民共和国民事诉讼法》第 250 条规定："申请执行的期间为二年。申请执行时效的中止、中断，适用法律有关诉讼时效中止、中断的规定。前款规定的期间，从法律文书规定履行期间的最后一日起计算；法律文书规定分期履行的，从最后一期履行期限届满之日起计算；

法律文书未规定履行期间的，从法律文书生效之日起计算。”

执行时效期间对胜诉权利人而言很重要，如果超过了执行时效期间再向法院申请强制执行，被申请执行人提出执行时效抗辩时，法院将裁定终结执行程序，胜诉判决也将成为一纸空文，无法实现胜诉权人的利益。

法院强制执行的措施有：（1）扣留、提取、冻结、划拨被执行人的储蓄存款或者其他劳动收入，但应保留被执行人及其所供养家属必需的生活费用。（2）查封、扣押、冻结、拍卖、变卖被执行人的财产。（3）责令当事人当面交付财物或者票据。（4）强制迁出房屋或者退出土地。（5）强制执行法律文书指定的行为。

案例

B市中级人民法院于2020年作出民事调解书，确认芮某1每月给付王某、芮某2赡养费1 000元。2023年10月，王某、芮某2申请执行，要求芮某1给付2019年7月至2023年9月的赡养费，芮某1以王某、芮某2的申请已经超过两年申请执行时效为由提出执行异议，拒绝给付上述赡养费。B市A区人民法院认为，本案为请求支付赡养费的案件，依法不适用诉讼时效的规定，裁定驳回了芮某1的异议请求。芮某1不服，持相同理由向B市中级人民法院申请复议。

问题：给付赡养费请求权是否适用申请执行时效？

依据《中华人民共和国民法典》第196条的规定，请求支付抚养费、赡养费或者扶养费不适用诉讼时效，而该请求权被生效法律文书确认后，在执行阶段亦应不适用执行时效。因为执行时效的适用对象是实体法请求权，故在执行阶段亦应贯彻《中华人民共和国民法典》第196条的立法精神，否则将导致某请求权在诉讼阶段被认定不适用诉讼时效而在执行阶段却受时效限制的矛盾。

三、民事诉讼费用

诉讼费用，是指当事人进行民事诉讼依法应当向人民法院交纳和支出的费用，包括案件的受理费、申请费和其他诉讼费用。诉讼费用中案件的受理费属于当事人应交纳的费用，而诉讼中的其他费用则指当事人在指定日期出庭产生的交通费、住宿费等。

诉讼费依据我国2007年4月1日起施行的《诉讼费用交纳办法》（以下简称《交纳办法》）交纳，其中案件受理费由原告、有独立请求权的第三人、上诉人预交。最终由败诉的当事人负担，双方都有责任的由双方分担。共同诉讼当事人败诉，由人民法院根据他们各自对诉讼标的的利害关系决定各自应负担的金额，其中如有专为自己利益的诉讼行为所支出的费用由该当事人负担。

第二审人民法院对第一审人民法院的判决作了改判的，除了应当确定当事人对第二审诉讼费用的负担外，还应当相应地变更第一审人民法院对诉讼费用负担的决定。第二审人民法院驳回上诉的案件，上诉的案件受理费由上诉人负担，双方都提出上诉的由双方分担。

经人民法院调解达成协议的案件，诉讼费用的负担由双方协商解决，协商不成的由人民法院决定。

撤诉的案件，案件受理费由原告负担，减半收取；其他诉讼费用按实际支出收取。驳回起诉的案件，案件受理费由起诉的当事人负担。

申请执行费和执行中实际支出的费用，由被申请人负担。

四、老年人聘请律师权益保障

老年人合法权益受到损害后，可直接向人民法院提起诉讼。由于身体机能衰退、教育程度不同、传统思想影响、法律意识不高、法律知识有限等原因，老年人在其权益被侵害时往往不知道如何维护自己的合法权益，这时就需要选择聘请律师或法律工作者担任代理人或辩护人，以切实维护自身的合法权益。

（一）聘请律师的五大误区

老年人在聘请律师时，要注意莫入以下五个误区：

1. 预计败诉不聘请律师

诉讼实践中，特别是在民事、行政诉讼中，不少老年人对官司胜诉没有把握，觉得请不请代理人都无所谓，因而自己匆忙应诉。事实上，律师在受托担任代理人后，一方面，可能会在综合分析案件的基础上反败为胜；另一方面，还会根据案件的复杂难易程度等具体情况，充分利用对被代理人有利和不利的条件，通过提出相关异议、适时上诉或申诉、依法申请法庭调解等途径，取得对方当事人的谅解和同情，使对方在违约金、赔偿金、补偿金、利息等方面作出让步；或者申请检察机关对法院的错误判决依法进行抗诉，从而把被代理人的损失降低到最低限度。

2. 案件到了法院才请律师

在诉讼活动中，不少老年人认为案件到了法院才是请律师的最佳时机，其实不然。民事、行政案件任何时候都可以请律师；刑事案件犯罪嫌疑人自被侦查机关第一次讯问或者采取强制措施之日起，可以正式聘请律师。但从预防纠纷、提高效率的角度出发，聘请律师的时间越早越好。

一旦纠纷已经发生，法律咨询、聘请律师的时间也是越早越好。任何纠纷的解决都取决于两件重要的事情，那就是事实和法律。就法律而言，那是律师的专业。有一些问题，当事人的理解和法律的规定可能并不一样，当事人需要律师的帮助。而事实的认定需要有证据，律师及早、及时地介入纠纷，往往比一般人更清楚应该在什么时候、用什么方法取得什么证据，也更清楚应该用什么方法来有效地保护证据和运用证据来证明事实。这对保护当事人的权利、争取通过低成本的非诉讼活动解决纠纷是非常重要的。

3. 与律师私下签订委托合同

有的老年当事人为使代理人“尽全力”为自己打官司，常常与律师个人签订委托代理合同，甚至不按规定私下给付代理费，这些都是违背法律规定的。按照我国有关的法律规定，当事人在聘请律师或法律工作者时，应当与其所在的律师事务所或法律服务所签订书面委托代理合同，同时向该所交纳代理费。一般情况下，这些法律服务机构大都会尊重当事人的意愿，让当事人选择相对信任的代理人参加代理。这样，律师或法律工作者在执业过程中如果因过错给当事人造成损失的，当事人就可以要求其所在的法律服务机构承担赔偿责任。

4. 对代理人作虚假陈述

在聘请代理人后，有的老年当事人为了胜诉，往往会只选取对自己有利的情况向代理人陈述，甚至向其出示不实证据。这样代理人不仅很难掌握案件的来龙去脉，还会使分析和判断出现偏差，无法找出对当事人最有利的解决方案，甚至会导致败诉的结果。鉴于此，当事人在向代理人陈述案情时，应做到客观、全面、真实。

5. 代理权限授权不清

代理人的代理权有一般代理和特别授权代理两种。一般代理是指仅代理一般的诉讼权利，如起诉、应诉权，申请回避权，提供证据权，辩论权等；特别授权代理是指与实体权紧密联系的诉讼权利代理，如承认、放弃、变更被代理人的诉讼请求，进行和解，提起反诉或者代理被代理人上诉等。因此，当事人在填写委托授权书时，要结合案件的复杂难易程度等实际情况，注意写清代理权限。在授予代理人有上述特别授权的事项时，应当写明每项特别授权的具体内容，以防止代理人违背当事人的真实意愿滥用诉权，造成不必要的损失。

（二）选择律师的准则

很多时候，老年人并不能做到对要选择的律师的情况都有全面的了解，但只要有可能，不妨了解以下内容：

（1）他是律师吗？对律师身份的确定是为了保证当事人得到真正专业的法律服务，不过要做到这一点并不一定需要真的去核对他的证件，只要通过合法注册的律师事务所聘请律师，正常情况下应该不会有问题。街道、乡镇法律服务所内的人员是基层法律工作者，他们也从事一定范围内的法律服务工作，但不是律师。

（2）他是否受过专业的法律训练？律师在法学理论方面的造诣和对法律精神的领会有时比经验更重要，学历是这方面的衡量标准。

（3）他过去的工作经历及执业经验如何？一位律师过去的工作经历会使他比较熟悉某一特定领域的工作程序和人员，这对要解决的问题也许会有帮助。执业经验的重要性取决于所要解决的问题到底有多复杂，一位成功处理过类似问题的资深律师是更有胜算的。

（4）他有特定的专业知识吗？需要解决的问题如果可能会涉及某些独特的高度专业化领域，在这种情况下，也就要求办案律师应当具有相关的专业能力。

（5）他的工作习惯如何？良好的工作习惯是高效率的前提。观察一下律师的办公室，看看他的文件摆放方法，注意一下他对时间的掌握，可以对他的工作效率得出初步的印象。

（6）他敬业吗？要把工作做好，敬业是必不可少的。他热爱自己的工作吗？他对自己有信心吗？也是需要考虑的问题。

（7）他的道德观念如何？法律与道德的关系非常密切，一位道德方面对自己过于随便的人从事法律工作可能是很危险的。

（8）他重视你和你的问题吗？无论这位律师有多么强的能力，如果他完全不把当事人的问题放在眼里或者对当事人缺乏应有的尊重，又怎能指望让他出色地完成当事人委托给他的工作呢？

（9）对他个人的看法如何？无论如何，在解决一个棘手的问题的过程中，当事人将与他的律师有密切合作，而且时间可能还不短，所以对律师的个人看法也很重要。

有条件的老年人可以走访多家律师事务所、接触多名律师，比较几位律师的业务水平和服务态度，在代理费用上可以与律师协商，挑选自己满意的代理律师。

（三）如何对待“一定赢”的承诺

在诉讼活动中，当事人总是希望能够赢得官司。虽然有经验和负责任的律师一般不会给当事人这一类承诺，但每个人都愿意听到对自己有利的消息，因此，仍然有个别律师会以“一定赢”的承诺来获得诉讼代理业务。

影响一个诉讼案件最终判决的因素非常多，包括双方争议的事实、证据的效力、对法律的理解和应用、法官的素质，甚至包括一些法律之外的因素，比如舆论，等等。律师在诉讼中只能通过发表代理和辩护意见来影响判决。因此，当事人要明白除非是一些案情简单、事实清楚、证据充分而且法律规定也非常明确的小民事纠纷，否则，让律师预见诉讼案的最终结果几乎是不可能的。

五、证据获取的权益保障

证据是指人民法院审理案件时，能够证明案件真实情况的客观事实，是人民法院认定案件事实的根据。在民事诉讼中，当事人负有举证责任，只有提出确实、充分地有利于自己的证据，方能打赢官司。因此，当事人必须树立很强的证据意识。

（一）证据材料

一切未经查证属实，由司法机关、当事人及其代理人、辩护人收集到的，在诉讼中被提出用以证明案件真实情况的事实材料，都是证据材料。举证方在向法院提出证据材料时，应向法院说明该证据材料的来源、种类及要证明的事实。

证据材料为物证的，一般应提供原物；证据材料为书证、检查笔录或鉴定结论的，应当提供原件。证据材料为证人证言的，若该证言对案件事实的认定起关键作用，则作出该证言的证人为关键证人，应当到庭作证。

（二）举证责任与举证责任倒置

案例

刘某生前是邵某农场聘用的工人，2023年3月刘某因狂犬病发作不治身亡。刘某发病前曾告诉过一位朋友，说有一天中午，农场有两只狗打架，他想用手将它们分开，结果被其中一只狗咬了一口，当时只有他老婆林某一人在场。同时刘某临终前还说过二十年前他也被狗咬过。后经法医鉴定，证实了刘某确实是因狂犬病发作身亡。刘某死后，林某找到邵某要求其承担损害赔偿责任，邵某却说他从未养过狗，不愿承担责任。双方协商不成，林某遂向所在地的市人民法院提起诉讼，市人民法院一审认为林某未承担举证责任（另据有关医学资料介绍狂犬病潜伏期最长时间可以达到四十六年），遂以证据不足判决林某败诉。原告不服，上诉至该市中级人民法院，二审法院以动物伤害案中举证责任实行倒置为理由，认为被告未尽其举证责任，于是判令被告败诉。

在相同的事实下，几乎是根据相同的理由，前后的判决却是如此迥异。显然，谁承担举证责任，案件结果就会对谁不利。对于举证责任的理解，特别是对举证责任倒置真正含义的理解，成为本案判决的关键。

我国的民事诉讼举证实行“谁主张，谁举证”的规则，即当事人在向法院提起诉讼时，对自己提出的主张负有提供证据证明其真实性的责任。如当事人对自己所提出的主张不实施举证或证据材料无法证实其主张，将承担不利的诉讼后果。在诉讼中，当事人有义务将在庭审中举证的证据材料向对方公开，以固定证据材料、明确案件争议焦点。

但是，有部分情况法院采取“举证责任倒置”，即由被告承担自己无过错责任的举证责任。例如：（1）因医疗行为引起的侵权诉讼，由医疗机构就医疗行为与损害结果之间不存在因果关系及不存在医疗过错承担举证责任。（2）因缺陷产品致人损害的侵权诉讼，由产品的生产者就法律规定的免责事由承担举证责任。（3）饲养动物致人损害的侵权诉讼，由动物饲养人或者管理人就受害人有过错或者第三人有过错承担举证责任。

（三）收集证据的方式

证据被称为“法庭之王”，打官司其实也就是打“证据”。因此，在打官司时，如何获得想要的证据就成为决定官司输赢的关键原因。而要想获得需要的证据，首先需要了解收集证据的方式。

1. 自己收集证据

当事人对自己提出的诉讼请求所依据的事实或者反驳对方诉讼请求所依据的事实有责任提供证据加以证明。没有证据或者证据不足以证明当事人的事实主张的，由负有举证责任的当事人承担不利后果。法院审理案件要“以事实为依据，以法律为准绳”，案件事实则要靠证据来证明。法律规定“当事人对自己提出的主张，有责任提供证据”。证据的收集是一项基础性且意义重大的准备工作。一旦打起官司，无论是原告还是被告，都要围绕自己的主张收集尽可能充分的证据提供给法院。收集证据时应注意以下几点：（1）要明确已有哪些证据、还有哪些证据需要补充收集，列出待收集证据清单并分清轻重缓急；（2）把现有的与争议有关的所有资料、物品、信息保存好，切勿轻易丢弃，“宁滥毋缺”；（3）需要自己收集补充的证据应尽快收集补充并保存好；（4）证据存在但自己无法收集的（如证据在对方手里），应将此作为收集线索提供给法院，请求其依职权收集；（5）事实存在但无任何有力证据证明的，可提前在适当时机以录音的形式将对方的话录制下来作为证据；（6）收集证人证言时，应收集那些与争议双方当事人及案件本身均无利害关系的人的证言；（7）书证、物证均需要有原件，只有复印件的应有其他证据相佐证。

需要特别指出的是，收集证据一定要用合法的手段进行，用非法手段获取的证据即便是真实的，法院也是不会采纳作为判案依据的。因为证据有“三性”，即客观性、关联性、合法性。证据取得的方式要合法，否则，取证即使反映了事实真相，也不能被法院采用。根据我国相关法律规定，以侵害他人合法权益或者违反法律禁止性规定的方法取得的证据，不能作为认定案件事实的依据。因此，证据收集是否合法，判断标准在于是否侵犯了他人合法权益或者违反了法律的禁止性规定。但是，实践中“偷拍偷录”不合法证据与“私自拍录”合法证据容易混淆。其判断标准在于是否侵犯了他人权益。例如为了调取忠诚证据而侵入第三住宅是侵权行为，取得的证据不具备合法性。如果在自己家取证，就不存在此种问题。但是，如果取证目的已达到，却又另行对第三人的人身或精神进行侮辱，则又构成了侵权行为。再如，安放录音设备在自己家里，不构成侵权。但如果是安放在第三人办公室，则就不具备合法性。再如，通过非法手段获取的在第三人居室内的两人亲昵的照片不具备合法性，但如果是在公共场合获取的两人亲昵的照片就具有合法性。再如，通过法律禁止出售的窃听设备获得的证据不具备合法性，因为收集证据的手段就不合法，等等。

此外，伪造、毁灭证据，提供假证据，阻止证人作证，指使、贿买、胁迫他人作伪证，威胁、侮辱、殴打、骚扰、打击报复证人、鉴定人、勘验人及其近亲属的行为都是违法行为，视情节轻重，会受到罚款、拘留的处罚；情节严重、构成犯罪的，还要承担刑事责任。

2. 委托律师收集证据

律师是专门从事法律工作的，以向社会提供法律服务为职业。律师不仅具有丰富的法律知识，而且具有丰富的办案经验和熟练的诉讼技巧，能在不同的诉讼阶段为当事人作出适当的选择。一般来说，律师调查取证要比当事人调查取证方便得多，收集证据的范围也更加广泛。这一点不仅在立法上有所体现，在司法实践中法官往往也会对律师另眼相待，提供更多的方便。

3. 委托调查公司收集证据

委托调查公司所进行的证据调查行为，被称为“私人侦探”。“私人侦探”这个词来源于西方国家，实际上是一种运用私力救济手段收集证据的方法。目前，我国重新出现了“私人侦探”这个行业。现在的问题是如何看待私人侦探收集的证据。目前私人侦探在我国并未明确受到立法的禁止，对于私人侦探所收集的证据我们应当区别情况分别对待。根据现行法律的规定，当事人在诉讼前或诉讼外是有权收集调查证据的，其条件是不得侵害他人的合法权益或者违反法律的强制性规定。当事人是如此，其他人也是如此。当事人或利害关系人所拥有的权利，同样也是私人侦探所拥有的权利。同时民法上的代理制度也可以用来说明问题。在合法的范围内，任何公民都有权接受他人委托从事民事活动，其民事活动的范围是法所不禁止的最大限度的范围。再加上，私人侦探所收集的证据与当事人本人所收集的证据或者其委托律师所收集的证据，在来源的时间点上只有一个程度差异，而没有本质的差别。尤其是，在当事人向法院提交由私人侦探所收集的证据时，若提交者否认，法院就无法判定。对方当事人对此也是难于证明的。因此，对于私人侦探所收集的证据进行合法性判断的标准与当事人或利害关系人或诉讼代理人在收集证据时所适用的标准是一样的。即若其行为侵害了有关人的合法权益或者违反了法律的强制性规定，则该证据便属于违法收集的证据，应受排除，不得作为认定案件事实的根据；反之，若私人侦探收集证据的行为本身是合法的，则不因其收集主体为当事人或利害关系人以外的私人侦探而受到排除。

4. 申请法院调取证据

当事人及其诉讼代理人因客观原因不能自行收集的证据，可以申请法院调查收集。当事人申请法院调查收集证据既是当事人的一项诉讼权利，也是当事人举证的一种方式。《中华人民共和国民事诉讼法》第 67 条第 2 款规定：当事人及其诉讼代理人因客观原因不能自行收集的证据，或者人民法院认为审理案件需要的证据，人民法院应当调查收集。所谓“客观原因”是指超出当事人的意志、当事人无法控制的原因。“客观原因”主要指以下三种情况：一是申请审查的证据属于国家有关部门保存并且只能由法院依职权调取的档案材料；二是当事人申请调查的证据涉及国家秘密、商业秘密和个人隐私；三是需要动用国家司法权才能收集到的证据。

在离婚案件中，大量的财产证据必须靠法院来收集。比如，查询房地产资料的内档、银行存款、股票资金对账单等都需要法院进行或由法院开具调查令再委托律师收集。另外，对于鉴定报告，如价格鉴定、亲子鉴定等，均需法院委托，否则，单方证据对方不予以认可。因此，灵活运用申请法院调取证据的权利是相当重要的。

当事人及其诉讼代理人申请法院调查收集证据，应当提交书面申请。申请书应当载明被调查人的姓名或者单位名称、住所地等基本情况，以及所要调查收集的证据的内容、需要由法院调查收集证据的原因、要证明的事实。

特别提醒：当事人及其诉讼代理人申请法院调查收集证据，不得迟于举证期限届满前 7 日。

（四）复印件的证据效力

案例

老肖向老史借款 8 000 元，并且出具借条一张：“今向老史借款捌仟圆整（8 000 元），2023 年 8 月底归还。”2023 年 11 月，由于老肖到期没有偿还借款，老史于是持借条到老肖家讨要，双方谈话中发生了冲突，老肖抢过老史手中的借条将之撕毁，于是老史报警。后来，老史向人民法院提起诉讼，称老肖拒不清偿到期借款，并在自己索要时强行将借条撕毁，自己曾打电话报警，某派出所民警到场处理，现请求人民法院依法判决老肖履行债务。老史还向法庭提交了借条的复印件以及和自己一同前去讨要借款的弟弟的证言。经过人民法院调查核实，老史反映的情况属实。那么，老史在没有提供借条原件的情况下，借条的复印件能否作为证据，要求老肖还钱呢？

在民事诉讼中，一方当事人提出主张，就有责任和义务提供证明其权利主张的证据，即“谁主张，谁举证”，这是《中华人民共和国民事诉讼法》规定的一般举证规则。

《最高人民法院关于民事诉讼证据的若干规定》第 11 条规定：当事人向人民法院提供证据，应当提供原件或者原物。如需自己保存证据原件、原物或者提供原件、原物确有困难的，可以提供经人民法院核对无异的复制件或者复制品。这一规定表明，当事人提供证据必须优先提供原件或者原物，只有在某些特殊情形下，允许当事人提供经人民法院核对无异的复制件或者复制品，法院才能确认该证据的证明力。

根据《最高人民法院关于民事诉讼证据的若干规定》第 90 条的规定，无法与原件核对的复印件不能单独作为定案的依据。根据证据补强规则，复印件作为定案依据须具备以下三个条件：(1) 复印件证据应有其他辅助证据加以印证，而且证据之间应能够形成证据锁链，从而证明案件的事实。(2) 有客观上不能提供原件的原因（包括有证据证明复印件已经灭失，原件在其他人手中等原因）。(3) 书证复印件提供人应证明不能提供原件是确有客观原因。

本案中，老史称借据原件被老肖撕毁，其提供的借据复印件无法与原件核对，于是老史提供了与其同去讨债的弟弟的证言，而且还提供了很关键的证据线索：当日老肖拒不还钱，双方言语不合，老肖撕毁借条，自己曾打电话报警，派出所的民警到场处理情况。经过人民法院核实公安民警的出警记录，老史的陈述属实。这就证明了老史不能提供原件确实有正当理由，而且与上述证据之间相互印证，证明了老肖向老史借款的事实，老史请求老肖还钱的主张会得到法院的支持。

（五）私自录音内容的证据效力

案例

2023 年 9 月 15 日，王某向人民法院起诉要求温某归还所欠货款 1 万元，但无法提供书面的证据，而知情人张某又拒不提供证言。无奈之下，王某只好身藏微型录音机，找到知情人张某，私自录下和张某的谈话内容。请问私自录音的内容能否被法院作为证据确认。

根据《中华人民共和国民事诉讼法》第 74 条的规定：人民法院对视听资料，应当辨别真伪，并结合本案的其他证据，审查确定能否作为认定事实的根据。同时，未经对方当事人同意私自录制其谈话取得的资料，可以作为证据使用，但以侵害他人合法权益或者违反法律禁止性规定的方法取得的证据除外。另外，有其他证据佐证并以合法手段取得的、无疑点的视听资料或者与视听资料核对无误的复制件，如对方当事人提出异议但没有足以反驳的相反证据，人民法院应当确认其证明力。本案中，王某未经张某的同意私自录下与张某的谈话内容，并未采取侵害他人合法权益，也未采取违反法律禁止性规定的方法如窃听、拘禁或者胁迫等，如果该录音内容能在法庭上得到张某的证言证实，该视听资料无疑点，而温某无异议或没有提供足以反驳的相反证据，法庭应当确认该录音内容的证据效力。否则，该录音内容不能作为有效证据。

六、老年人诉讼风险防范

诉讼风险，是指当事人在诉讼活动中可能遇到的一些争议事实以外的因素，影响案件审理和执行，致使其合法权益无法实现的风险。诉讼风险不包括争议事实本身的影响，也不包括当事人法律意识和不正之风的影响。对于诉讼当事人来说，学会预防和避免诉讼风险对于提高诉讼效能和胜诉的概率意义重大。

（一）起诉索赔不能漫天要价

起诉索赔时要价过高或自身缺乏证据就很可能承受败诉的风险，从而得不偿失。有的人打官司往往对举证不重视，在起诉索赔时明明知道法律规定不可能判那么多，还提出不切合实际的要求，交了大笔的诉讼费，最终却不如所愿，反而给自己带来损失。另外，诉讼后的执行也要引起当事人的关注，原告应对被告的财产提供证据或线索，以便法院在诉讼前或诉讼中采取保全措施。

（二）避免诉讼风险

首先，当事人要正确看待诉讼风险，不要“因噎废食”。诉讼风险是客观存在的，但当事人不要因此丧失依法保护自己合法权益的信心。当事人之间发生纠纷后，可通过相互协商、仲裁、调解等方式解决，但在这些非诉讼方式不能奏效时，诉讼是唯一可行的途径。当事人应当明白，诉讼风险并不是人民法院的审判人员主观追求的结果，也不是人民法院一个部门所能解决的问题，很大程度上与当事人不规范的法律行为有关，但诉讼风险也是可以通过当事人积极的法律行为加以补救的。

其次，要注意固定和保全证据。对当事人来说，学习和掌握一定的法律知识是在一个法治社会立足的基础，在做任何事时都必须绷紧法律意识这根弦，在实施较大的法律行为时必须注意固定和保全相应的证据。

再次，要注意规范自己的民事法律行为。不规范的民事行为会使当事人在诉讼中处于不利地位。要规范自己的民事行为，一是通过学习，使自己具备这方面的专业知识；二是由有关的中介机构提供咨询，或委托自己的代理人进行相关的民事法律行为。

最后，可聘请一个好的法律顾问。一个好的法律顾问一般会给当事人三方面的帮助：一是为当事人的日常生活提供法律咨询，为可能发生的诉讼风险提供相应的预防措施等；二是在诉讼中充分运用法律最大限度地保护当事人的合法权益；三是为当事人的合法权益据理力争。

同步训练

根据情境导入案例，为李丙、李丁制定一份参加诉讼的方案。教师示教后，学生分组训练。

任务二

老年人诉讼特殊权益保障

情境导入

蒋大妈无儿无女，与唯一的亲人——她的侄子相依为命。不幸的是，她的侄子因公殉职，但其单位对事故性质存有异议，不肯发放抚恤金。蒋大妈衣食无着，就想到法院起诉侄子的单位，要求给予抚恤金和生活费。一方面蒋大妈为需要交纳数百元的诉讼费犯愁，另一方面她又不熟悉诉讼流程，想聘请律师，但又听说律师费比诉讼费还要贵，于是她来到你所在的老年人法律服务中心咨询相关事宜。

任务描述

根据上述情境，请你为蒋大妈设计一份解决诉讼费和律师费的方案。

相关知识

司法救助、法律援助和先予执行是我国司法制度的重要组成部分，是维护社会公正、实现法律面前人人平等的法治原则的内在体现。

一、司法救助

司法救助是人民法院对于民事、行政案件中有充分理由证明自己合法权益受到侵害但经济确有困难的当事人，实行诉讼费用的缓交、减交、免交等经济救助的制度。

2005 年 4 月最高人民法院审判委员会修订的《最高人民法院关于对经济确有困难的当事人提供司法救助的规定》规定，当事人符合该规定第 2 条并具有下列情形之一的，可以向人民法院申请司法救助：（1）追索赡养费、扶养费、抚育费、抚恤金的；（2）孤寡老人、孤儿和农村“五保户”；（3）没有固定生活来源的残疾人、患有严重疾病的人；（4）国家规定的优抚、安置对象；（5）追索社会保险金、劳动报酬和经济补偿金的；（6）交通事故、医疗事故、工伤事故、产品质量事故或者其他人身伤害事故的受害人，请求赔偿的；（7）因见义勇为或为保护社会公共利益致使自己合法权益受到损害，本人或者近亲属请求赔偿或经济补偿的；（8）进城务工人员追索劳动报酬或其他合法权益受到侵害而请求赔偿的；（9）正在享受城市居民最低生活保障、农村特困户救济或者领取失业保险金，无其他收入的；（10）因自然灾害等不可抗力造成生活困难，正在接受社会救济，或者家庭生产经营难以为继的；（11）起诉行政机关违法要求农民履行义务的；（12）正在接受有关部门法律援助的；（13）当事人为社会福利机构、敬老院、优抚医院、精神病院、SOS 儿童村、社会救助站、特殊教育机构等社会公共福利单位的；（14）其他情形确实需要司法救助的。

二、老年人享受司法救助的权益保障

（一）诉讼费用缓、减、免的法定情形

诉讼费用，是指当事人向人民法院提起民事、经济、刑事、行政诉讼时，依照法律规定，向人民法院交付的费用。诉讼费用主要包括案件受理费和其他诉讼费两种。其他诉讼费包括应由当事人支付的费用，如鉴定费、勘验费、公告费、翻译费等。诉讼费用一般先由原告预付，最后由败诉的当事人全部承担。如果当事人部分胜诉、部分败诉，诉讼费用按比例分担。经调解的案件，诉讼费用由当事人协调解决。追索赡养费、扶养费、抚恤金和劳动报酬等的案件，原告可不预交受理费，审理案件时，由败诉方承担。

为了体现国家对有实际困难老年人的照顾，保证不因老年人无能力支付诉讼费用而影响其享受合法权益，《中华人民共和国老年人权益保障法》第 56 条规定：老年人因其合法权益受侵

害提起诉讼交纳诉讼费用确有困难的，可以缓交、减交或者免交。老年人申请诉讼费用缓交、减交或免交的，应向人民法院提出书面或口头的申请，并说明具体事实理由。

1. 诉讼费用的免交

依照国务院制定的《交纳办法》的规定，当事人申请司法救助，符合下列情形之一的，人民法院应当准予免交诉讼费用：（1）残疾人无固定生活来源的；（2）追索赡养费、抚养费、抚育费、抚恤金的；（3）最低生活保障对象、农村特困定期救济对象、农村“五保”供养对象或者领取失业保险金人员，无其他收入的；（4）因见义勇为或者为保护社会公共利益致使自身合法权益受到损害，本人或者其近亲属请求赔偿或者补偿的；（5）确实需要免交的其他情形。

2. 诉讼费用的减交

根据《交纳办法》的规定，当事人申请司法救助，符合下列情形之一的，人民法院应当准予减交诉讼费用：（1）因自然灾害等不可抗力造成生活困难，正在接受社会救济，或者家庭生产经营难以为继的；（2）属于国家规定的优抚、安置对象的；（3）社会福利机构和救助管理站；（4）确实需要减交的其他情形。人民法院准予减交诉讼费用的，减交比例不得低于30％。

3. 诉讼费用的缓交

根据《交纳办法》的规定，当事人申请司法救助，符合下列情形之一的，人民法院应当准予缓交诉讼费用：（1）追索社会保险金、经济补偿金的；（2）海上事故、交通事故、医疗事故、工伤事故、产品质量事故或者其他人身伤害事故的受害人请求赔偿的；（3）正在接受有关部门法律援助的；（4）确实需要缓交的其他情形。

（二）老年人申请司法救助所需的证明

老年人申请司法救助时，应当在起诉或者上诉时向人民法院提交书面申请、足以证明其确有经济困难的证明材料以及其他相关证明材料。其中因生活困难或者追索基本生活费用申请免交、减交诉讼费用的，还应当提供本人及其家庭经济状况符合当地民政、劳动保障等部门规定的公民经济困难标准的证明。

对老人请求缓交诉讼费用的，由承办案件的审判人员或合议庭提出意见，报庭长审批；对请求减交、免交诉讼费用的，由承办案件的审判人员或合议庭提出意见，经庭长审核同意后，报院长审批。如果经审查符合有关规定的，立案时应准许当事人缓交诉讼费用。人民法院决定对一方当事人提供司法救助，对方当事人败诉的，诉讼费用由对方当事人交纳；拒不交纳的强制执行。对方当事人胜诉的，可视申请司法救助当事人的经济状况决定其减交、免交诉讼费用。决定减交诉讼费用的，减交比例不得低于30％。符合法定规定情形的，应免交诉讼费用。

三、法律援助

（一）法律援助的概念及特征

法律援助制度，也称法律救助，是世界上许多国家普遍采用的一种司法救济制度。其具体含义是：国家在司法制度运行的各个环节和各个层次上，对因经济困难及其他因素而难以通过通常意义上的法律救济手段保障自身基本社会权利的社会弱者，减免收费提供法律帮助的一项法律保障制度。它作为实现社会正义和司法公正、保障公民基本权利的国家行为，在一国的司法体系中占有十分重要的地位。2003 年《中华人民共和国法律援助条例》（以下简称《法律援助条例》）的颁布实施，标志着我国法律援助工作在广度和深度上有了新的拓展和突破。

我国法律援助有以下特征：（1）法律援助是国家的责任、政府的行为，由政府设立的法律援助机构组织实施。它体现了国家和政府对公民应尽的义务。（2）法律援助是法治化、制度化的行为，是国家社会保障制度中的重要组成部分。（3）受援对象为经济困难者、残疾者、弱者，或者经人民法院指定的特殊对象。（4）法律援助机构对受援对象减免法律服务费，法院对受援对象减免案件受理费及其他诉讼费用。（5）法律援助的形式，既包括诉讼法律服务，也包括非诉讼法律服务。其主要采取以下形式：刑事辩护和刑事代理；民事、行政诉讼代理；非诉讼法律事务代理；公证证明。

（二）法律援助的实施主体

维护老年人的合法权益需要法律援助。《中华人民共和国老年人权益保障法》第 56 条规定：老年人因其合法权益受侵害提起诉讼……需要获得律师帮助，但无力支付律师费用的，可以获得法律援助。鼓励律师事务所、公证处、基层法律服务所和其他法律服务机构为经济困难的老年人提供免费或者优惠服务。为落实该法的规定，司法部与民政部联合发布了《关于保障老年人合法权益 做好老年人法律援助工作的通知》，要求法律服务机构承担为老年人提供法律援助的义务，使符合条件的老年人就地、就近、及时地得到优质的法律援助。根据我国相关法律规定和司法实践，具体的法律援助需要通过下列人员或组织来具体实现。

1. 法律援助机构的工作人员是实施法律援助的专职管理人员

法律援助机构是各省、市及各区、县负责组织、指导、协调、监督及实施本地区法律援助工作的机构，统称为“法律援助中心”。根据《法律援助条例》第 21 条的规定，法律援助机构的工作职能是指派律师事务所安排律师或者安排本机构的工作人员办理法律援助案件；也可以根据其他社会组织的要求，安排其所属人员办理法律援助案件。

2. 律师是法律援助的重要实施主体

律师是熟悉法律、具有律师资格和执业证书的专业法律工作者，具有系统的法律专业知识，熟悉法律程序，在提供法律服务和法律援助方面有非法律工作者和其他法律工作者所无法比拟的优势。我国相关立法不断强化将法律援助作为律师的一种义务。《中华人民共和国律师法》第 42 条规定：律师、律师事务所应当按国家规定履行法律援助义务，为受援人提供符合标准的法律服务，维护受援人的合法权益。《法律援助条例》第 6 条规定：律师应当依照律师法和本条例的规定履行法律援助义务，为受援人提供符合标准的法律服务，依法维护受援人的合法权益，接受律师协会和司法行政部门的监督。2003 年 9 月 12 日发布的《司法部关于贯彻落实〈法律援助条例〉促进和规范法律援助工作的意见》中规定：要督促律师切实履行法定义务。律师应当依据《法律援助条例》第 6 条的规定履行法律援助义务。律师每年须义务办理法律援助案件的数量由省（自治区、直辖市）司法厅（局）根据当地实际情况规定。要积极探索律师履行法律援助义务的新方式和新途径，使所有的律师都普遍履行义务。各地关于规范法律援助的条例、实施办法、规定等立法中，大都规定了律师法律援助义务的内容。

在我国的司法实践中，作为法律援助主体的律师主要包括法律援助机构专职律师和法律援助机构指派的律师事务所律师。律师在实施法律援助时，相关法律援助机构应依法给予其一定量的办案补贴。这种补贴不是劳动报酬，而是办案成本支出。

3. 高校学生志愿者是法律援助的一支生力军

高校学生参与法律援助具有重要的实践意义。首先，可以有效缓解法律援助供需矛盾。由于法律援助人才供给不足，我国法律援助制度面临着十分突出的供需矛盾。其次，可以培养学生的社会责任感，锻炼他们解决实际问题的能力。法律援助的主要对象是贫者、弱者和残疾者，法律援助工作洋溢着浓厚的人道主义精神。大学生参加法律援助工作能直接面对这些社会问题、了解群众疾苦，并在提供法律援助过程中增强社会责任感和使命感。自 1994 年我国法律援助制度实施以来，各地高校积极组织法律专业大学生参与，利用学生所学专业知识服务社会，并已取得了明显的成绩。

4. 民间法律援助组织是法律援助实施主体中不可或缺的部分

除了国家法律援助之外，民间法律援助组织在法律援助中也发挥着重要的作用。民间法律援助组织是由能够提供法律服务的单位或热心公民组成的，如在法学研究部门、民主党派中设立的此类团体。这类团体在业务上受司法部门法律援助机构的指导，但不存在行政隶属关系，不享受政府的财政拨款和司法行政机关的资助。其无偿为当事人提供法律帮助，是目前法律援助实施主体中不可或缺的部分。此外，《中华人民共和国民事诉讼法》第 15 条规定，机关、社会团体、企业事业单位对损害国家、集体或者个人民事权益的行为，可以支持受损害的单位或者个人向人民法院起诉。因此，对当事人予以“精神法律援助”的上述机关、团体和企事业单位，也理所当然地属于法律援助社会主体的一部分。在实践中，此类法律主体通常表现为工会、妇联、共青团、消协、街道办等团体和单位。

5. 基层法律工作者是现阶段我国法律援助实施主体的一员

基层法律工作者承担法律援助是在特殊历史条件下形成的。这支队伍立足基层，方便及时地为社会提供各种形式的法律帮助，以维护当事人的合法权益。其在实践中承办了大量的法律援助案件，不少地方立法都规定其负有法律援助职责。

6. 其他法律工作者是法律援助实施主体的补充

在实践中，这部分人员主要是妇联、残联、经过司法行政部门批准的其他社会法律咨询机构的工作人员，还包括许多获得法律职业资格却没有从事律师职业的人员，这些人员是现阶段我国法律援助资源不足的一种有力补充。

总之，在各级法律援助机构指导、协调下，法律援助机构工作人员、律师、大学生法律援助志愿者、民间法律援助组织、基层法律工作者以及其他法律援助人员形成了一个有机整体，为需要者提供法律援助。

（三）法律援助的范围

案例

王老太太与蔡某结婚后一直与蔡某及其前妻留下的两个年幼的孩子共同生活，王老太太像对待自己的亲生孩子般养育两个孩子，供他们上学，帮助他们成家立业，后又帮助他们照顾孩子，把一生的心血和积蓄都用在了这两个孩子及其子女身上。然而，在蔡某 2016 年去世后，小儿子蔡龙（化名）便背地里将蔡某和王老太太共有的房改房的产权变更到自己名下，蔡龙的妻子也常常因家庭琐事与王老太太争执，谩骂之语不堪入耳。2019 年春节，王老太太忍无可忍，一气之下离家出走，先后在河南、宁夏、吴忠等地流浪。2023 年 7 月，王老太太在好心人的指点下到吴忠市法律援助中心申请法律援助。因王老太太与被告蔡龙是具有抚养关系的继母子关系，纠纷属于家庭矛盾，法律援助中心的工作人员打算调解赡养纠纷，但蔡龙拒不履行赡养义务，因此解决问题的唯一途径只能是对簿公堂。最终，通过法律援助中心律师的多方努力，调查取证进展较快，法院如期开庭审理，判决由被告蔡龙每月支付原告王老太太 400 元生活费。

公民有下列事项，因经济困难没有委托代理人或辩护人的，可以申请法律援助或由人民法院指定辩护：(1) 依法请求国家赔偿的；(2) 请求给予社会保险待遇或者最低生活保障待遇的；(3) 请求发给抚恤金、救济金的；(4) 请求给付赡养费、抚养费、扶养费的；(5) 请求支付劳动报酬的；(6) 主张因见义勇为行为产生的民事权益的；(7) 因医疗事故、交通事故、工伤事故造成的人身损害赔偿案件；(8) 因家庭暴力、虐待、重婚等，受害人要求离婚及人身损害赔偿案件；(9) 犯罪嫌疑人在被侦查机关第一次询问后或者采取强制措施之日起，因经济困难没有聘请律师的；(10) 公诉案件中的被害人及其法定代理人或者近亲属，自案件移送审查起诉之日起，因经济困难没有委托诉讼代理人的；(11) 自诉案件的自诉人及其法定代理人，自案件被人民法院受理之日起，因经济困难没有委托诉讼代理人的；(12) 公诉人出庭公诉的案件，被告人因经济困难或者其他原因没有委托辩护人，人民法院为被告人指定辩护时，法律援助机构应提供法律援助；（13）被告人是盲、聋、哑人或者未成年人而没有委托辩护人的，或者被告人可能被判处死刑而没有委托辩护人的，人民法院为被告人指定辩护时，法律援助机构应当提供法律援助，无须对被告人进行经济状况的审查。

四、老年人享受法律援助的权益保障

《中华人民共和国老年人权益保障法》第56条规定："老年人因其合法权益受侵害提起诉讼……需要获得律师帮助，但无力支付律师费用的，可以获得法律援助。"为落实该法的规定，司法部与民政部于1996年10月联合下发了《关于保障老年人合法权益 做好老年人法律援助工作的通知》，要求法律服务机构承担起为老年人提供法律援助的义务，使符合条件的老年人就地、就近、及时地得到优质的法律援助。2015年，司法部、全国老龄办又联合印发了《关于深入开展老年人法律服务和法律援助工作的通知》，对深入开展老年人法律服务和法律援助工作作出全面部署，要求各级司法行政机关、老龄工作机构引导律师、公证人员、基层法律服务工作者和法律援助人员深入开展老年人法律服务和法律援助工作。

（一）申请法律援助的条件

申请法律援助的老年人一般应符合下列条件：（1）靠领取最低生活保障金生活的；（2）五保户、特困户、灾民等接受生活救济的；（3）住所地或者经常居住地街道办事处、乡（镇）人民政府证明其家庭生活确实困难的。对于公民经济困难的标准，按案件受理地所在省、自治区、直辖市人民政府的规定执行。申请人住所地的经济困难标准与受理申请的法律援助机构所在地的经济困难标准不一致的，按照受理申请的援助机构所在地的经济困难标准执行。

（二）申请法律援助的手续

老年人申请法律援助应当提交下列证件和证明材料：（1）身份证或者其他有效的身份证明，代理申请人还应当提交有代理权的证明；（2）经济困难的证明；（3）与所申请法律援助事项有关的案件材料。申请应当采用书面形式，填写申请表；以书面形式提出申请确有困难的，可以口头申请，由法律援助机构工作人员或者代为转交申请的有关机构工作人员做书面记录。

法律援助机构将自受理之日起15日内对其申请进行审查。法律援助机构根据案件或者事件的具体情况，可以适当延长对申请进行审查的时间，但是延长时间最多不得超过10日。而申请人对法律援助机构作出不予提供法律援助的决定有异议的，可以向确定该法律援助机构的司法行政部门提出。同级人民政府将在收到重新审议申请之日起15日内作出审议决定，并书面通知申请人和法律援助机构。

（三）法律援助的实施

法律援助由法律援助机构负责实施。《法律援助条例》第5条第2款规定，法律援助机构负责受理、审查法律援助申请，指派或者安排人员为符合该条例规定的公民提供法律援助。具体来讲，《法律援助条例》对法律援助的实施作出了如下规定：

由人民法院指定辩护的案件，人民法院在开庭10日前将指定辩护通知书和起诉书副本或者判决书副本送交其所在地的法律援助机构；人民法院不在其所在地审判的，可以将指定辩护通知书和起诉书副本或者判决书副本送交审判地的法律援助机构。

法律援助机构可以指派律师事务所安排律师或者安排本机构的工作人员办理法律援助案件；也可以根据其他社会组织的要求，安排其所属人员办理法律援助案件。对人民法院指定辩护的案件，法律援助机构应当在开庭3日前将确定的承办人员名单回复给指定的人民法院。

办理法律援助案件的人员，应当遵守职业道德和执业纪律，提供法律援助不得收取任何财物。

受指派办理法律援助案件的律师或者接受安排办理法律援助案件的社会组织人员，在案件结案时应当向法律援助机构提交有关的法律文书副本或者复印件以及结案报告等材料。法律援助机构收到这些结案材料后，应当向受指派办理法律援助案件的律师或者接受安排办理法律援助案件的社会组织人员支付法律援助办案补贴。法律援助办案补贴的标准由省、自治区、直辖市司法行政部门会同同级财政部门，根据当地经济发展水平，参考法律援助机构办理各类法律援助案件的平均成本等因素核定，并可以根据需要调整。

法律援助机构对公民申请的法律咨询服务，应当及时办理；复杂疑难的，可以预约择时办理。

（四）法律援助的终止

办理法律援助案件的人员遇有下列情形之一的，应当向法律援助机构报告，法律援助机构经审查核实的，应当终止该项法律援助：（1）受援人的经济收入状况发生变化，不再符合法律援助条件的；（2）案件终止审理或者已被撤销的；（3）受援人又自行委托律师或者其他代理人的；（4）受援人要求终止法律援助的。

五、先予执行

先予执行，是指人民法院在受理案件后、终审判决作出之前，根据一方当事人的申请，裁定对方当事人向申请一方当事人给付一定数额的金钱或其他财物，或者实施或停止某种行为，并立即付诸执行的一种程序。

先予执行的着眼点是满足权利人的迫切需要。例如，原告因高度危险作业而遭受严重的身体伤害，急需住院治疗，原告无力负担医疗费用，而与负有承担医疗费用义务的被告不能协商解决，原告诉至人民法院，请求法院判决。民事案件从起诉到作出生效判决，需要经过较长的时间，如不先予执行，必然使原告的治疗耽误时间，或者造成严重后果。在这样的案件中，如不先予执行，等人民法院作出生效判决后再由义务人履行义务，就会使权利人不能得到及时治疗。人民法院依法裁定先予执行，就可以解决这个问题。

先予执行的申请由权利人向受诉人民法院以书面的形式提出，人民法院不能在没有权利人提出申请的情况下依职权主动采取措施。如果权利人未提出申请，即使法院查明权利人确实需要先予执行的，也不得依职权作出先予执行的裁定。

人民法院对权利人提出的先予执行的申请应当进行审查，审查的内容主要是两个方面：一是申请先予执行的案件是否属于先予执行的范围；二是申请是否符合先予执行的条件。人民法院对符合先予执行条件的申请，应当及时作出先予执行的裁定。裁定送达后即发生法律效力，义务人不服可以申请复议一次，但复议期间，不停止先予执行裁定的效力。义务人应当依裁定履行义务，拒不履行义务的，人民法院可以根据权利人的申请或依职权决定采取执行措施强制执行。义务人申请复议有理的，人民法院应当裁定撤销原裁定。若原裁定已执行的，人民法院应当采取执行回转措施。

根据《中华人民共和国民事诉讼法》的规定，人民法院在案件审理终结时，应当在裁判中对先予执行的裁定及该裁定的执行情况予以说明及提出处理意见。权利人胜诉，先予执行正确的，人民法院应在判决中说明权利人应享有的权利在先予执行中已得到全部或部分的实现；权利人败诉，先予执行错误的，人民法院应在判决中指出先予执行是错误的，责令申请人返还因先予执行所取得的利益或裁定采取执行回转措施强制执行，被申请人因先予执行遭受损失的，申请人应当赔偿。

六、老年人享受先予执行的权益保障

案例

年逾六旬的杨某因务工受伤，以提供劳务者受害责任纠纷将刘某、吴某、罗某、某公司向法院提起诉讼，要求刘某、吴某、罗某、某公司赔偿医疗费及其他损失，并向北京市朝阳区人民法院申请先予执行医疗费 30 万元。杨某正处于治疗康复的关键时期，且家庭生活极为困难，无其他经济来源。

问题：杨某可否申请先予执行?

根据《中华人民共和国民事诉讼法》第 109 条的规定，人民法院对下列案件，根据当事人的申请，可以裁定先予执行：第一，追索赡养费、扶养费、抚养费、抚恤金、医疗费用的案件；第二，追索劳动报酬的案件；第三，因情况紧急需要先予执行的案件。

《中华人民共和国老年人权益保障法》第 75 条第 3 款规定：“人民法院对老年人追索赡养费或者扶养费的申请，可以依法裁定先予执行。”这是保护老年人合法权益的一种法律援助措施。所谓依法裁定先予执行，是指人民法院对老年人追索赡养费或者扶养费的申请，在作出判决之前，裁定被告人先交给老年人一定数额的赡养费和扶养费，并立即执行，以保证老年人的正常生活。这一法律援助制度，体现了国家对老年人的特殊关心和照顾，也体现了中华民族敬老、养老的美德。有了这种法律援助制度，是对不履行赡养义务者的法律约束，是对老年人权益免受侵害的法律保证，也是司法机关直接保护老年人合法权益的法律依据。

2022 年 3 月 29 日，最高人民法院发布了《关于为实施积极应对人口老龄化国家战略提供司法服务和保障的意见》，明确加大对老年人追索赡养费、扶养费案件的先予执行力度。

根据以上法律规定，先予执行可以适用于追索赡养费、扶养费、抚恤金、医疗费用等案件，是保护老年人合法权益的有力法律措施之一。老年人在遇到相关情况时，可根据自身情况及时向人民法院申请，以维护自身合法权益。

本案系提供劳务者受害责任纠纷的先予执行案件，法院综合考虑到申请人年龄及其急需救治的情况，在执行过程中秉持效率优先执行理念，通过多渠道查询可供执行财产，多方式保障申请人权益实现，在对被执行人名下银行账户采取冻结措施的同时，耐心沟通、细致释法并督促被执行人的债务人主动履行。在执行过程中，既践行了敬老爱老的传统，也传递了执行的力度与温度，更维护了老年人的合法权益。

素养　园地

九旬老太生病子不养　法院先予执行来保障

一位年过九旬的老太太在三个女儿的护送下来到汝阳县人民法院立案大厅，向立案法官反映，自己姓李，现年 92 岁，老伴多年前已经过世，其膝下有三儿三女，六个子女均已成家。近年来，因年老多病、常年卧床不起，三个儿子不仅拒付医药费，就连看都不看她一眼，生活起居均有三个女儿伺候照顾，现病重住院，无钱医治，无奈之下准备将三个儿子诉至法庭，要求三个儿子承担医疗费、赡养费及赡养义务。法院考虑到老人的病情不容耽搁，立刻启动应急程序，开通绿色通道，当即立案，专人负责，根据老人的申请，裁定先予执行，责令李老太的三个儿子分别预付医疗费 2 000 元为李老太医治。裁定作出后，法官在第一时间向李老太的三个儿子宣读送达了民事裁定书，但李老太的三个儿子坚持不履行义务，还与办案法官吵闹，办案法官在耐心解释有关保护老人合法权益法律的同时，明确告知不赡养老人是要追究法律责任的，慑于法律的威严，李老太的三个儿子当场预付了医疗费，并答应在李老太住院期间弟兄三人轮流伺候照顾老人。

尊老爱幼，是中华民族的传统美德。近年来，汝阳县人民法院为弘扬中华民族敬老、养老、助老、爱老的优良传统，建立健全老年人权益保障制度，对老年人提起的赡养纠纷、医疗保障、生活居住、疾病护理、精神慰藉等案件实行优先立案、先行审理、先予执行，对行动不便、生活极其困难的老年人设立维权热线，实行司法救助、上门开庭、巡回审理、就地办案、跟踪服务等措施，最大限度地解决老年人的实际困难，确保老年人的合法权益有效兑现。

同步训练

根据情境导入案例，为蒋大妈起草一份司法救助申请书和法律援助申请书。教师示教后，学生分组训练。

教学做一体化训练

● **重要概念**

诉讼　民事诉讼　管辖　司法救助　法律援助

● **课后讨论**

1. 民事诉讼需要哪些条件？
2. 民事诉讼管辖制度需要进一步完善吗？
3. 老年人聘请律师的权益如何保障？
4. 国家法律对老年人的司法救助还有进一步加大的空间吗？
5. 国家法律对老年人的法律援助还要进一步完善吗？
6. 实施老年人法律援助工作的政府职能机构是什么？

● **课后自测**

一、单项选择题

1. 人民法院和有关部门，对侵犯老年人合法权益的申诉、控告和检举，应当（　　）受理，不得推诿、拖延。
   A. 依法　B. 及时　C. 依法及时　D. 无条件
2. 人民法院对老年人追索赡养费或者扶养费的申请，可以依法裁定（　　）。
   A. 财产保全　B. 先予执行　C. 强制执行　D. 立即执行
3. 法律援助制度是世界上许多国家普遍采用的一项司法救济制度。下列关于我国法律援助制度的表述哪一项是错误的？（　　）
   A. 律师和律师事务所是法律援助的责任主体
   B. 法律援助机构既包括四级政府的法律援助组织，也包括社会团体、民间组织的法律援助组织
   C. 法律援助的实施形式包括法律援助咨询、刑事代理、民事代理、行政代理、仲裁代理、刑事辩护、调解和公证等方式
   D. 在办理法律援助事项时，法律援助人员未经法律援助机构批准，不得终止法律援助或者委托他人代为办理法律援助事项
4. 办理法律援助案件的人员，应当遵守职业道德和执业纪律，提供法律援助时（　　）。
   A. 应当酌情减免服务费　B. 不得收取任何财物
   C. 应当与受援人协商收费　D. 只能收取成本费

二、多项选择题

1. 当事人申请司法救助，符合下列情形之一的，人民法院应当准予免交诉讼费用：（　　）。

   A. 残疾人无固定生活来源的

   B. 追索赡养费、扶养费、抚育费、抚恤金的

   C. 最低生活保障对象、农村特困定期救济对象、农村“五保”供养对象或者领取失业保险金人员，无其他收入的

   D. 属于国家规定的优抚、安置对象的

2. 法律援助是指由政府设立的法律援助机构组织法律援助人员，为（　　）或（　　）给予减免收费提供法律服务的一项法律保障制度。

   A. 老年人　　B. 经济困难的

   C. 残疾人　　D. 特殊案件的

3. 法律援助主要采取以下形式：（　　）。

   A. 刑事辩护和刑事代理　　B. 民事、行政诉讼代理

   C. 非诉讼法律事务代理　　D. 公证证明

三、案例分析题

村民甲用一块石头向乙家狗打去，导致该狗立即扑向甲，甲因跑得快未被狗咬，但狗咬伤了甲旁边的行人丙。丙因躲避，将路边丁叫卖的西瓜踩碎三个。丙因治伤支付医药费 1 000 元。丁的三个西瓜价值 16 元。

根据上述案情回答下列问题：

（1）丁的损失应由谁赔偿？

（2）丙是老年人，家庭人均收入为 500 元。丙能否申请法律援助维护其权益？

参考文献

1. 何永坚．中华人民共和国老年人权益保障法释义及适用指南．北京：中国法制出版社，2013.

2. 本书编写组．老有所依：新编老年人权益保障法律手册．北京：法律出版社，2013.

3. 刘利君．老年人权益的法律保障．2版．北京：北京大学出版社，2022.

4. 曹健，王云斌．老年人权益保障法律制度比较研究．北京：中国政法大学出版社，2012.

5. 屈野．当代中国老年权益保障：老年法的理论与实践．昆明：云南大学出版社，2012.

6. 张丽云．国外及港澳台老年社会保障制度研究．北京：中国社会出版社，2011.

7. 李超．老年维权之利剑：老年人法律保障制度研究．上海：上海人民出版社，2007.

8. 周信，宋才发．最新老年人权益保护疑难案例解析．海口：南海出版社，2006.

9. 刘利君．老年服务法律法规与标准．北京：机械工业出版社，2017.

10. 中国社会科学院法学研究所法治宣传教育与公法研究中心．老年人权益保护法律指南．北京：中国民主法制出版社，2017.